De oplossing voor
HUWELIJKEN

Huwelijksmentoraat van echtpaar tot (aanstaand) echtpaar

Jeff Murphy • Chuck Dettman

Copyright 2018 Jeffrey Murphy and Charles Dettman

Vertaald door Richard Kettmann, Leeuwenhart tekst & vertaling
Bijbelcitaten zijn uit de Nieuwe Bijbelvertaling (NBV)

Deze uitgave is bedoeld om de lezer nauwkeurig over het betreffende onderwerp te informeren. Noch de schrijvers, noch de uitgever zijn verantwoordelijk voor het verlenen van psychische, financiële of andere professionele diensten. Indien er behoefte bestaat aan professionele hulp of therapie is het raadzaam om de diensten van een deskundige in te schakelen.

Verwijzing naar in dit boek genoemde materialen houdt geen onderschrijving in van de schrijver, uitgever of organisatie die deze materialen heeft geproduceerd.

De bijbeltekst in deze uitgave is ontleend aan de Nieuwe Bijbelvertaling, © Nederlands Bijbelgenootschap 2004/2007.

Originally published in the United States under the title 'The Solution for Marriages'
Copyright © 2018 Dutch editon: Jeffrey Murphy and Charles Dettman
Authors: Jeff Murphy en Charles Dettman
Project coordinator: Johan Loeve
Translation: Richard Kettmann, Leeuwenhart tekst & vertaling
Front Cover photography: Jamice Ivie
Back Cover photography: RAD Studio Photography
Jaar van uitgave: 2018
ISBN-13: 978-0-9972338-2-7
ISBN-10: 0-9972338-2-6
NUR: 711 – Pastoraat

Printed in the United States of America

We dragen dit boek op aan iedereen die – in het belang van de komende generaties en tot eer van God – tijdloze, praktische vaardigheden en Bijbelse waarden doorgeeft aan jongere stellen en anderen die hun huwelijk willen verbeteren. Jullie zijn de huwelijksmentors.

We dragen dit boek ook op aan onze vrouwen,

Glynis Murphy en Mae Dettman,

die door hun onvoorwaardelijke liefde, inspiratie en mede-mentorschap ons leven hebben verrijkt, onze ruwe kanten hebben gepolijst en ons hebben gezegend met een huwelijk dat onze hoop en dromen heeft overtroffen.

Met dit boek hopen we de generaties van onze kinderen en kleinkinderen iets mee te geven waarin God zich verheugt.

Voorwoord

Als het huwelijk – zoals actrice Cameron Diaz zegt – een uitstervende instelling is, zitten we dan wel te wachten op het zoveelste huwelijksboek? Het is maar aan wie je het vraagt. Want wat roept deze zin bij je op:

'Er was eens ... een held die een jonkvrouw in nood redde. Ze werden verliefd, trouwden ... en leefden nog lang en gelukkig.'

Deze zin uit een sprookje onderstreept hoe dan ook het belang van dit boek.

Als je gelooft dat elk huwelijk tot een lang en gelukkig leven leidt, heb je dit boek hard nodig! Het zal je ogen openen. Niet alle huwelijken komen automatisch in die zalige fase terecht. De meeste niet, zelfs. Wanneer ze er wel in uitmonden, is dit alleen te danken aan het ontwikkelen van de juiste vaardigheden, volharding, opoffering, begrip en veel gebed.

Als je graag 'lang en gelukkig' leeft: prima! Dat is ook wat God wil – dat ons huwelijk spannend, bevredigend en vol blijdschap is – en met dit boek ligt dat binnen je bereik.

Als je echter niet zo gelooft in een lang en gelukkig leven, ben je misschien wat pessimistisch, een kind van onze cynische cultuur. Misschien geloof je net als Cameron Diaz dat het huwelijk dood is, of op zijn minst ouderwets, dus wat heb je aan een boek als dit? Ook dan is het goed om verder te lezen.

Het huwelijk is niet dood. En dat zou ook niet best zijn, want de toekomst van onze samenleving is van gezonde huwelijken afhankelijk. Als artsen zouden we in gebreke blijven als we er niet op wezen dat het huwelijk een zeer gezonde instelling is. Geloof het of niet, maar wetenschappelijke onderzoeken hebben aangetoond dat gelukkig getrouwde mensen langer leven, gezonder zijn en naar eigen zeggen minder stress ervaren dan hun ongetrouwde tegenhangers. Ze zijn minder vaak depressief of ziek. Onderzoekers verklaren ook dat getrouwde stellen vaker – en bevredigender – seks hebben.

Als gediplomeerde opvoedkundigen zouden we ook in gebreke

blijven als we er niet op wezen dat gezonde huwelijken ook zeer heilzaam voor kinderen zijn. Onderzoeken tonen aan dat kinderen van intacte huwelijken minder psychische problemen hebben, minder vaak met justitie in aanraking komen en een hoger opleidingsniveau bereiken.

Misschien zeg je dat er grote leiders zijn geweest die uit eenoudergezinnen en zelfs uit weeshuizen zijn voortgekomen – en dat klopt ook. Er zijn ook verhalen van kinderen die door wolven zijn opgevoed – maar geen enkele ouder zou zijn kind zoiets daadwerkelijk toewensen. Het gaat hier niet om wat kan. Het gaat om wat het beste is voor de toekomst van je kinderen. Het huwelijk geeft je kinderen de best mogelijke toekomst.

Het boek dat je in handen hebt is een kostbare schat die je eigen huwelijk zal verrijken met overtuiging, herstel en passie. Het zal je ook de nodige gereedschappen geven om deze schat met andere stellen te delen. Dit boek is speciaal bedoeld voor mensen die graag veel vrucht zien van wat ze via huwelijksmentoraat in het leven van anderen investeren. Het bevat een schat aan kennis, wijsheid en inzicht waarmee een saai en zelfs desastreus huwelijk weer opwindend kan worden. *De oplossing voor huwelijken* stimuleert zowel mentors als mentees[1] om naar de kracht van de heilige Geest te streven, zodat ze zullen slagen in een maatschappij die ons ten val wil brengen.

Uiteindelijk is *De oplossing voor huwelijken* een praktisch naslagwerk waarin alle benodigde gereedschappen en technieken in eenvoudige en begrijpelijke termen te vinden zijn. In ons jarenlange werk als huwelijksmentors hebben we heel wat afgeworsteld met echtparen die hun huwelijk uiteindelijk zagen stranden. Toen we dit boek lazen, vroegen we ons telkens weer af: 'Waarom hadden we dit boek niet toen we het nodig hadden?'

Chuck en Jeff zijn geweldige godsmannen. Deze twee teams, Chuck en Mae Dettman en Jeff en Glynis Murphy, zijn in deze bediening van huwelijksmentoraat gezalfd. Ze beschikken op dit gebied over een enorme hoeveelheid kennis en tientallen jaren

---

[1] In dit boek gebruiken we het Engelse woord mentee (meervoud: mentees) voor de persoon die door een mentor begeleid wordt.

ervaring en ze willen die informatie graag met anderen delen.

Chuck en Jeff hebben zich onvermoeibaar ingezet om dit onderwijs gedrukt te krijgen. Ze hebben zich telkens weer bereid getoond om 'aan zichzelf te sterven' en zich aan Gods volmaakte plan en tijdspad te onderwerpen, zodat dit door God gewilde en geïnspireerde boek er zou komen. Ze zijn levende voorbeelden van wat ze in *De oplossing voor huwelijken* onderwijzen.

De oplossing voor huwelijken is een Bijbelgetrouw naslagwerk: een onmisbaar boek voor iedereen die deel wil uitmaken van het herstellende en versterkende werk dat God in huwelijken en gezinnen doet. Hoewel het in eerste instantie is bedoeld voor pastors, therapeuten en huwelijksmentors, zal het elk (aanstaand) echtpaar aanspreken. Het zal jou en je mentees voorzien van de noodzakelijke gereedschappen en het door God gegeven referentiekader om – je raadt het al – nog 'lang en gelukkig' te kunnen leven!

Dr. Celeste Li
Gediplomeerd opvoedkundige INCAF, huwelijksmentor en auteur van *Triumph Over Suffering: a Spiritual Guide to Conquering Adversity*

Dr. John Li
Gediplomeerd opvoedkundige INCAF en huwelijksmentor

Inhoud

Deel 6: Relatiedynamiek

Deel 7: Hertrouwen en schoonfamilie

Deel 8: Bijlagen voor mentors

Updates, extra informatie, tabellen en formulieren kunnen worden gedownload www.thesolutionformarriages.com.

Noot van de schrijvers

De kracht van mentoraat heeft zich door de eeuwen heen bewezen. In het oude China werden de principes van het mentorschap al toegepast om leerlingen in de oosterse vechtsport te bekwamen. Jezus begeleidde zijn twaalf discipelen drie jaar lang voordat Hij hen de Grote Opdracht gaf (Matteüs 28:19). Hoewel de 'kneepjes van het vak' het beste van generatie op generatie kunnen worden doorgegeven, heeft de huidige cultuur van gebroken gezinnen ervoor gezorgd dat jonge mensen steeds minder vaak 'het goede voorbeeld' van hun ouders meekrijgen wanneer ze in het huwelijksbootje stappen.

Hoewel de meeste huwelijken in de kerk worden gesloten, maakt minder dan vijf procent van de kerken gebruik van huwelijksmentors en slechts een derde verlangt van stellen dat ze als onderdeel van hun huwelijksvoorbereiding een relatietest doen. Dat is heel jammer en een gemiste kans om verloofde stellen de vaardigheden mee te geven die ze voor een geslaagd huwelijk nodig hebben.

In deze praktische gids, *De oplossing voor huwelijken*, laten we zien hoe uitstekend huwelijksmentoraat met succes kan worden toegepast en hoe dit samen met tijdloze, Bijbelse principes een oplossing biedt voor de wereldwijde echtscheidingscrisis en het uiteenvallen van gezinnen. Toen we dit boek schreven konden we gezamenlijk putten uit meer dan vijftig jaar ervaring in huwelijksbediening en meer dan vijfenzeventig geslaagde huwelijksjaren.

Zowel echtparen die onbekend zijn met huwelijksmentoraat als degenen met vele jaren ervaring zullen veel baat hebben bij het gebruik van dit handboek. *De oplossing voor huwelijken* is geschreven om je te voorzien van alle benodigde middelen en informatie om echtparen te coachen en je effectiviteit als huwelijksmentor te vergroten.

Er kan gebruik worden gemaakt van diverse relatietesten, zoals PREPARE/ENRICH (van *Life Innovations*).

Dit zijn uitstekende instrumenten voor de beoordeling en

ontwikkeling van een relatie, waar stellen in elke situatie – verkering, verloving, pasgetrouwd, getrouwd, samenwonend, hertrouwd of op het punt van scheiden – hun voordeel mee kunnen doen.

De oplossing voor huwelijken is bedoeld als aanvulling op alles wat er op dit gebied al bestaat. Het slaat een brug tussen de conclusies van een relatietest en datgene wat een mentor moet weten om een positieve, blijvende invloed uit te oefenen. Je kunt eenvoudigweg het gebied selecteren en bekijken dat je met je stel wilt bespreken en dit boek gebruiken om je begeleidingssessie voor te bereiden. Het mag leuk zijn!

Ook wanneer er gevoelige onderwerpen aan bod komen, kan het begeleidingsproces opwindend, praktisch en leuk zijn. Met *De oplossing voor huwelijken* zul je telkens weer je beoogde doelen bereiken. Terwijl je met stellen werkt en je eigen mentorschap en huwelijksvaardigheden zich ontwikkelen, zul je ontdekken dat huwelijksmentoraat veel voldoening kan geven en dat je eigen relatie beter wordt naarmate je andere mensen dient.

In allerlei gemeenschappen worden belangrijke resultaten geboekt, simpelweg door het aanbieden van huwelijksmentoraat aan nog ongetrouwde stellen, echtparen die verrijking nodig hebben en zelfs mensen die 'het bijltje erbij neer willen leggen.' Ook jij kunt – één mentorsessie tegelijk, één paar tegelijk en één gemeenschap tegelijk – een grote invloed uitoefenen.

Bedankt voor je bereidheid om van harte mee te werken aan gezonde huwelijken. Welkom in de wereld van het huwelijksmentoraat!

    Jeff Murphy   Chuck Dettman

PS: Deze gids is vanuit een christelijk oogpunt geschreven. Maar de tijdloze waarden en principes in dit boek zijn zowel voor een christelijk als niet-christelijk publiek te gebruiken.

Dankwoord

We zijn grote dank verschuldigd aan iedereen die ons in al onze jaren van huwelijksbediening en -mentoraat hebben geholpen.

In de eerste plaats aan onze vrouwen, die 42 jaar (Mae Dettman) en 33 jaar (Glynis Murphy) aan onze zijde hebben gestaan en hun bijdrage aan de totstandkoming van dit boek hebben geleverd. Dankzij jullie geduld, liefde, wijze raad en Bijbelse voorbeeld hebben jullie ons geïnspireerd en in staat gesteld om de mannen en echtgenoten te worden die we op dit moment zijn.

In de tweede plaats bedanken we de pastors waarvan we hebben kunnen leren en waaronder we konden dienen. Jullie hebben ons de gelegenheid gegeven om in onze kerk echtparen te begeleiden en een huwelijksbediening te leiden, waarbij we jullie feedback en bemoediging mochten ontvangen en jullie in onze ontwikkeling als mentors en leiders hebben geïnvesteerd.

In de derde plaats een speciaal woord van dank aan onze uitgever, Today's Promise; onze redacteur, Gregory S. Baker; onze medische adviseurs, dr. Celeste Li en dr. John Li; de technische adviseur Steven Murphy; paginaopmakers Mike en Kay McCoy en fotograaf Jamice Ivie. We bedanken ook Heather Khadij, Charbel Khadij, Judy Mayer, Jim Mayer, degenen die dit boek hebben proefgelezen en goedgekeurd en onze vrienden en familie voor hun suggesties en bemoedigingen. Allemaal waren jullie bijzondere partners in het realiseren van wat we met dit boek voor ogen hadden.

Mogen er door jullie bijdrage nog vele huwelijken en generaties gezegend worden.

Deel 1

Inleiding op mentorschap

Hoofdstuk 1

De kunst van huwelijksmentorschap

Inleiding

Door de eeuwen heen was mentorschap de belangrijkste manier waarop kennis van de ene op de volgende generatie werd doorgegeven. Ook in de Bijbel staan veel voorbeelden van mentorschap, zoals bij Jezus en zijn discipelen (Matteüs 4:19), Paulus en Barnabas (Handelingen 13-15:35), Noömi en Ruth (Ruth 1:11-18), Eli en Samuël (1 Samuël 3:1) en het onderwijs dat in Titus 2:2-5 wordt gegeven.

In onze huidige cultuur, die steeds minder waarde hecht aan het huwelijk en waarin steeds meer mensen in gebroken gezinnen opgroeien, is er behoefte aan mentors die aan aanstaande echtparen kunnen laten zien hoe een stabiel, duurzaam huwelijk eruit ziet en die hen de vaardigheden voor het onderhouden van succesvolle relaties kunnen bijbrengen. Helaas is er een groot tekort aan huwelijksmentors. Daar kun jij verandering in brengen door voor stellen in jouw omgeving een belangrijke rol te vervullen.

Het doel van huwelijksmentoraat is dat een volwassen, succesvol getrouwd echtpaar doelbewust investeert in de voorbereiding, de verrijking en/of het herstel van de relatie van een ander paar. Door op een liefdevolle, meelevende en transparante manier met deze stellen op te trekken, vervullen mentors een sleutelrol in het verminderen van het aantal echtscheidingen en gebroken gezinnen.

Potentiële mentors zijn zich vaak niet bewust van de grote invloed die ze – ook door maar weinig tijd te investeren – op stellen met trouwplannen kunnen hebben. Mentors denken misschien dat hun huwelijk niet 'perfect genoeg' is. Ze kunnen terughoudend zijn vanwege hun eigen gebrek aan kennis of mentorervaring of ze voelen zich ongeschikt om anderen te onderwijzen. Die bezwaren zijn vaak ongegrond.

Hieronder staan een aantal vragen die potentiële huwelijksmentors vaak stellen. Ze kunnen je helpen om te bepalen of het mentorschap op dit moment iets voor je is.

Vragen die mentors vaak stellen

1) Wat maakt iemand tot een geschikte mentor?

Succesvolle, christelijke huwelijksmentors zijn over het algemeen:

- ervaren en vervuld in hun huwelijk.

- gemotiveerd om anderen te helpen en in hun leven een verschil te maken.

- bekend met de Bijbelse principes van het huwelijk en graag bereid deze in hun eigen huwelijk toe te passen (zie Efeziërs 5:22-33).

- transparant in hun emoties en relaties, en zelfbewust (in staat om hun eigen levens- en huwelijksverhaal te vertellen).

- flexibel en respectvol. Ze accepteren verschillen (in perspectief, waarden, achtergrond, etc.).

- actieve luisteraars met goede communicatieve vaardigheden en gevoel voor humor.

- in staat om hun mentees een aantal keren te ontmoeten.

Huwelijksmentors moeten ook weten wat hun beperkingen zijn en niet proberen psychische problemen – waar ze noch de ervaring, noch de expertise voor hebben – te analyseren of op te lossen. Indien er sprake is van verslaving, ontrouw, structurele depressie, psychische aandoeningen, onbeheersbare woede of misbruik, moeten mensen of stellen worden doorverwezen naar een professionele christelijke therapeut of begeleider die op dat gebied gespecialiseerd is.

2) Uit welke bronnen moeten huwelijksmentors putten?

Er zijn drie belangrijke ingrediënten die het mentoraat tot een succes maken:

- Jullie persoonlijke en gezamenlijke levenservaring.

- Een relatietest die door een organisatie als Life Innovations (de PREPARE/ENRICH-relatietest) en soortgelijke organisaties wordt aangeboden. Een geschikte relatietest geeft jullie een gedetailleerd beeld van de relationele vaardigheden van het stel en helpt je een begeleidingsplan te ontwikkelen.

- Dit boek, dat jullie een schat aan informatie geeft om aan de slag te kunnen gaan met de onderwerpen die uit de test of in de omgang met de stellen naar voren zijn gekomen.

Enkele organisaties die een relatietest aanbieden, kennen de voorwaarde dat je voor het gebruik van hun testinstrument bent opgeleid en gecertificeerd.

3) *Wat zijn de doelen van huwelijksmentoraat?*

Enkele doelen van huwelijksmentoraat zijn:

- Stellen helpen inzien voor welke uitdagingen alle paren zich gesteld zien en hen aanmoedigen om te slagen.

- De relatie van het stel verstevigen en hen helpen de basis te leggen voor een geslaagd huwelijk.

- Hen belangrijke huwelijksvaardigheden bijbrengen, zoals communiceren, het oplossen van conflicten en het beheren van de financiën.

- Een nog ongetrouwd stel helpen om van onnodige spanningen voor het huwelijk af te komen.

4) *Wat mag je van een huwelijksmentor verwachten?*

Een huwelijksmentor:

- stelt tijd en energie beschikbaar om een goede mentor te kunnen zijn (doorgaans 6 tot 8 bijeenkomsten van 1½ à 2 uur).

- bereidt elke sessie voor en stemt het programma af op de behoeften van het paar.

- zorgt voor een interactieve leeromgeving in dialoogvorm (geen monologen of lessen).

- is vriendelijk, positief, transparant en toegankelijk.

- helpt de mentees om Gods plan en doel voor hun huwelijk te zien.

- stelt middelen ter beschikking die het stel op weg helpen naar een geslaagd en duurzaam huwelijk.

- is iemand die zowel bijleert als in praktijk brengt. Hij/zij blijft op de hoogte van nieuw materiaal over het huwelijk en past zelf toe wat hij/zij onderwijst.

- zoekt de balans tussen vertrouwelijkheid en het afleggen van verantwoording aan de leiders van de kerk en/of degene die de trouwplechtigheid leidt.

5) *Is huwelijksmentoraat iets waar je je voor een korte of voor een langere termijn aan verbindt?*

- Het mentorechtpaar bepaalt de duur van de termijn. Het is goed om het stel in elk geval de belangrijkste vaardigheden bij te brengen (6 tot 8 sessies is gebruikelijk). Je kunt ervoor kiezen om na de huwelijksvoltrekking nog af en toe als 'mentorvrienden' met een paar af te spreken, maar je kunt ook besluiten om dat niet te doen.

- Als je tegen moeilijke problemen aanloopt die je niet kunt of wilt bespreken, voel je dan vrij om hen naar een erkende christelijke begeleider te verwijzen.

- Nadat een stel getrouwd is, zou je elkaar nog als 'mentorvrienden' kunnen ontmoeten om de voortgang te bespreken en hen als het nodig is naar andere hulpverleners te verwijzen.

6) *Mijn huwelijk is niet perfect. Kunnen we dan toch mentors zijn?*

- Het besef dat je huwelijk niet 'perfect' is, is voor elke mentor eigenlijk een heel goed startpunt. Niemand heeft een perfect huwelijk en het is belangrijk om daar eerlijk over te zijn. Je bereidheid om transparant te zijn voor je mentees is een van de sleutels tot geslaagd mentorschap.

- Veel fantastische mentors hadden vroeger een huwelijk met moeilijkheden. Nadat ze die overwonnen hadden, kwam hun huwelijk tot bloei.

- Voordat je zelf een mentor wordt, is het goed om dit boek door te nemen om je eigen huwelijk te verbeteren en – als dit nodig is – pastorale hulp te zoeken. Wanneer jullie er allebei klaar voor zijn, kun je andere stellen begeleiden.

- Het is goed om een stabiel, gezond huwelijk te hebben. Hierdoor kunnen je mentees leren van de successen en fouten in jullie eigen huwelijk. Om eerlijk en integer te kunnen begeleiden, zul je de dingen die je hen leert ook in je eigen huwelijk moeten toepassen. Realiseer je dat je als huwelijksmentor ook geestelijke strijd mag verwachten. Wees sterk en op je hoede.

7) *Wat zijn de minimumeisen om mentor te kunnen zijn?*

- Mentorechtparen zouden minimaal 10 jaar getrouwd moeten zijn om nog ongetrouwde paren te begeleiden en minstens 15 jaar getrouwd moeten zijn om echtparen te begeleiden.

- In bepaalde gevallen kunnen echtparen die korter getrouwd zijn toch voldoende ontwikkeling hebben doorgemaakt om zich als mentors in te zetten. Je zou in elk geval 3 tot 5 jaar verder in je huwelijkswandel en levenservaring moeten zijn dan het paar dat je begeleidt.

- We raden sterk aan dat de begeleiding door een getrouwd echtpaar wordt gedaan. Op die manier bestaat er een optimale voorbeeldfunctie, voelen zowel mannelijke als vrouwelijke mentees zich op hun gemak en kunnen jullie indien nodig 1-op-1-sessies houden.

8) *Op dit moment doet onze dominee alle huwelijksgesprekken en al het huwelijkspastoraat. Zou onze kerk moeten beginnen met huwelijksmentoraat door leken?*

Huwelijksmentoraat door leken heeft onder andere deze voordelen:

- Stellen praten vaak gemakkelijker (open en eerlijk) met leken dan met hun dominee.

- In de sessies kunnen de paren doorgaans meer tijd met elkaar doorbrengen dan een dominee ter beschikking heeft.

- Een team van mentorechtparen heeft meer te bieden als het gaat om het scala aan verschillende levenservaringen (hertrouwen, adoptie, verslavingen, etc.).

- Het paar kan zowel een vrouwelijke als een mannelijke kijk op huwelijksproblemen krijgen.

- De kans is groter dat er een voortgaande relatie met het stel wordt onderhouden.

- Mentorechtparen kennen zowel zegeningen als uitdagingen binnen hun eigen huwelijk.

- Dominees houden meer tijd over om *'de heiligen toe te rusten voor het werk in zijn dienst'* (Efeziërs 4:12) en voor andere aspecten van hun bediening.

- De meeste dominees zijn blij met de mogelijkheid om ook andere mensen te betrekken bij huwelijksgesprekken en pastoraat.

9) *Kun je door huwelijksmentoraat echt een verschil maken in het leven van een paar?*

- Absoluut! Bijna elk ongetrouwd stel dat we in de afgelopen tien jaar hebben begeleid, laat weten dat het beter was voorbereid op de uitdagingen van het huwelijk.

- Negentig procent van de door Life Innovations onderzochte stellen gaf aan beter voorbereid te zijn. Anderen werden zich beter bewust van de problemen die ze konden verwachten en een aantal (doorgaans 10 tot 15 procent) verbrak hun verloving.[1]

- Scheidingspercentages nemen af. Zo heeft de South Hills Church of Christ in Abilene, Texas, met hun mentorprogramma in tien jaar tijd al meer dan 300 paren begeleid en is het scheidingspercentage slechts 2 procent.[2]

- Een bijkomend voordeel voor mentors is dat het regelmatig begeleiden van andere stellen vrijwel altijd helpt om je eigen huwelijk sprankelend te houden.[3]

Tips voor het mentorechtpaar

Lees voordat je aan mentoraat begint samen met je partner dit hele boek door en werk aan aspecten van jullie relatie die verbetering behoeven. Dit zorgt voor een goede basis om anderen te kunnen begeleiden. Ga dan terug naar de betreffende hoofdstukken van dit boek om de afzonderlijke sessies voor te bereiden.

Het is voor de mentees niet nodig om alle onderwerpen van dit boek of de relatietest door te nemen. Kies de vijf of zes gebieden die verbetering behoeven en richt je daarop.

1) *Streef van het begin af aan naar een sfeer van vertrouwen en openheid met de mentees.* Dit is de eerste stap in een effectief mentortraject. Stellen merken het wanneer je oprecht in hen geïnteresseerd bent. Neem de tijd in deze fase en zoek naar mogelijkheden om een vertrouwelijke band te creëren die tot open en eerlijke gesprekken kan leiden. Als een van de partijen bedenkingen heeft, zal er geen echt mentoraat plaatsvinden. In dat geval kun je hen beter naar een ander mentorpaar of een andere *begeleider* verwijzen.

2) *Praat met elkaar over vertrouwelijkheid en de eventuele grenzen daarvan.* Meestal zul je volledige vertrouwelijkheid kunnen bewaren. We raden je aan om het

stel te vertellen dat er situaties kunnen zijn waarin het nodig is om bepaalde zorgen met de dominee of degene die hen trouwt te delen. Vertel dat jullie eventuele zorgen altijd eerst met hen zullen bespreken en dat jullie hen ook zullen informeren wanneer het nodig is om die zorgen met anderen te bespreken. Bedenk dat het niet Bijbels is om volledige vertrouwelijkheid te bewaren terwijl er sprake is van ernstige zonde of zorgen over hun huwelijksplannen. Als er bijvoorbeeld mishandeling of verslaving in het spel is, zou dit onder de aandacht van de dominee of huwelijkspastor moeten worden gebracht.

3) *Bespreek tijdens jullie eerste ontmoeting hoeveel interesse en motivatie er bij het stel bestaat voor het mentorproces.* De mate van toewijding van het stel bepaalt de mate van inzet van het mentorpaar. Anders bestaat er een grote kans dat je het niet volhoudt. Bespreek van tevoren welke verwachtingen er bestaan. Hanteer deze stelregel: werk niet harder of investeer niet meer dan het stel in het mentorproces investeert.

4) *Vraag na de eerste mentorsessie aan het stel wat er volgens hen wel en niet nuttig was en waarom.* Vraag wat ze geleerd hebben en wat ze bij een volgende sessie anders zouden willen doen.

5) *Luister naar wat je mentees zeggen en naar wat ze niet zeggen.* Kijk ook naar hun lichaamstaal. Een goede mentor merkt nuances op in de non-verbale communicatie. Vermijden van oogcontact, nervositeit, met de ogen rollen: het zijn aanwijzingen dat er op dat moment iets gebeurt.

6) *Probeer niet hun problemen op te lossen of overal een antwoord op te hebben.* Dat is de verantwoordelijkheid van het stel en het werk van de heilige Geest. Jullie taak is het om hen de juiste richting te wijzen door hen de Bijbelse waarheid mee te geven, hen te vertellen van de harde lessen die jullie in je eigen huwelijk hebben geleerd, hen goede huwelijksvaardigheden voor te leven en hen te bemoedigen op hun wandel.

7) *Als je het antwoord op een probleem niet weet, neem dan de tijd om het antwoord te ontdekken.* Als er een situatie of vraag opkomt waar je geen goed antwoord op hebt, verzin dan geen antwoord. Neem de tijd om het probleem te onderzoeken of iemand met meer ervaring of deskundigheid om raad te vragen voordat je het stel een antwoord geeft.

8) *Wees bereid om te leren.* Een goede mentor investeert voortdurend in zijn eigen leerproces en ontwikkeling. Maak er een gewoonte van om seminars bij te wonen, met andere mentors te praten en goede boeken te lezen. Zie ook de aanbevolen bronnen (in het Engels) aan het eind van elk hoofdstuk.

9) *Heb realistische verwachtingen.* De behoefte om op een bepaald gebied van de relatie hulp te ontvangen is niet van de ene op de andere dag ontstaan. Het kost dus ook tijd om daarmee aan de slag te gaan en iets te verbeteren. Bij getrouwde stellen duurt het doorgaans langer om vooruitgang te boeken dan bij verloofde stellen.

10) *Als je zelf huwelijksproblemen hebt, gebruik dan dit boek om eerst aan je eigen huwelijk te werken voordat je formeel als mentor van andere stellen begint.* Symptomen kunnen zijn: onenigheid, frequent gekibbel en slechte communicatie, onopgeloste problemen op het gebied van mishandeling, begeerte of pornografie, drugs of alcohol, werkverslaving, familieconflicten, of andere terreinen van hardnekkige zonde.

Het voortdurend verbeteren van je mentorvaardigheden

Het kost tijd om een goede huwelijksmentor te worden – tijd om verschillende vormen van aanpak uit te proberen en je kennis te vergroten. We raden je aan om, telkens wanneer je aan de begeleiding van een nieuw stel begint, een van de terreinen (bijv. communicatie, financiën) verder te ontwikkelen. Besteed bij elk stel dat je begeleidt speciale aandacht aan één hoofdstuk van *De oplossing voor huwelijken* om je eigen vaardigheden en kennis te vergroten.

Tips voor de leider van een huwelijksmentorprogramma

1) *Reserveer tijd om te investeren in de ontwikkeling van je mentors.* Dit boek is een goed startpunt.

2) *Help echtparen die een goed huwelijk hebben om zich te bekwamen in het gebruik van een relatietest voor stellen.* Afhankelijk van het aantal stellen in je kerk dat mentoraat nodig heeft, is het goed om een aantal echtparen met een goed huwelijk te bekwamen in het gebruik van een van de relatietesten die organisaties als Life Innovations aanbieden. Probeer jaarlijks voor elke twee tot vier stellen die voorhuwelijks- en huwelijksverrijkingsmentoraat nodig hebben een opgeleid (en eventueel erkend) echtpaar beschikbaar te hebben.

3) *Als je de leiding hebt over een huwelijksmentorprogramma, probeer dan de volgende mentor- en menteekenmerken op elkaar af te stemmen om een zo goed mogelijk resultaat te behalen:*

   - De behoefte van de mentee en de ervaring van de mentor.

   - Achtergronden (geestelijk, etnisch).

   - Levenservaring (scheiding, samengesteld gezin) en de ontwikkelingsbehoeften van het begeleide stel.

   - Type stel (op grond van de test) en de mate van ervaring en vaardigheid van de mentor.

   - Agenda en beschikbaarheid van de mentor voorafgaand aan de trouwdatum.

4) *Houd bij hoe effectief je programma is (voorafgaand en na de trouwdag van de stellen) om je programma te kunnen verbeteren.* Huwelijksexpert Mike McManus zegt dat als minder dan 5 procent van de stellen waarmee je werkt besluit om niet te trouwen, het programma van je kerk niet effectief is. Met een stevig huwelijksvoorbereidingsprogramma zal 10 tot 20 procent van de stellen besluiten om uit elkaar te gaan, waardoor de meesten van hen een

slecht huwelijk voorkomen voordat het überhaupt begonnen is.[4]

Uiteindelijk betekent het christelijke huwelijksmentorschap dat je voor een ander stel een betrouwbare raadgever bent en hen Gods waarheid over het huwelijk en het leven voorhoudt op een manier die hen bemoedigt, bijstuurt, troost en helpt. Laat je woorden stevig geworteld zijn in de Schrift, in een persoonlijk, actief geloof in Jezus Christus en in je eigen liefdevolle, zorgzame huwelijksrelatie.

Aanbevolen (Engelstalige) bronnen

Olson, David H. L. en Amy K. Olson. *Empowering Couples: Building on Your Strengths.* Minneapolis, MN: Life Innovations, 2000.

Stoop, David A. en Jan Stoop. *The Complete Marriage Book: Collected Wisdom from Leading Marriage Experts.* Grand Rapids, MI: F.H. Revell, 2002.

Deel 2

Voorbereiding op het mentorschap

Hoofdstuk 2

De eerste ontmoeting met je mentees

Kennismaking en achtergrondinformatie

Hieronder staan een aantal onderwerpen die tijdens het eerste kennismakingsgesprek met je mentees meestal aan bod komen. In deze ontmoeting wil je elkaar leren kennen en zien of er gemeenschappelijke interesses en achtergronden bestaan. Wanneer de mentees zich voldoende op hun gemak voelen om hun relatie met je te bespreken, mag je de kennismaking geslaagd noemen.

1) Praat over vertrouwelijkheid

- Neem samen met de mentees het 'Toestemmingsformulier voor huwelijksmentoraat' door (aan het eind van dit hoofdstuk).

- Bespreek situaties waarin je genoodzaakt zou zijn om de kerkleiders op de hoogte te brengen van belangrijke zorgen.

- Verzeker het stel ervan dat je die zorgen, mochten ze zich voordoen, eerst met hen zult bespreken en dan pas met de dominee of huwelijkspastor.

2) Jezelf aan de mentees voorstellen

Vertel hen:

- over je ervaringen en wandel als christen.

- hoe jullie elkaar ontmoet hebben.

- hoe lang jullie verkering hadden, wanneer jullie je verloofd hebben en wanneer jullie getrouwd zijn.

- hoe oud jullie waren toen jullie trouwden.

- welke begeleiding jullie hebben ontvangen (als dit het geval was) voordat jullie trouwden.

- hoe jullie huwelijk was in de beginjaren, toen jullie kinderen kregen, etc.

- de invloed die Jezus Christus op jullie huwelijk heeft gehad.

- hoeveel kinderen jullie kregen en hoe oud ze zijn.

- over je carrière/werk.

- over andere zaken die voor jullie mentees van belang kunnen zijn (zie de uitkomsten van de relatietest voor andere terreinen die jullie gemeenschappelijk hebben).

3) *Vragen die je de mentees kunt stellen:*

- Hoe hebben jullie elkaar ontmoet?

- Uit wat voor gezin kom je?

- Wat is je kerkelijke/geestelijke achtergrond (als kind en nu)?

- Welk beroep heb je/wil je gaan uitoefenen?

- Heb je al eerder (formele of informele) huwelijksgesprekken gehad?

- Met betrekking tot de uitkomst van de relatietest:

  o Welke terreinen zou je willen bespreken?

  o Zijn er problemen naar voren gekomen?

  o Hebben jullie voor onze ontmoeting al resultaten van de test met elkaar besproken?

- Wat stel je je voor bij een 'ideaal huwelijk'? Wat vind je belangrijk?

- Waar ben je het meest bang voor, als het gaat over je huwelijk?

  Mogelijke antwoorden zijn:

- o 43 tot 50 procent van de huwelijken eindigt in scheiding.

- o Van de bestaande huwelijken is ongeveer de helft 'ongelukkig' en slechts de helft 'tevreden'.

- o Een veel kleiner percentage is 'zeer tevreden.'

- Wat zou je ons over je leven, je vorige relaties en je huidige relatie willen vertellen wat ons op dit moment zou kunnen helpen?

4) *Leg uit wat mentoraat wel en niet is*

- Mentoraat is het openlijk delen van ervaringen, het benadrukken van Bijbelse waarheid en het geven van tips en suggesties waar mentees over na kunnen denken.

- Mentoraat is niet het geven van pastorale hulp. Mentors stellen geen diagnose van de psychische of emotionele toestand en doen niet aan behandeling daarvan. Ze richten zich op de relatie die het stel nu heeft en investeren in de relatie die het stel in de toekomst zou willen hebben. Ze duiken niet al te diep in het verleden van de mentees.

5) *Leg de voordelen van mentoraat uit*

- Onderzoek heeft aangetoond dat zelfs een beperkte mate van mentoraat (vier sessies van in totaal zes uur) een meetbare, positieve invloed op de huwelijksvoldoening van het stel kan hebben.[1]

- Sommige mentors hebben door hun mentorschap een 'successcore' waarbij in een periode van tien jaar meer dan 90 % van de huwelijken intact bleef.[2]

- Vertel over je eigen resultaten als je een voldoende aantal paren hebt begeleid.

6) *Bespreek hun bereidheid om aan het mentorproces mee te werken*

- Hoe groot is hun interesse en beschikbaarheid? Bespreek hoe ze optimaal van het mentoraat kunnen profiteren.

- Zorg dat je eigen (mate van) betrokkenheid bij het mentorproces aansluit bij die van de mentees.

- Bespreek hun verwachtingen ten aanzien van openheid en eerlijkheid tijdens jullie gesprekken.

- Vraag of er vragen of onduidelijkheden zijn met betrekking tot het mentorproces.

7) *Overige gespreksonderwerpen*

- Aan welke leerstijl geven je mentees de voorkeur? Hoe kun je je aanpak daarop afstemmen?

  o Visueel (zien, lezen)?

  o Auditief (luisteren)?

  o Actief (doen, oefenen)?

- Hoe kunnen jullie het best contact houden (e-mail, telefoon)?

  Met hem: _____ _____

  Met haar: _____ _____

- Plan de volgende (een of twee) bijeenkomsten.

- Breng het stel op de hoogte van eventuele kosten voor testen, de begeleiding (indien van toepassing) en andere zaken (boeken, kopieën).

8) *Onderwerpen voor verloofde stellen die voor het eerst gaan trouwen*

Vertel je mentees dat jullie hen de vragenlijst over hun emotionele, geestelijke, lichamelijke en relationele gezondheid zullen toesturen (deze bevindt zich aan het eind van dit hoofdstuk en op de downloadpagina van www.thesolutionformarriages.com). Vraag of ze deze voor de volgende bijeenkomst willen invullen en terugsturen. Dit zal jullie helpen om te bepalen welke terreinen bijzondere aandacht verdienen.

De volgende informatie heb je nodig als je de ouders van de mentees een brief, een korte vragenlijst (een voorbeeld is te vinden in Deel 8) en een verzoek om voor jullie te bidden wilt sturen. We hebben gemerkt dat dit ouders helpt in hun proces van 'loslaten.'

    a. E-mailadres van zijn moeder: _____

    b. E-mailadres van zijn vader: _____

    c. E-mailadres van haar moeder: _____

    d. E-mailadres van haar vader: _____

9) *Bespreek jullie aandeel aan de bruiloft (bijwonen en cadeaus)*

Tijdens dit eerste of een volgend gesprek kunnen jullie het stel vertellen hoe jullie omgaan met een huwelijksuitnodiging en het geven van cadeaus aan stellen die jullie begeleiden. Sommige mentors geven elk stel dat ze begeleiden een toepasselijk en uniek cadeau. Bespreek in elk geval:

    a. of jullie de huwelijksplechtigheid zullen bijwonen.

    b. of jullie bij de receptie aanwezig zullen zijn.

    c. of jullie het stel een huwelijkscadeau geven.

Gefeliciteerd! De eerste ontmoeting met jullie mentees zit erop!

Het Toestemmingsformulier voor huwelijksmentoraat

Om ervoor te zorgen dat het paar begrijpt wat de mogelijkheden en beperkingen van jullie begeleiding zijn en om te voorkomen dat jullie vaardigheden of benadering ter discussie zouden komen te staan (of tot een juridische kwestie zouden leiden), is het nodig om het paar van tevoren een toestemmingsformulier voor huwelijkspastoraat te laten lezen en ondertekenen. Een voorbeeld van een dergelijk formulier is te vinden op pagina 37: Toestemmingsformulier.

Vragenlijst over de emotionele, geestelijke, lichamelijke en relationele gezondheid

Deze vragenlijst voorziet de mentors van extra achtergrondinformatie om te kunnen vaststellen of het stel gebaat is bij mentoraat (of dat het beter pastorale hulp kan zoeken) en om te ontdekken welke gebieden tijdens de mentorsessies aan bod kunnen komen. De vragenlijst is te vinden op paginas 39 t/m 41: Vragenlijst.

Deze beide documenten zijn ook beschikbaar op de downloadpagina van www.thesolutionformarriages.com.

Toestemmingsformulier voor huwelijksmentoraat

(in te vullen aan het begin van de eerste ontmoeting)

We begrijpen dat we uit eigen beweging een relatie aangaan met een huwelijksmentorechtpaar om onze relationele vaardigheden te vergroten, van de ervaringen en inzichten van onze mentors te leren en als paar een hechtere relatie te krijgen.

We beseffen dat onze huwelijksmentors geen professionals, gediplomeerde raadgevers of psychologen zijn. Hun bijdrage aan het mentorproces is niet gebaseerd op een beroepsopleiding, maar op hun waardevolle ervaring als gelukkig getrouwd paar. Huwelijksonderwijs is geen therapie; het is onderwijs. Er is geen sprake van een diagnose of 'behandeling' en mentors geven geen huwelijks-, financieel of juridisch advies. Begeleide paren dragen zelf verantwoordelijkheid voor beslissingen die ze naar aanleiding van het mentorproces nemen.

We begrijpen dat de resultaten van onze relatietest en alle informatie die tijdens het mentorproces wordt besproken door de huwelijksmentors als vertrouwelijk wordt beschouwd. We geven de huwelijksmentors hierbij toestemming om dergelijke informatie te delen met een geestelijke en/of het hoofd van het huwelijksmentoraat (en met een andere partij als de wet dit vraagt) indien zij dit gepast vinden.

We begrijpen dat we het huwelijksmentoraat op elk moment kunnen beëindigen of om een ander huwelijksmentorechtpaar kunnen vragen als we ontevreden zijn over het proces.

Hier ondertekenen om aan te geven dat de bovenstaande informatie is gelezen en begrepen.

Handtekeningen van het te begeleiden paar:

Partner 1: _____ Datum: _____

Partner 2: _____ Datum: _____

Handtekeningen van het mentorechtpaar:

Mentor 1: _____ Datum: _____

Mentor 2: _____ Datum: _____

Vragenlijst over de emotionele, geestelijke, lichamelijke en relationele gezondheid (Vertrouwelijk)

Beantwoord de volgende vragen en stuur het ingevulde formulier voor aanvang van de volgende sessie naar jullie mentors.

Deze gegevens worden alleen gebruikt om jullie volgende mentorsessies zo goed mogelijk in te vullen en zal niet met andere partijen worden gedeeld, zoals in het Toestemmingsformulier voor huwelijksmentoraat is aangegeven.

A) Emotionele en psychische gezondheid

(Vragen in dit onderdeel kunnen een behoefte aan professionele hulp aan het licht brengen, maar zijn niet bedoeld als diagnose, prognose of beoordeling van de psychische gezondheid.)

1) Heb je wel eens last (gehad) van depressiviteit, angst of andere psychische problemen?
Ja ___ Nee. ___ Zo ja, wanneer?

2) Wordt of werd je daarvoor medisch of professioneel behandeld?
Ja ___ Nee. ___ Met medicatie? Ja ___ Nee ___

3) Heb je last van een of meer fobieën? (zoals een abnormale angst voor de dood, het verlies van een ouder, etc.)
Ja ___ Nee. ___ Zo ja, leg uit.

4) Heb je je emotionele gezondheid gedetailleerd met je verloofde besproken?
Ja ___ Nee. ___

5) Ben je ooit lichamelijk, verbaal of seksueel mishandeld (denk ook aan verkrachting)?
Ja ___ Nee. ___ Zo ja, heb je dit met een professionele hulpverlener besproken? Ja ___ Nee ___ . Met elkaar besproken? Ja ___ Nee ___

6) Heb je een abortus gehad of ermee te maken gehad? Ja ___ Nee ___ .
Zo ja, heb je dit met een hulpverlener besproken? Ja ___ Nee ___ . Met elkaar besproken? Ja ___ Nee ___

B) Geestelijke ontwikkeling

Beantwoord de volgende vragen over je geestelijke leven zonder dat je verloofde hier bij is.

1) Is Jezus de Heer van je leven? Ja ___ Nee ___ Weet ik niet zeker ___. Licht je antwoord toe:

2) Als je een persoonlijke relatie met Jezus Christus hebt en weet dat je gered bent, beschrijf die relatie dan:

3) Wanneer lees je in de Bijbel en met welke redenen?

4) Beschrijf je betrokkenheid bij een kerk. (Hoe vaak ga je erheen? Met welke redenen?)

5) Beschrijf je gebedsleven en stille tijd. (Waar? Wanneer? Waarom?)

6) Mijn definitie van zonde is: …

7) Beschrijf hoe je met zonde omgaat:

8) Vertel over eventuele recente veranderingen of problemen in je geestelijke wandel:

9) Wat zou je aan je geestelijke leven willen veranderen?

10) Ben je ooit betrokken geweest bij een sekte, het occulte, astrologie, waarzeggerij, etc.? Ja ___ Nee ___. Zo ja, beschrijf dan op welke manier. (Wanneer? Hoe lang? Mate van betrokkenheid?)

C) Lichamelijke gezondheid en seksuele grenzen

1) Zijn er dingen op het gebied van je lichamelijke gezondheid die je nog niet volledig met je verloofde hebt besproken?

2) Ben je recentelijk onderzocht door een gynaecoloog (zij) of een arts (hij)?

3) Hebben jullie met elkaar gesproken over kinderen, gezinsplanning en voorbehoedsmiddelen? Ja ___ Nee ___ . Met jullie arts besproken? Ja ___ Nee ___ Niet van toepassing ___

4) Nu het voorhuwelijkse mentorproces van start gaat, is het van belang om voordat jullie trouwen over seksuele grenzen na te denken. Veel stellen hebben niet de tijd genomen om deze grenzen met elkaar te bespreken.

De volgende oefening, die ieder afzonderlijk moet doen, maakt je bewust van je seksuele grenzen. Dit zal je helpen om te weten wanneer je de grens bereikt die je voor jezelf en je verloofde hebt gesteld.

Hieronder staat een voorbeeld van hoe de verschillende niveaus van lichamelijke intimiteit elkaar kunnen opvolgen:

   A. Elkaars hand vasthouden
   B. Een arm om de schouder/het middel
   C. Omhelzen
   D. Kussen
   E. Tongzoenen
   F. Intens lichamelijk contact (aangekleed)
   G. Strelen van erogene zones (aangekleed of naakt)
   H. Orale seks
   I. Geslachtsgemeenschap

5) Hebben jullie als verloofd stel specifiek over jullie lichamelijke grenzen gesproken en over de vraag hoe je in je relatie een reine basis kunt leggen en naar heiliging kunt streven? Ja ___ Nee ___

6) Welke niveaus in het lijstje hierboven beschouwen jullie als 'te ver'? A __ B __ C __ D __ E __ F __ G __ H __ I ___ Ik weet het niet ___ Geen enkel niveau ___

7) Schrijf in je eigen woorden op wat voor jou en je verloofde de lichamelijke grenzen zijn.

8) Welke specifieke dingen doen jullie allebei om die grenzen te beschermen? Is dat voldoende gebleken? Ja ___ Nee ___

9) Hoe sta je tegenover de beslissingen die je op dit gebied hebt genomen? Hoe kwam je tot deze conclusie?

10) Heb je iemand aan wie je regelmatig verantwoording kunt afleggen over het bewaken van deze grenzen? Ja ___ Nee ___

11) Zo nee, zou je dan willen dat wij, als jullie mentors, die personen voor jullie zijn? Ja ___ Nee ___ Weet ik niet ___

D) Relationele gezondheid

1) Zijn er gebroken relaties tussen jou en je ouders of broers/zussen? Ja ___ Nee ___ . Zo ja, licht toe.

2) Heb je nog contact of emotionele banden met een vroegere vriend/vriendin? Ja ___ Nee ___ . Zo ja, beschrijf dan op welke manier (wanneer, hoe vaak en in welke mate):

3) Is er een vriend/vriendin die nog contact of emotionele banden met jou heeft? Ja ___ Nee ___ . Zo ja, beschrijf dan op welke manier (wanneer, hoe vaak en in welke mate):

4) Zijn er nog wettelijke of financiële banden uit eerdere relaties? Ja ___ Nee ___ . Zo ja, beschrijf dan de betrokkenheid (duur en mate waarin):

Deel 3

Gebruik van een relatietest

Hoofdstuk 3

Mogelijke problemen vanuit de voorgeschiedenis

Inleiding

Nadat het stel de test heeft gedaan, maakte de mentor hier een verslag van. Op grond hiervan kan worden besloten welke onderwerpen er in de komende sessies aan bod zullen komen. Uit de test kunnen bij de mentees duidelijke verschillen in voorgeschiedenis naar voren komen. Dit geeft de mentors de eerste aanknopingspunten voor de gebieden die besproken kunnen worden.

De inhoud van dit boek sluit zowel aan bij het PREPARE/ENRICH-programma van *Life Innovations* als bij andere testprogramma's.

In dit hoofdstuk kijken we naar de onderdelen die doorgaans in een relatietest te vinden zijn – net als in de achtergrondinformatie van het PREPARE/ENRICH-begeleidersrapport. Dat rapport is alleen voor het mentorkoppel bedoeld en niet voor de mentees, omdat het overweldigend of verwarrend kan zijn.

Bereid je eigen verhaal voor en maak er gebruik van

Wanneer je de voorgeschiedenis van het paar bespreekt, zoek dan naar raakvlakken met je eigen voorgeschiedenis en noem die kort, zodat er een vertrouwelijke band kan ontstaan. Wees niet bang om het over de fouten in je eigen huwelijk te hebben. Stellen kunnen meer van je fouten leren dan van een voorspiegeling van een ideaal huwelijk.

Tips voor het bespreken van problemen uit de voorgeschiedenis

Wanneer je de verschillende categorieën bespreekt, kijk dan niet alleen naar mogelijke probleempunten, maar ook naar potentiële sterke punten. Heb ook oog voor eventuele verbanden tussen de testcategorieën (bijvoorbeeld idealisering en passiviteit).

Aspect[1]	Mogelijk gesprekspunt
Leeftijd	Als een van de twee erg jong is of wanneer er een groot leeftijdsverschil bestaat, vraag dan naar de relatie met hun ouders; bespreek problemen in het voorgeslacht; kijk naar de scores op het punt 'idealisering'.
Etnische achtergrond	Indien deze verschillend is, lees dan hoofdstuk 20, over het omgaan met cultuurverschillen.
Opleidingsniveau	Indien verschillend, bespreek dan wat de lager opgeleide persoon doet of kan doen om zich verder te ontwikkelen.
Kerkelijke achtergrond	Indien verschillend, zou je de hoofdstukken 26 en 27 over geloofsovertuigingen en geestelijke intimiteit kunnen lezen en kunnen bespreken wat de mentees van elkaar verwachten, hoe ze hun kinderen willen opvoeden en hoe ze met christelijke feestdagen omgaan.
Werk	Bespreek dit als er verschillen bestaan in werktijden, reistijd naar en van het werk en zekerheid van werk. Hoe wil het stel met deze dingen omgaan?
Rol op het werk	Bestaan er verschillen in de mate van werkgerelateerde stress of frustratie? Staan er veranderingen op de agenda?
Werk/geen werk	Bespreek spanningen als gevolg van eventuele werkloosheid en een mogelijk plan om dit op te vangen.

Aspect[1]	Mogelijk gesprekspunt
Jaarinkomen	Als hier grote verschillen in bestaan, hoe gaan de mentees dan met het geld om? Komt er een moment waarop er slechts één inkomen zal zijn? Hoe groot is de schulden- en uitgavenlast?
Geboortevolgorde in het gezin	De geboortevolgorde kan mensen op verschillende manieren beïnvloeden. Informatie hierover is te vinden in het gedeelte Geboortevolgorde in hoofdstuk 18 over het gezin waaruit men afkomstig is.
Aantal kinderen in het gezin	Kijk of hier verschillend over gedacht wordt, het aantal gewenste kinderen, en wanneer. Is er overeenstemming?
Wat is je huidige woonsituatie?*	Als een of beide partners een aantal jaren alleen heeft gewoond, bespreek dan de noodzaak om flexibel te zijn in de aanpassing aan het getrouwde leven.
Waar woon je nu?	Heeft dit invloed op waar de mentees in de toekomst zouden willen wonen? Is er overeenstemming?
Duur van de relatie	Minder dan 6 tot 12 maanden? Zo ja, is er dan een reden om snel te willen trouwen? Hoeveel tijd brachten ze in die periode samen/apart van elkaar door? Bij meerdere jaren: was er een reden om te aarzelen? Hoe is dat opgelost?
Duur van de verloving	Minder dan 3 tot 6 maanden? Zo ja, is er dan een reden om snel te willen trouwen?
Maanden tot het huwelijk	Is er genoeg tijd voor mentorsessies zodat er gewerkt kan worden aan terreinen die verbeterd kunnen worden?

Aspect[1]	Mogelijk gesprekspunt
Hoe lang hebben jij en je partner samengewoond?*	Kies een moment waarop de informatie over de invloed van (ongetrouwd) samenwonen (een van de bijlagen) kan worden besproken.
Hoe denken jullie vrienden over jullie trouwplannen?	Als ze er niet achter staan, waarom is dat dan? Heeft het stel hier eerlijk over nagedacht? Welke rol spelen deze vrienden wanneer jullie getrouwd zijn?
Hoe denkt jullie familie over jullie trouwplannen?	Als ze er niet achter staan, waarom is dat dan? Heeft het stel hier eerlijk over nagedacht? Hebben ouders moeite met 'loslaten'? Stel voor dat hij of zij dit rechtstreeks met zijn of haar ouders (niet met toekomstige schoonouders) bespreekt.
Aantal kinderen die jullie op dit moment hebben	Lees de informatie in hoofdstuk 31 (Hertrouwen) en 32 (Schoonfamilie).
Hoeveel kinderen willen jullie?	Is het nodig om een compromis te sluiten? Wat gebeurt er als één van de twee van gedachten verandert? Hoe ga je om met eventuele onvruchtbaarheid? Bespreek de verschillende soorten anticonceptie en hoe men daar tegenaan kijkt. Zie het gedeelte over gezinsplanning en anticonceptie in hoofdstuk 12. Bespreek hoe de nieuwe ouder zal omgaan met de kinderen van zijn/haar partner (ouderrol, opvoeding, etc.).
Wanneer willen jullie kinderen?	Bespreek de verschillende soorten anticonceptie en hoe men hier tegenaan kijkt. Is het nodig om een compromis te sluiten?
Is de vrouw zwanger?	Zo ja, hoe willen ze het gemis van de 'wittebroodsweken' in hun huwelijk compenseren?

Aspect[1]	Mogelijk gesprekspunt
Aantal keren uit elkaar gegaan	Hoe vaak is dit stel uit elkaar gegaan in de verkerings- of verlovingstijd? Als dit gebeurd is, bespreek dan dingen als: wat men geleerd heeft, gevoelens, vergeving, etc.
Aantal eerdere huwelijken (indien van toepassing)	Stel jezelf voor het hertrouwen een aantal vragen. Is er een Bijbelse basis om het te doen? Hebben ze nagedacht over het grotere risico als gevolg van een eerdere scheiding? Hoe kunnen ze in dit huwelijk dingen *voor* zijn?
Huwelijkse staat van ouders	Welke voorbeelden hebben ze gehad terwijl ze opgroeiden? Wat willen ze in hun huwelijk overnemen en wat juist niet? Hebben ze nagedacht over het grotere risico als gevolg van de scheiding van een ouder?
Opgevoed Door	Praat over de huwelijkskwaliteit en de opvoedingsstijl van hun ouders en de mate waarin ze op hun ouders lijken of juist niet lijken.

* Afhankelijk van de huidige woonsituatie van het stel zal deze vraag wel of niet in jullie verslag voorkomen.

Oefeningen voor het stel

Aan deze achtergrondinformatie zijn geen specifieke oefeningen verbonden omdat deze gegevens alleen voor de mentors zijn bedoeld. De eerste aanwijzingen moeten door andere gedeelten van de test worden bevestigd voordat kan worden besloten hoe erop gereageerd kan worden.

Aanbevolen (Engelstalige) bronnen

David H. Olson, Ph.D. Amy K. Olson-Sigg, *Empowering Couples: Building on Your Strengths*, Life Innovations, Inc. Minneapolis, Minnesota, 2000.

David H. Olson, Ph.D., Amy K. Olson-Sigg, Peter J. Larson, Ph.D.,*The Couple Checkup* TM, Thomas Nelson, 2008.

Hoofdstuk 4

Omgaan met stress – het persoonlijke stressprofiel

Inleiding

Een stresstest of -onderzoek is een goed beginpunt voor iedereen die stress wil bestrijden. Een dergelijke test geeft een mentor de mogelijkheid om op een objectieve manier naar de omstandigheden van een mentee te kijken en vast te stellen welke rol stress in zijn of haar leven speelt.

Aangezien niet iedereen hetzelfde op stress reageert, bestaat er geen universele remedie om stress te verminderen. Zowel het wegnemen van stressoorzaken (indien dit mogelijk is) als het leren omgaan met stress, kan voor verlichting zorgen.

Wat deskundigen over stress zeggen

We hebben in ons leven allemaal wel eens met stress te maken gehad, maar wat is het precies? En waar komt het vandaan? Deskundigen hanteren de volgende definitie van stress:

> ' ... een toestand van spanning die mensen ervaren wanneer ze met ongewoon hoge eisen, ernstige beperkingen of grote kansen worden geconfronteerd.'[1]

Stress is wat we ervaren als reactie op stressfactoren in ons leven. Stressfactoren – zoals mensen, gebeurtenissen, situaties, onredelijke verwachtingen en onze omgeving – kunnen echt zijn of als zodanig ervaren worden.

Niemand kan een berg stress over je heen gooien, maar je kunt wel veel stress ervaren wanneer je met een hoop stressfactoren bestookt wordt! Stress is een emotionele, cognitieve en fysiologische reactie die op hetzelfde moment je gevoel, je gedachten en je lichaam beïnvloedt.

Deze mentorsessie is bedoeld om mentees te helpen:

1) ontdekken welke mensen stress bij hen veroorzaken en hoe vaak dit gebeurt.

2) begrijpen welke dingen stress veroorzaken in hun leven.

3) effectief te leren omgaan met erge of chronische stress.

Veel voorkomende stressfactoren

Deze stressfactoren komen in het leven een (echt)paar regelmatig voor:

1) *Stressvolle situaties en levensgebeurtenissen*
   - bruiloftsvoorbereiding
   - grote veranderingen
   - vakantie
   - sterfgeval
   - chronisch of acuut gezondheidsprobleem

2) *Gezinsgerelateerde stress*
   - het eerste kind krijgen
   - voor een oude of zieke ouder of familielid zorgen
   - een ernstig of ingrijpend conflict in de bredere familie
   - uit huis gaan van het laatste kind ('leeg nest')

3) *Relatieproblemen*
   - gebroken huwelijk
   - huiselijke geweld
   - ontrouw

4) *Werkgerelateerde stress*
   - dreigende werkloosheid
   - onrealistische verwachtingen

Bereid je eigen verhaal voor en maak er gebruik van

Vertel over een ernstige stresservaring waar jullie als echtpaar mee te maken hebben gehad, hoe jullie ermee omgegaan zijn en hoe die ervaring de relatie met je partner heeft verbeterd of verrijkt.

Tips voor het bespreken van stress

Gezonde manieren om met beheersbare stressfactoren om te gaan

1) Bedenk op welke manieren je een plotselinge crisis kunt voorkomen door je planning te verbeteren en meer vooruit te denken.

2) Leer om vaker 'nee' te zeggen. Richt je op dingen die het belangrijkst voor je zijn en laat de rest vallen.

3) Beperk – voor zover mogelijk – de hoeveelheid tijd die je doorbrengt bij mensen waar je gestrest van wordt.

4) Maak vaker gebruik van je assertieve communicatieve vaardigheden en zoek ook naar mogelijkheden om een compromis te sluiten.

5) Vraag je af of een situatie echt zo belangrijk is. Maakt het over vijf of tien jaar – of in de eeuwigheid – nog wat uit?

6) Kun je iets positiefs in de situatie zien? Als dat zo is, richt je dan bewust daarop.

7) Doe iets aan sport, let op je voeding en neem voldoende rust.

Manieren om met onveranderlijke stressfactoren om te gaan

1) Besef dat je niet alles in de hand kunt hebben, dus blijf niet voortdurend op dit soort problemen gericht. Laat los!

2) Vertel een goede vriend/vriendin wat je bezighoudt. Het zal je goed doen om je emoties te uiten.

3) Bedenk de goede dingen die God voor je gedaan heeft.

4) Doe iets aan sport, let op je voeding en neem voldoende rust.

5) Trakteer jezelf op iets bijzonders (zoals een uitstapje) als een manier om afstand te nemen en je emoties op orde te brengen.

6) Zoek iets wat je leuk vindt en doe dat ten minste één keer per dag. Verheug je elke dag op dat speciale moment.

7) Probeer je gevoel voor humor te bewaren.

8) Doe ontspanningsoefeningen wanneer je dit soort stress ervaart.

Als de mentee op dit gebied blijvende problemen ervaart, verwijs hem/haar dan naar een professionele hulpverlener.

Oefeningen voor het stel

Stressfactoren zijn dingen die een emotionele en/of lichamelijke reactie oproepen. Stress kan een positieve oorsprong hebben (een huwelijk, promotie, geboorte van een kind) of een negatieve oorsprong (ontslag, auto-ongeluk, ernstige ziekte, dood van een familielid). Waar het om gaat, is dat iemand in staat is om op de juiste manier met de verschillende stressfactoren in zijn leven om te gaan.

Vaak kunnen we stress binnen de perken houden door de juiste prioriteiten te stellen. Gebruik de onderstaande lijst om te ontdekken welke zaken voor ieder van jullie belangrijk zijn.

1) Bepaal voor elk punt op de lijst of je het kunt veranderen of dat het buiten je macht ligt.

2) Zet de punten die je kunt en wilt veranderen in volgorde van belangrijkheid.

3) Bespreek op welke manieren je beter om zou kunnen gaan met de punten die je niet kunt veranderen.

Levensgebeurtenissen en stress[2]

	Stressvolle levens-gebeurtenis	Te veranderen? (Ja/Nee)	Prioriteit	Hoe om te gaan met deze stressfactor?	Hoe om te gaan met de onverander-lijke stressfactor?
Oorzaken van hoge impact	Dood van partner				
	Echtscheiding				
	Scheiding van tafel en bed				
	Dood van naast familielid				
	Persoonlijk letsel of ziekte				
	Trouwen / Bruiloft				
	Ontslag/pensio-nering				
	Huwelijksproble-men				
	Verandering arbeitstijden				
	Gezondheidspro-blemen gezinslid				
	Overig				

	Stressvolle levens-gebeurtenis	Te veranderen? (Ja/Nee)	Prioriteit	Hoe om te gaan met deze stressfactor?	Hoe om te gaan met de onveranderlijke stressfactor?
Stressfactoren gemiddelde impact	Zwangerschap				
	Seksuele problemen				
	Drugs-/alcoholmisbruik				
	Gezinsuitbreiding				
	Grote verandering financiële situatie				
	Dood van goede vriend/vriendin				
	Verandering van baan				
	Lening voor grote aanschaf				
	Executie van hypotheek				
	Verandering van arbeidstaken				
	Kind dat uit huis gaat				
	Conflict met schoonouders				
	Problemen met kinderopvang				
	Partner wil gaan werken/stoppen met werken				
	Weer gaan studeren				
	Overig				

Stressvolle levens- gebeurtenis	Te veranderen? (Ja/Nee)	Prioriteit	Hoe om te gaan met deze stressfactor?	Hoe om te gaan met de onveranderlijke stressfactor?
Verstoring woonomstandig-heden				
Problemen met baas				
Verandering in werkuren				
Verhuizing				
Verandering van school				
Verandering van kerk				
Slaapproblemen				
Vakantie-voorbereidingen				
Feestdagen				
Geringe wetsovertredingen				
Overig				

(Linkerkolom verticaal: **Stressfactoren lage impact**)

Aanknopingspunten voor een gesprek

1) Wat doe je meestal om stress te verminderen die voortkomt uit situaties die je kunt veranderen of beïnvloeden? En bij stress als gevolg van onveranderlijke situaties?

2) Hoe gestrest is je dagelijkse leven meestal – afgezien van je huidige huwelijksvoorbereidingen?

3) Heb je manieren ontdekt waarop je elkaar kunt helpen omgaan met de stress in je leven? Wat heb je geprobeerd?

Bijbelteksten

Filippenzen 4:6-7, *"Wees over niets bezorgd, maar vraag God wat u nodig hebt en dank hem in al uw gebeden. Dan zal de vrede van God, die alle verstand te boven gaat, uw hart en gedachten in Christus Jezus bewaren."*

Matteüs 6:28-30, *'En wat maken jullie je zorgen over kleding? Kijk eens naar de lelies, kijk hoe ze groeien in het veld. Ze werken niet en weven niet. Ik zeg jullie: zelfs Salomo ging in al zijn luister niet gekleed als een van hen. Als God het groen dat vandaag nog op het veld staat en morgen in de oven gegooid wordt al met zo veel zorg kleedt, met hoeveel meer zorg zal hij jullie dan niet kleden, kleingelovigen?'*

1 Petrus 5:7, *'U mag uw zorgen op hem afwentelen, want u ligt hem na aan het hart.'*

Matteüs 11:28-29, *'Kom naar mij, jullie die vermoeid zijn en onder lasten gebukt gaan, dan zal ik jullie rust geven. Neem mijn juk op je en leer van mij, want ik ben zachtmoedig en nederig van hart. Dan zullen jullie werkelijk rust vinden.'*

Romeinen 5:3-5, *'... we prijzen ons zelfs gelukkig onder alle ellende, omdat we weten dat ellende tot volharding leidt, volharding tot betrouwbaarheid, en betrouwbaarheid tot hoop. Deze hoop zal niet worden beschaamd, omdat Gods liefde in ons hart is uitgegoten door de heilige Geest, die ons gegeven is.'*

Aanbevolen (Engelstalige) bronnen

Schermerhorn, John R., Richard Osborn, and James G. Hunt. *Organizational Behavior*. 9de ed. New York: Wiley, 2005.

STRESS Obstacle or Opportunity?, A. Pihulyk. Bron: Canadian Manager (zomer 2001): 26.2, p.24.

Hoofdstuk 5

Emotionele stabiliteit

Inleiding

Emotionele stabiliteit is ons vermogen om ook onder stress ontspannen en kalm te blijven – en dus niet door de stressfactoren in ons leven uit balans te worden gebracht. Hoe we onze gevoelens uiten (door negatieve en positieve communicatie) zegt veel over onze mate van emotionele stabiliteit.

Onze gevoelens vormen misschien wel het grootste struikelblok in onze (juiste) omgang met andere mensen. Het is heel moeilijk om van anderen te houden als we ons zelf gekwetst voelen. In Johannes 13:34-36 geeft Jezus zijn discipelen de opdracht om elkaar lief te hebben zoals Hij hen liefhad. Maar Petrus bevond zich niet in de juiste emotionele toestand om te horen wat Hij te zeggen had, waardoor hij Jezus' boodschap – de noodzaak om elkaar lief te hebben – niet oppikte. In plaats daarvan was hij bezig met de vraag waarom hij Jezus niet kon volgen waar Hij heen ging. Wij reageren vaak net zo.

Vaak willen we pas aardig zijn of iemand liefhebben wanneer we ons goed voelen. Maar wanneer we ons gefrustreerd voelen, hebben we weinig geduld met onze 'dierbaren' of gedragen we ons ronduit kwetsend. Om emotioneel stabiel te zijn, moeten we leren onze gevoelens te beheersen. Om anderen te kunnen liefhebben zoals Christus dat doet, moeten we onze gevoelens de baas zijn en niet andersom.

Dit mentoronderwerp is bedoeld om:

1) Mentees te helpen begrijpen waar gevoelens vandaan komen.

Het stel te helpen

2) Het stel te helpen ontdekken hoe ze hun gevoelens kunnen beheersen en dit te ontwikkelen en toe te passen.

3) Het stel een aantal stappen mee te geven waarmee ze leren met elkaars emotionele verschillen om te gaan in plaats van elkaar te willen veranderen.

Veel voorkomende emotionele problemen

Stellen scoren over het algemeen laag op de volgende onderdelen van de test:

1) Kernzaken als iemands ware identiteit, eigenwaarde en emotionele behoeften.

2) Alleen op een verstandelijk niveau met elkaar communiceren, in plaats van rekening te houden met 'abstracte' behoeften als veiligheid, liefde, aanvaarding en vergeving.

3) Communiceren zonder oog te hebben voor de behoefte aan betekenis (belang, betekenis en capaciteiten) van de partner.

Als we geen oog hebben voor onze basale, persoonlijke behoeften en de manieren waarop we die hopen te vervullen, zullen we slechts een oppervlakkig begrip van elkaars gevoelens hebben. Dat wil niet zeggen dat er geen overeenkomsten zijn in de behoeften van man en vrouw – die zijn er wel. Net als vrouwen, hebben ook mannen behoefte aan veiligheid, liefde, aanvaarding en vergeving. En net als mannen, hebben ook vrouwen behoefte aan betekenis, erkenning en adequaatheid. Maar mannen en vrouwen hebben hier een verschillende kijk op.

Bereid je eigen verhaal voor en maak er gebruik van

Vertel over manieren van aanpak die voor jullie (als mentors) goed hebben gewerkt. Vertel hoe die ervaringen de emotionele staat van jullie leven en huwelijk hebben verrijkt.

Tips voor het bespreken van emotionele stabiliteit

De psycholoog Albert Ellis bedacht wat hij noemde de ABC-theorie[1] van emoties, om ons te laten zien dat we zelf verantwoordelijk zijn voor onze gevoelens. Hij zegt dat een gebeurtenis (A) niet automatisch tot het gevolg (C) leidt. Tussen A en C bevindt zich B, wat voor overtuigingen staat. Volgens zijn theorie worden onze gevoelens (met betrekking tot gebeurtenis A) in werkelijkheid bepaald door wat we over onszelf geloven. Dat legt de verantwoordelijkheid voor onze emoties bij onszelf. We kunnen de gevolgen van onze daden niet langer toeschrijven aan andere mensen of de omstandigheden, maar leren onze gevoelens te beheersen door verantwoordelijkheid te nemen.

Als we aannemen wat Ellis zegt, zijn we in staat om in elke situatie onze gevoelens in de hand te houden door wat we over onszelf willen geloven. Als we beseffen welke invloed deze 'gesprekjes met onszelf' hebben op ons gevoel in een bepaalde situatie, kunnen we onze gevoelens beter controleren.[2]

Maar het feit dat we onze emotionele reactie kunnen sturen, betekent niet dat we emotionele pijn kunnen vermijden! Zonder deze beheersing van gevoelens zou onze pijn ons aanzetten tot destructieve en zondige reacties waar nauwelijks nog een rem op zit. Het is belangrijk dat we onze negatieve gevoelens verwerken, zodat we toch een zekere 'goddelijke' liefde kunnen hebben voor degenen die ons boos maken, we met *'een onuitsprekelijke, hemelse vreugde'* (1 Petrus 1:8) echte pijn kunnen verdragen en met *'de vrede van God, die alle verstand te boven gaat'* (Filippenzen 4:7) onze angsten tegemoet kunnen treden.

Aangezien onze overtuigingen de kwaliteit van onze gevoelens bepalen, is het belangrijk om te weten wat we over onszelf moeten geloven zodat we onze eigen gevoelens kunnen beheersen. Zo geloven de meeste mensen nog steeds – ondanks het voorbeeld van Jezus zelf – dat we lijden en pijn kunnen vermijden door wat we doen en niet doen om God te behagen. We hebben de overtuiging dat God ons goed behandelt als we ons goed gedragen. Als we ons slecht gedragen, behandelt God ons slecht. Deze overtuiging maakt dat we met negatieve gevoelens reageren op negatieve omstandigheden – vooral als we geloven dat we onterecht moeten lijden. Maar als onze overtuigingen met betrekking tot ons lijden meer overeenkomen met die van Jezus, die zich niet liet afschrikken door de schande van het kruis omdat Hij dacht aan de vreugde die voor Hem in het verschiet lag, zullen ook wij de moeite kunnen verdragen vanwege de vreugde die ons te wachten staat.

Bespreek deze feiten met het stel:

1) Om dit te kunnen begrijpen, moeten we ons afvragen waar onze gevoelens vandaan komen. Gevoelens komen niet zomaar uit de lucht vallen en worden ook niet alleen maar veroorzaakt door wat ons overkomt. Onze gevoelens zijn ook een gevolg van wat we onszelf vertellen (onze overtuigingen) met betrekking tot wat ons overkomen is. Gevoelens komen voort uit wat we ten diepste geloven over onze identiteit en onze persoonlijke behoeften, terwijl de uitingen van onze gevoelens meestal verband houden met oppervlakkige gevolgen van onze huidige omstandigheden. We moeten dieper graven dan de oppervlakkige kwesties om de kernproblemen te vinden. Vragen als 'wat vind je van jezelf?' en 'hoe zie je jezelf?' gaan dieper dan de oppervlakte en raken aan onze kernovertuigingen.

2) Hoewel het belangrijk is om te luisteren wanneer er over oppervlakkige problemen wordt gesproken, is de communicatie pas effectief wanneer deze de diepte in gaat: naar de onderliggende kwesties over identiteit en persoonlijke behoeften. Het is zeker goed om te luisteren wanneer mensen hun frustraties over bepaalde omstandigheden uiten, maar ze zullen pas gerustgesteld en getroost worden wanneer de onderliggende kernproblemen aandacht krijgen.

3) Verder is het belangrijk om familieleden en anderen om ons heen eerlijk te laten weten waarom we onze gevoelens op een andere manier willen uiten. Het enige verschil tussen bediening en manipulatie is gelegen in onze motieven. Maar al te vaak proberen we onze partner, kinderen of ouders te manipuleren onder het mom van 'doen wat voor hen het beste is.' Al doen we nog zo ons

best om dat soort egoïstische motieven te verhullen, onze familie zal die tactieken meestal wel doorzien. Als we op dit gebied eerlijk zijn, zal onze gewijzigde manier van omgaan met gevoelens tot verzoening en grotere emotionele stabiliteit leiden.

4) Om anders met gevoelens te kunnen omgaan, is het nodig om te erkennen wat onze ware motieven zijn. In de Bijbel staat een leven dat door angst, schuld en trots wordt gedreven lijnrecht tegenover een leven dat door geloof, hoop en liefde wordt gemotiveerd. Een gezonde (op genade gebaseerde) levensstijl wordt daar 'in het licht wandelen' of 'in de Geest wandelen' genoemd. Deze levensstijl staat haaks op de wettische of religieuze levensstijl die de Bijbel beschrijft als 'wandelen op de weg van de heidenen met hun loze denkbeelden' of 'geleid door de eigen natuur.' De vaardigheid om gevoelens om te buigen is het vermogen om onze motivatie te veranderen van angst, schuld en trots (een wettische levensstijl) naar geloof, hoop en liefde (een op genade gebaseerde levensstijl).

Oefeningen voor het stel

Dit zijn twee oefeningen die je met je mentees kunt doen:

Oefening 1:

Beschrijf een recente situatie waarin je je gekwetst voelde door wat iemand zei of deed. Wat voelde je toen (boosheid, pijn, angst)? Ben je van nature geneigd de ander de schuld te geven voor wat je voelde, als een manier om je reactie te rechtvaardigen? Weet je nog welke (onjuiste) dingen je jezelf vertelde nadat je je gekwetst voelde? Merk op hoeveel gemakkelijker het is om anderen de schuld te geven dan om te kijken naar je eigen (onjuiste) aannames en daar wat aan te doen.

Oefening 2:

Noem drie tot vijf belangrijke kwesties of onderwerpen die je met mensen (thuis, op je werk of in je buurt) zou willen bespreken. Vergelijk die kwesties met de definitie van 'kernproblemen' en stel vast dat veel van onze 'belangrijke kwesties' in het leven eigenlijk oppervlakkig zijn en geen kernprobleem. Kernproblemen hebben betrekking op iemands ware identiteit, eigenwaarde en behoeften. Hoe belangrijk de andere zaken ook kunnen zijn, in vergelijking met kernzaken als een gezonde identiteit en een echt gevoel van eigenwaarde, zijn ze maar oppervlakkig.

Aanknopingspunten voor een gesprek

1) Noem een paar gevoelige terreinen waarop je gemakkelijk gekwetst kunt worden. Heb je hier met je partner over gesproken?

2) Hoeveel tijd heb je met je partner besteed aan het bespreken van je gevoelens?

Bijbelteksten

1 Petrus 4:12, *'Geliefde broeders en zusters, wees niet verbaasd over de vuurproef die u ondergaat; er overkomt u niets uitzonderlijks.'*

Romeinen 5:3-5, *'En dat niet alleen, we prijzen ons zelfs gelukkig onder alle ellende, omdat we weten dat ellende tot volharding leidt, volharding tot betrouwbaarheid, en betrouwbaarheid tot hoop. Deze hoop zal niet worden beschaamd, omdat Gods liefde in ons hart is uitgegoten door de heilige Geest, die ons gegeven is.'*

Romeinen 8:28, *'En wij weten dat voor wie God liefhebben, voor wie volgens zijn voornemen geroepen zijn, alles bijdraagt aan het goede.'*

Aanbevolen (Engelstalige) bronnen

Smalley, Gary en John Trent. *The Blessing*. Nashville, TN: Thomas Nelson, 1986.

Selye, Hans. *The Stress of Life*. New York: McGraw-Hill, 1978.

McMillen, S. I. en David E. Stern. *None of These Diseases: the Bible's Health Secrets for the 21st Century*. Grand Rapids, MI: F.H. Revell, 2000.

Glenn, John. *The Alpha Series: the Gift of Recovery*. Bloomington, IN: AuthorHouse, 2006.

Deel 4

Huwelijksvaardigheden en
verantwoordelijkheden

Hoofdstuk 6

Communicatie

Inleiding

Communicatie is het belangrijkste ingrediënt van een relatie. Het is zo belangrijk omdat het de schakel vormt tussen elk aspect van je relatie. De uitkomst van gesprekken en beslissingen over financiën, kinderen, het werk, geloof en zelfs het uiten van gevoelens en verlangens – het is allemaal afhankelijk van de communicatiestijl en communicatieve vaardigheden die jullie samen hebben ontwikkeld.

Deze mentorsessie is bedoeld om:

1) Elk van de mentees te helpen inzien welke communicatiestijl hij of zij in tijden van stress meestal gebruikt.

2) Koppels te leren wat assertieve communicatie is en waarom deze stijl tot de gezondste relaties leidt.

3) Koppels te leren hoe ze door middel van imagotherapie ('Imago Dialoog') actief kunnen luisteren en effectieve communicatie kunnen beoefenen.

Veel voorkomende communicatieproblemen

De volgende aspecten zijn bij veel stellen voor verbetering vatbaar:

1) Niet alles geloven wat de partner zegt.

2) Opmerkingen plaatsen die de ander kleineren of omlaag halen.

3) Moeite hebben om behoeften en verlangens aan de ander kenbaar te maken.

4) Moeite hebben om negatieve gevoelens aan de ander kenbaar te maken.

5) Niet goed naar elkaar luisteren.

6) Telkens 'in de verdediging schieten' wanneer iemand het niet met hem of haar eens is.

7) Meer gericht zijn op wie er schuldig is dan op het vinden van een oplossing.

Stellen praten doorgaans niet graag over negatieve gevoelens omdat ze geen problemen willen veroorzaken of ruzie willen krijgen. Helaas veroorzaakt dit alleen maar meer problemen en worden ze geen van alle opgelost. Net als bij een niet bijgehouden tuin nemen genegeerde gevoelens de vorm aan van onkruid. Uiteindelijk leiden ze tot ergernis, desinteresse en een onwil om de relatie te repareren. Partners die te lang wachten met het bespreken van wat hen dwars zit, worden op den duur apathisch naar elkaar.

Bereid je eigen verhaal voor en maak er gebruik van

Vertel over een paar communicatietechnieken die jullie hebben geleerd en hoe deze je huwelijk hebben verbeterd.

Communicatieoefeningen voor het stel

De volgende twee oefeningen zijn bedoeld om het koppel nieuwe communicatieve vaardigheden aan te leren.

Er zijn vier hoofdstijlen van communicatie: de passieve, de agressieve, de passief-agressieve en de assertieve communicatiestijl. Hoewel de assertieve stijl doorgaans de meest doeltreffende is, gebruiken veel stellen deze stijl niet zo vaak als ze zouden kunnen, wat tot frustrerende en onbevredigende interacties leidt.

Laat de mentees onafhankelijk van elkaar de volgende test doen om hun persoonlijke communicatiestijl vast te stellen. Bespreek daarna de resultaten met hen.

Oefening 1 – zelftest communicatiestijl

Tijdens een conflict met mijn partner heb ik meestal deze houding:

Communicatie Stijl (punten)	Altijd (9)	Vaak (6)	Soms (3)	Zelden (1)	Nooit (0)
Onderdeel 1					
Ik houd meestal mijn mond en zeg niet wat ik echt voel.					
Ik probeer de ander te ontwijken.					
Ik zeg snel sorry.					
Ik kom niet snel voor mezelf op.					
Ik spreek zacht en val de ander niet in de rede.					
Ik maak geen oogcontact of wend me af.					
Ik vind de wensen of eisen van de ander veel belangrijker dan de mijne.					
Ik zie mezelf als de oorzaak van het conflict.					
Ik voel me hulpeloos, niet gerespecteerd of gekwetst.					
Ik ben bang om afgewezen te worden.					
Ik probeer de ander te behagen, wat het me ook kost.					

Communicatie Stijl (punten)	Altijd (9)	Vaak (6)	Soms (3)	Zelden (1)	Nooit (0)
Onderdeel 1					
Puntentotaal Onderdeel 1					

Communicatie Stijl (punten)	Altijd (9)	Vaak (6)	Soms (3)	Zelden (1)	Nooit (0)
Onderdeel 2					
Ik kom sterk voor mijn mening uit, want ik heb doorgaans gelijk.					
Ik heb weinig achting voor de ander of zijn/haar mening.					
Ik ga de strijd aan en heb pas gewonnen als ik de discussie win.					
Ik probeer de ander met mijn blik te intimideren.					
Ik verhef mijn stem om de ander te overtuigen.					
Ik vind mijn standpunt het beste.					
Ik voel me soms schuldig om de tactiek die ik gebruik.					
Ik vind het standpunt van de ander dom, onwetend of ongefundeerd.					
Ik negeer de verlangens van de ander.					

Communicatie Stijl (punten)	Altijd (9)	Vaak (6)	Soms (3)	Zelden (1)	Nooit (0)
Onderdeel 2					
Ik probeer het gesprek te sturen.					
Ik verdedig mijn rechten en probeer tot elke prijs te winnen.					

Puntentotaal Onderdeel 2

Communicatie Stijl (punten)	Altijd (9)	Vaak (6)	Soms (3)	Zelden (1)	Nooit (0)
Onderdeel 3					
Ik kom mijn verplichtingen niet na vanwege omstan-digheden die ik niet in de hand heb.					
Ik aanvaard niet graag de verantwoordelijkheid voor het teleurstellen van anderen.					
Ik vind dat ik mijn zin mag krijgen, ook al moet ik daarvoor beloftes breken.					
Ik voel me niet volledig aansprakelijk voor mijn daden.					
Ik ben bang dat mensen me zouden afwijzen als ik assertiever was.					
Ik ben bang voor een confrontatie met anderen.					

Communicatie Stijl (punten)	Altijd (9)	Vaak (6)	Soms (3)	Zelden (1)	Nooit (0)
Onderdeel 3					
Ik wil mijn zin krijgen zonder te veel verantwoordelijkheid te hoeven dragen.					
Ik voel me boos om wat anderen van me verwachten.					
Ik geef anderen snel hun zin om van het probleem af te zijn.					
Ik werk anderen indirect tegen door mijn uitstelgedrag of vage/ dubbelzinnige houding.					
Ik geef anderen (of de omstandigheden) de schuld om mijn gedrag te rechtvaardigen.					

Puntentotaal Onderdeel 3

Communicatie Stijl (punten)	Altijd (9)	Vaak (6)	Soms (3)	Zelden (1)	Nooit (0)
Onderdeel 4					
Ik kan mijn wensen en gevoelens zelfverzekerd, rechtstreeks en duidelijk uiten.					
Ik sta open voor het standpunt van de ander; misschien kan ik er iets van leren.					
Ik vind het geen probleem om een andere mening te hebben.					
Ik blijf ontspannen.					
Ik erken dat de ander een goede reden heeft voor zijn/haar standpunt, ook al zie ik het anders.					
Ik maak en houd op een gepaste manier oogcontact.					
Ik geloof dat we allebei iets waardevols kunnen inbrengen, dus: geven en nemen.					
Ik aanvaard verantwoordelijkheid voor wat ik zeg en hoe ik het zeg.					
Ik heb een goed gevoel over de manier waarop ik anderen behandel.					
Ik hoef de discussie niet altijd te 'winnen.'					

Communicatie Stijl (punten)	Altijd (9)	Vaak (6)	Soms (3)	Zelden (1)	Nooit (0)
Onderdeel 4					
Ik heb mezelf in de hand, maar probeer niet het gedrag of gevoel van mijn partner te sturen.					
Puntentotaal Onderdeel 4					

Tel de punten van elk onderdeel op en kijk welk onderdeel de meeste punten heeft. Dat is voor die persoon waarschijnlijk de belangrijkste communicatiestijl. Bespreek de onderstaande beschrijvingen met de mentees om te zien of de resultaten kloppen.

Totaal 1 = score van de passieve stijl

Deze communicatiestijl wordt gekenmerkt door een onvermogen om zich tegen de eisen van de ander te verweren. De persoon ziet niet welke mogelijkheden hij/zij ter beschikking heeft en geeft de controle uit handen. Hij/zij geeft liever geen mening – of het nu om belangrijke of minder belangrijke dingen gaat – en wacht meestal tot de ander zijn/haar mening heeft gegeven. Deze persoon is het met de ander eens of past zijn/haar mening aan om de ander te behagen, maar voelt zich uiteindelijk vaak hulpeloos.

Totaal 2 = score van agressieve stijl

Deze stijl wordt gekenmerkt door pogingen om de ander door verbale manipulatie te onderwerpen. De mening van de ander wordt als dom of verkeerd bestempeld. De persoon bekritiseert de ander en probeert de ander door intimidatie, sarcasme of verhitte discussie op andere gedachten te brengen. Deze stijl lijkt op korte termijn effect te hebben, maar leidt bij de ander vaak tot boosheid en een afname van affectie en loyaliteit.

Totaal 3 = score van passief-agressieve stijl

Deze communicatiestijl combineert op hetzelfde moment* zowel elementen van de passieve (angstvallige) als de agressieve (boze) stijl. Omdat de persoon boos is, zoekt hij/zij naar vergelding, maar uit angst doet hij/zij dit niet op een rechtstreekse manier. Dit leidt tot 'verhulde agressie': een aanval waarbij hij/zij niet 'gepakt' kan worden, maar een open en eerlijk gesprek vermijdt.

* Niet te verwarren met de persoon die de ene keer een passieve en de andere keer een agressieve communicatiestijl hanteert. Deze persoon is meestal eerst te passief, waarna de emoties oplopen tot een woede-uitbarsting om daarna weer passief te worden.

Totaal *4 = score van assertieve stijl*

Assertiviteit is een zeer waardevolle communicatieve vaardigheid. Partners die een gezonde, levendige relatie hebben, zijn meestal allebei assertief. Assertieve mensen gaan er niet vanuit dat hun partner hun gedachten kan lezen. Ze maken hun wensen specifiek en rechtstreeks bekend.

> Assertiviteit is het vermogen om je wensen en noden bekend te maken en je ware gevoelens te uiten.

Het doel van de assertieve stijl is het hebben van relaties waarin noch de ander, noch jijzelf wordt weggecijferd. Het is geen strategie om je zin te krijgen. Door assertief te zijn kom je met andere mensen op gelijke voet.

Assertieve communicatie stelt mensen in staat om zichzelf op een gezonde, niet-defensieve en niet-dwingende manier te uiten. Daarvoor is het nodig om op een duidelijke en rechtstreekse manier te vragen wat je wil en op een positieve en respectvolle manier te communiceren. Assertieve personen nemen verantwoordelijkheid voor hun uitspraken door het gebruik van 'ik-boodschappen.' Ze vermijden uitspraken die met 'jij' beginnen. Wanneer de ene partner op een assertieve manier praat, stimuleert dit de andere partner om eveneens positief en assertief te reageren. Wanneer iemand weet dat er naar hem/haar geluisterd wordt en dat hij/zij begrepen wordt, neemt de intimiteit toe.

Bij een 'ik-boodschap' vertel je hoe jij je voelt. Ik-boodschappen zijn belangrijk omdat ze over feiten gaan, en niet over schuld. De ontvanger van de boodschap hoeft zich dus niet te verdedigen.

Omdat ik-boodschappen geen beschuldiging inhouden, worden ze vaak beter begrepen. Jij-boodschappen roepen juist defensief gedrag op omdat ze beschuldigend klinken. Vergelijk bijvoorbeeld de onderstaande ik- en jij-boodschappen en bedenk hoe ze op je overkomen:

'Jij'-boodschappen:

1) 'Je bent onattent tegen me in het bijzijn van je vrienden.'

2) 'Je zei dat je de auto een beurt zou laten geven en dat heb je niet gedaan. Je doet nooit wat je zegt.'

'Ik'-boodschappen:

1) 'Ik voel me gekwetst wanneer je in het bijzijn van je vrienden onattent tegen me bent.'

2) 'Ik vind het jammer dat de auto voor onze reis geen beurt heeft gehad. Ik maak me echt zorgen over de banden en de olie moet ververst worden. Heb je tijd om vanmorgen naar de garage te gaan?'

Assertieve mensen laten merken dat ze andermans gevoelens en mening respecteren zonder die mening per se over te nemen of te doen wat de ander verwacht of eist.

Assertief zijn betekent niet dat je geen rekening houdt met de wensen van anderen. Het betekent dat je naar hun wensen en verwachtingen luistert en daarna besluit of je er in meegaat.

Bedenk dat het niet altijd noodzakelijk is om assertief te zijn!

Het actieve luisterproces

Luisteren wordt *actief luisteren* wanneer de luisteraar zowel de inhoud als de bijbehorende gevoelens van een boodschap herhaalt om de spreker te laten weten dat zijn boodschap duidelijk overgekomen is. Actieve luisteraars willen niet oordelen of kritiek uiten, maar luisteren nieuwsgierig omdat ze hun partner willen begrijpen. In plaats van direct over een antwoord na te denken, stemt de actieve luisteraar af op wat er gezegd wordt in de wetenschap dat hij/zij snel genoeg aan het woord komt.

> *Actief luisteren betekent: aandachtig luisteren (zonder te onderbreken) en herhalen wat je gehoord hebt (spiegelen) tot de spreker weet dat je hem/haar hebt gehoord en begrepen.*

Hoewel deze terugkoppeling de communicatie vertraagt, verkleint het de kans op misverstanden en conflicten. Het zorgt ervoor dat de spreker zich begrepen en gewaardeerd voelt.

Bespreek de communicatiestijlen die je mentees in tijden van conflict het meest gebruiken. Stel daarna de volgende vragen: Praten jullie anders met elkaar wanneer het niet om een moeilijk gesprek gaat? In hoeverre lijken jullie op elkaar, als het om communiceren gaat? En wat zijn de verschillen?

Oefening 2 – Drie stappen naar betere communicatie: de Imago Dialoog[1]

De Imago Dialoog is ontwikkeld door dr. Harville Hendrix en dr. Helen LaKelly Hunt. Het is een uit drie stappen bestaand proces om een (betere) band te krijgen: spiegelen, erkennen en empathie.

In deze oefening oefenen de mentees in het gebruik van de Imago Dialoog door een aantal zorgen of problemen van hun wensenlijst met hun partner te bespreken. Zie hieronder.

Spiegelen

Eén van de twee (de zender) gebruikt een ik-boodschap om de ander (de ontvanger) te vertellen wat hij/zij denkt, voelt of ervaart, zoals: 'ik denk,' 'ik hou van' of 'ik heb behoefte aan.' Hij/zij probeert de ander niet te beschamen, de schuld te geven of te bekritiseren en praat alleen over zichzelf.

De ontvanger reageert door de boodschap te herhalen, ingeleid door een zinnetje als: 'Eens kijken of ik je goed begrepen heb. Volgens mij zei je ...'

Als de ontvanger correct heeft herhaald wat de zender heeft gezegd, vraagt de ontvanger: 'Is er nog iets wat je wil zeggen?' Daarna wacht de ontvanger op een antwoord om te laten zien dat hij/zij het meent en graag meer wil horen. De partner zou kunnen zeggen: 'Nou nee ... uh ... eens even kijken ... misschien toch wel.' Als mensen meer tijd krijgen, zijn ze vaak geneigd om ergens dieper op in te gaan. Dat kan het gesprek boeiender maken omdat er meer over gevoelens wordt gesproken.

De ontvanger kan dit stimuleren door te zeggen: 'Tjonge, dat is interessant. En verder?' Hoe meer de ontvanger zijn/haar partner ervan kan overtuigen dat hij/zij echt geïnteresseerd is, hoe beter de band met de zender wordt – zelfs wanneer het om een lastig of onbekend onderwerp gaat.

Wanneer de zender zegt: 'Nee, dat was het,' kan de ontvanger het samenvatten met de woorden: 'Dus, wat je zei zou ik zo kunnen samenvatten ...' Het is belangrijk dat de ontvanger controleert of hij/zij alles goed begrepen heeft.

Wanneer de ontvanger zijn/haar partner goed spiegelt, zal de zender tevreden zijn over het feit dat zijn/haar standpunt is ontvangen en bevestigd.

Erkennen

Erkenning kan lastig zijn, vooral wanneer je partner de dingen heel anders bekijkt. Om te zorgen dat je mentees een band krijgen, moeten ze allebei beseffen en erkennen dat wat de ander te zeggen heeft ook logisch is. In dit deel van de dialoog is het leggen van die verbinding het belangrijkst. Wie er gelijk heeft en wie niet is van ondergeschikt belang. Zoals veel huwelijksmentors zeggen: *'Je kunt gelijk hebben of getrouwd zijn!'* Met het Imagoproces kunnen je mentees een oplossing vinden waarbij het niet uitmaakt wie er gelijk heeft, omdat ze de onderliggende pijn ontdekken en daar iets aan kunnen doen.

Nadat de mentee de woorden van zijn/haar partner heeft samengevat, kan hij/zij zorgen voor erkenning door simpelweg te zeggen: *'Dat snap ik.'*, of *'Ik begrijp hoe je je voelt.'* Hij/zij hoeft het niet met de ander eens te zijn, maar zou wel de 'realiteit' van de ander moeten respecteren. Moedig hen aan om zinnen te gebruiken als: *'Dat lijkt me logisch, want ...'*

Empathie

In de empathiestap wil je dat je mentees zich proberen voor te stellen wat de ander voelt, zoals boosheid, verdriet, eenzaamheid, angst, blijdschap, enzovoort.

De een kan de ander vragen: *'Ik kan me voorstellen dat je een beetje bang bent en misschien ook een beetje verdrietig. Klopt dat?'* Als de ander ook andere gevoelens noemt, zou de vragensteller moeten spiegelen wat er gezegd is: *'Ah, je vindt het ook spannend.'*

Feedback door de mentor

Terwijl het begeleide stel deze oefening doet, is het goed om op het volgende te letten.

1) Hadden ze allebei een zelfverzekerde houding?
2) Waren hun uitspraken duidelijk en concreet?
3) Noemden ze allebei iets positiefs waarna ze ter zake kwamen?
4) Bespraken ze één onderwerp tegelijk?
5) Maakten ze allebei goed oogcontact en gebruikten ze de juiste gezichtsuitdrukkingen en lichaamstaal?
6) Spraken ze op een consequent ontspannen toon?
7) Maakten ze goed gebruik van ik-boodschappen?
8) Onthielden ze zich van beschuldigingen ('Jij geeft me het gevoel…') of uitersten (' Jij zegt/doet altijd/nooit …')?
9) Konden ze met stiltes omgaan?

Nadat je deze oefening met je mentees gedaan hebt, geef hen dan feedback op hun assertieve communicatie (met inbegrip van goede lichaamstaal), spiegelen (actieve luistervaardigheid), erkenning en empathie.

Hoe voelden de mentees zich tijdens deze oefening? Heeft het hen geholpen om elkaar beter te begrijpen en een betere band te krijgen?

Opmerking: Wanneer je de indruk hebt dat je mentees deze oefening wat moeilijk vinden/vonden, zouden er onopgeloste kwesties naar de oppervlakte kunnen komen. Praat hierover met je mentees.

Tips voor het bespreken van communicatie

Het ontwikkelen van communicatieve vaardigheden heeft allerlei voordelen voor je mentees, zoals:

1) met minder conflicten, angst of boosheid met andere mensen omgaan.

2) meer ontspannen zijn onder andere mensen.

3) beter gericht kunnen zijn op het heden, in plaats van je communicatie laten verstoren door ergernissen uit het verleden.

4) in staat zijn je zelfrespect te behouden zonder dat van anderen aan te tasten.

5) je zelfvertrouwen vergroten door minder te proberen aan onrealistische eisen van anderen te voldoen of hun goedkeuring te verdienen.

6) erkennen dat anderen recht hebben op hun eigen leven.

7) meer controle krijgen over je eigen leven. Assertiviteit vermindert het gevoel van hulpeloosheid waardoor ook angst en depressiviteit kunnen afnemen.

Assertiviteit is de enige manier waarop we volledig onszelf kunnen zijn in een relatie. Alleen wanneer we die vaardigheid bewust toepassen, kunnen we voorkomen dat we op een natuurlijke, niet-assertieve manier gaan communiceren wanneer we met stressvolle situaties worden geconfronteerd. Zie ook het schema op de volgende bladzijde.

'Assertief zijn betekent dat je anderen laat weten wat je gedachten, gevoelens of verlangens omtrent een situatie zijn. Dit is niets anders dan eerlijk zijn tegen die persoon, maar wel op een manier die voor de ander niet bedreigend is en zonder je voor het bekendmaken van je verlangens te verontschuldigen.'

~ Charles Cerling ~

Onrust en niet-assertief gedrag[2]

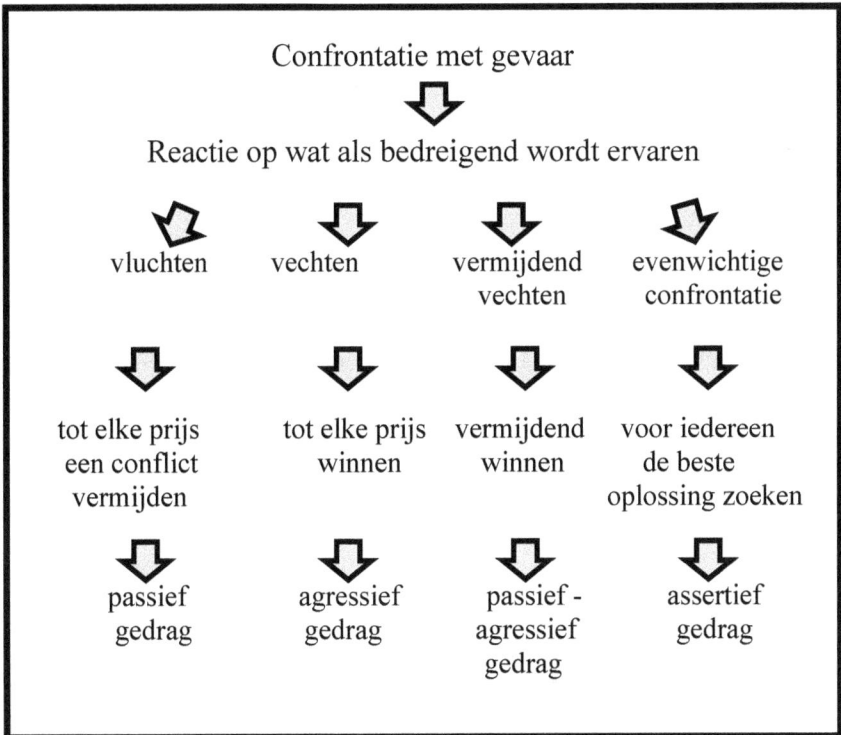

Confrontatie met gevaar

⬇

Reactie op wat als bedreigend wordt ervaren

vluchten	vechten	vermijdend vechten	evenwichtige confrontatie
⬇	⬇	⬇	⬇
tot elke prijs een conflict vermijden	tot elke prijs winnen	vermijdend winnen	voor iedereen de beste oplossing zoeken
⬇	⬇	⬇	⬇
passief gedrag	agressief gedrag	passief - agressief gedrag	assertief gedrag

Tips voor gezonde communicatie

Geef je mentees de volgende tips mee:

1) Geef je huwelijk dagelijks aandacht. Besteed minstens vijftien minuten aan zinvolle dialoog. Deze dagelijkse dialoog zou over jullie gevoelens voor elkaar en jullie gezamenlijke leven moeten gaan.

2) Maak je partner tot onderwerp van studie. Geef je relatie dezelfde prioriteit en aandacht die je er in je verkeringstijd aan gaf – stel veel vragen.

3) Wees bereid over jezelf te vertellen.[3] Deel je diepste gedachten en meest persoonlijke ervaringen.

4) Zoek (pastorale of professionele) hulp bij blijvende communicatieproblemen. Zorg dat het niet ernstiger wordt.

Nog meer adviezen van uitstekende communicatoren

1) *Trek geen overhaaste conclusies.* Een belangrijk aspect van actief luisteren is om geen voorbarige conclusies te trekken over de ander of wat hij/zij zegt.

2) *Val de ander niet in de rede.* Je zult de ander niet beter begrijpen door zelf te praten. Je komt meer te weten als je niet telkens je eigen ideeën verkondigt.

3) *Probeer meer te weten te komen.* Als je vragen stelt over wat je gehoord hebt, krijg je een completer beeld. Stimuleer de ander om meer te vertellen. Door vragen te stellen laat je zien dat je betrokken bent en goed luistert.

4) *Neem je voor om goed te luisteren.* Je gedachten kunnen gemakkelijk afdwalen, maar probeer direct weer te luisteren zodra je dit merkt. Je kunt jezelf hierin oefenen, zodat je er weer snel 'bij' bent.

5) *Erken verschillen tussen man en vrouw.* Mannen en vrouwen hebben meestal verschillende lichaamstaal. Mannen kijken meestal voor zich uit wanneer ze luisteren en knikken om aan te geven dat ze het begrepen hebben. Vrouwen knikken soms om de spreker te stimuleren door te praten wanneer ze het niet begrijpen.

De invloed van communicatie op intimiteit

De volgende tabel laat zien hoe de intimiteit in het huwelijk wordt beïnvloed door de verschillende communicatiestijlen.

Communicatiestijlen en mate van intimiteit[4]				
Persoon A	Persoon B	Relatie	Wie wint?	Mate van intimiteit
passief	passief	futloos	bieden verliezen	laag
passief	agressief	overheersend	ik win, jij verliest	laag
agressief	agressief	conflictueus	beiden verliezen	laag
assertief	passief	gefrustreerd	beiden verliezen	laag
assertief	agressief	confronterend	beiden verliezen	laag
assertief	assertief	gezond/groeiend	beiden WINNEN	HOOG

Bron: *Life Innovations*

Aanknopingspunten voor een gesprek

1) Is je partner een goede luisteraar en is hij/zij in staat zijn/haar gedachten over gevoelige zaken onder woorden te brengen?

2) Als het moeilijk was om je partner over je gevoelens te vertellen, op welke manier(en) zou je de communicatie dan kunnen verbeteren?

3) Wat zou je partner kunnen doen (of nalaten) om te zorgen dat je jezelf gehoord voelt? Wat belemmert je in het vinden van goede oplossingen voor jullie verschillen?

4) Voel je je meestal begrepen wanneer jullie over problemen praten?

5) Vind je het meestal gemakkelijk om anderen kenbaar te maken wat je wil?

Bijbelteksten

Kolossenzen 4:6, *'... en als u wilt weten hoe u op de mensen moet reageren: vriendelijk, maar beslist.'*

Matteüs 12:35-36, *'Een goed mens haalt uit zijn schatkamer met goede dingen het goede tevoorschijn, terwijl een slecht mens uit zijn schatkamer met slechte dingen het slechte tevoorschijn haalt. Ik zeg u: van elk nutteloos woord dat mensen spreken, zullen ze op de dag van het oordeel rekenschap moeten afleggen.'*

Efeziërs 4:29, *'Laat geen vuile taal over uw lippen komen, maar alleen goede en waar nodig opbouwende woorden, die goeddoen aan wie ze hoort.'*

Spreuken 18:13, *'Wie antwoordt zonder eerst te luisteren, handelt dwaas en maakt zichzelf belachelijk.'*

Spreuken 10:19, *'Een veelprater begaat al snel een misstap, wie zijn tong in toom houdt is verstandig.'*

Spreuken 17:27, *'Een verstandig mens is karig met zijn woorden, iemand met inzicht is bezonnen.'*

Jakobus 3:10, *'Uit dezelfde mond klinkt zegen en vervloeking. Dat kan toch niet goed zijn, broeders en zusters?'*

Aanbevolen (Engelstalige) bronnen

Burke, H. Dale. *Different by Design: God's Master Plan for Harmony between Men and Women in Marriage.* Chicago: Moody, 2000.

McNulty, James K. en Benjamin R. Karney. "Positive Expectations in the Early Years of Marriage: Should Couples Expect the Best or Brace for the Worst?" *Journal of Personality and Social Psychology* 86.5 (2004): 729-43.

Parrott, Les en Leslie L. Parrott. *Saving Your Marriage before It Starts: Seven Questions to Ask Before--and After-- You Marry,* Grand Rapids. MI: Zondervan, 2006.

Stanley, Scott. *A Lasting Promise: a Christian Guide to Fighting for Your Marriage*. San Francisco: Jossey-Bass, 1998.

Townsend, John Sims. *Who's Pushing Your Buttons?: Handling the Difficult People in Your Life*. Nashville, TN: Integrity, 2004.

Wright, H. Norman. *Communication: Key to Your Marriage: a Practical Guide to Creating a Happy, Fulfilling Relationship*. Ventura, CA: Regal, 2000.

Hoofdstuk 7

Oplossen van conflicten[1]

Inleiding

Het is niet de afwezigheid van conflicten die een huwelijk een goed huwelijk maakt, maar de manier waarop conflicten worden gehanteerd en opgelost. In dit hoofdstuk kijken we naar het vermogen van het stel om meningsverschillen te bespreken en op te lossen. We brengen ook in kaart in hoeverre de partners in staat zijn om – zelfs in tijden van stress of conflict – hun meningen, ideeën en gevoelens aan de ander over te brengen.

Deze mentorsessie is bedoeld om:

1) het stel te helpen inzien hoe waardevol conflicten voor de relatie kunnen zijn als er op een constructieve manier mee omgegaan wordt.
2) het stel te helpen ontdekken welke conflicten besproken en opgelost moeten worden.
3) de partners een aantal stappen voor te houden die ze kunnen doorlopen om grote of hardnekkige problemen op te lossen.

Veel voorkomende problemen met betrekking tot conflicthantering

De volgende aspecten zijn bij veel stellen voor verbetering vatbaar:

1) Een van de partners neemt onenigheden niet serieus.
2) Hevig discussiëren over onbelangrijke zaken.
3) Bepaalde meningsverschillen maar niet kunnen oplossen.
4) Een van beide geeft te snel toe om ervan af te zijn.
5) De partners zijn het niet eens over de beste manier om tot een oplossing te komen.

Bereid je eigen verhaal voor en maak er gebruik van

Vertel over een (groot) probleem waar je in je huwelijk mee te maken hebt gehad. Vertel hoe jullie er op een constructieve manier mee omgegaan zijn en hoe die ervaring jullie huwelijksband heeft verstevigd.

Tips voor het bespreken van conflicthantering

Vertel je mentees de volgende feiten over conflicten:

1) In alle intermenselijke relaties – ook in het huwelijk – komen conflicten voor. Het is zowel normaal als onvermijdelijk dat een huwelijk zo nu en dan conflicten kent. Aangezien we allemaal een zondige natuur hebben, kunnen we dit verwachten. De manier waarop twee partners met een conflict omgaan (geleid door het vlees of door de Geest) bepaalt of hun relatie erdoor beschadigd wordt of juist kan groeien.

2) De meeste huwelijksconflicten worden niet op een constructieve manier gehanteerd omdat de meeste mensen niet hebben geleerd hoe ze op een doeltreffende manier met conflicten moeten omgaan.

3) Een onopgelost conflict verdwijnt misschien onder de oppervlakte, maar zal toenemen en ergens anders in de relatie weer opduiken. Hoe meer iemand een conflict probeert te verbergen of vermijden, hoe groter het probleem wordt.

4) Een onopgelost conflict op een terrein dat voor één of beide partners belangrijk is, leidt tot een minder bevredigend huwelijk.

5) Hoe een stel op een conflict reageert, bepaalt of het conflict tot grotere intimiteit of tot een groter probleem leidt.

6) Als een koppel wil dat conflicten een constructieve rol in hun huwelijk spelen, moet het ontwikkelen van conflictoplossende vaardigheden voor beide partners een hoge prioriteit hebben. Stellen die deze vaardigheden al

voor hun huwelijk aanleren, kunnen het scheidingsrisico tot 50 procent verminderen.[2]

7) Vergeving is essentieel. Een gezond huwelijk, met Christus in het middelpunt, kan niet zonder een voortdurend proces van vergeven en vergeven worden.

8) In de beginjaren van het huwelijk is er moed voor nodig om een constructief conflict aan te gaan en op die manier wederzijds vertrouwen te ontwikkelen.

De manier waarop een stel conflicten aanpakt, beïnvloedt de uitkomst. Hoe constructiever ze zijn, hoe groter de kans op succes.

Tactieken om conflicten op te lossen

Vertel je mentees over deze tactieken:

1) Neem afstand van de situatie en neem de tijd om over je boosheid na te denken. Daardoor zul je beter in staat zijn om het probleem met een helder hoofd te bespreken. Over boosheid nadenken is heel wat anders dan boosheid onderdrukken. Zorg dat je je eigen gedachten, gevoelens en voorkeuren helder hebt. Stel jezelf de vraag wat nu precies het probleem is en wat je graag anders zou willen.

2) Richt je op datgene wat je van de relatie verwacht en hoe dat bereikt kan worden. In de win/win-situatie worden de behoeften van beide partijen vervuld. Daarvoor hoeft niet per se een compromis te worden gesloten. Een compromis is soms een 'snelle oplossing' waar geen van beiden blij mee is. Bovendien kunnen belangrijke kwesties over het hoofd worden gezien.

3) Onderhandel niet wanneer je boos bent, moe bent, honger hebt of bijvoorbeeld een lage bloedsuikerspiegel hebt.

4) Richt je uitsluitend op het (relevante) probleem van dat moment.

5) Richt je op de wortel(s) van het probleem, en niet alleen op wat er gebeurd is. Om de wortel van het probleem te kunnen vinden, kun je een paar keer vragen: 'Waarom voel je je zo?'

6) Zoek bewust naar de oorzaak van je gevoelens en bespreek die dan kalm en zelfverzekerd met je partner.

7) Net als bij een lichamelijke ziekte of een technisch probleem, geldt ook hier: hoe eerder je het probleem aanpakt, hoe gemakkelijker het is te verhelpen. Problemen verdwijnen zelden vanzelf (meestal worden ze alleen maar erger), maar de juiste timing is belangrijk. Negeer niet de eerste signalen dat je relatie aandacht nodig heeft.

8) Erken dat problemen zelden de schuld zijn van slechts één persoon.

9) Deel niet alleen negatieve gevoelens, maar ook positieve.

10) Wees toegankelijk. Geef de ander het gevoel je hem/haar begrijpt. Gedraag je tijdens een meningsverschil zo dat de ander wordt aangemoedigd om zijn/haar gevoelens en mening te uiten.

11) Zoek naar punten van overeenstemming, maar accepteer ook dat jullie het niet overal over eens zullen zijn. Verdraagzaamheid (een vorm van geduld) is een liefdesdaad.

12) Neem meningsverschillen serieus en geef ze de aandacht die ze verdienen.

13) Spreek in liefde de waarheid. Alleen door op een liefdevolle en eerlijke manier te communiceren, kan een conflict met succes worden opgelost. Vergeet niet je motieven onder de loep te nemen. Zou jij het aanvaarden als iemand jou op die manier behandelde? Liefde is een zeer attent besef van de emoties en identiteit van de ander.

14) Ga op een proactieve manier met boosheid en pijn om. Ontken ze niet, onderdruk ze niet en laat ze niet tot verbittering leiden.

We adviseren met klem om na elke ruzie vergeving te vragen of te schenken en samen iets liefdevols te doen.

Stappen om conflicten op te lossen

Wanneer er een probleem bestaat dat niet met communicatie alleen is op te lossen, doorloop dan onderstaande stappen. Bij kleinere problemen, kun je er vrij vlot doorheen gaan. Maar bij grotere, emotioneel beladen problemen is het beter om de stappen langzaam en bewust door te nemen.

1) Kies een goed moment en een goede plaats om het gesprek te voeren.
2) Bid voor de situatie.
3) Omschrijf het probleem of de onenigheid.
4) Bespreek hoe ieder van jullie aan het probleem bijdraagt.
5) Brainstorm een aantal mogelijke manieren om het probleem op te lossen.
6) Bespreek de voor- en nadelen van elk van die mogelijke oplossingen.
7) Vat samen, sluit compromissen en stel prioriteiten. Besluit dan welke aanpak jullie willen uitproberen.
8) Bespreek wat jullie allebei zullen doen om die oplossing tot een succes te maken. Zorg dat er overeenstemming is.
9) Bepaal een datum en tijdstip waarop jullie evalueren hoe goed de gekozen oplossing heeft gewerkt. Stel indien nodig jullie aanpak bij.
10) Beloon elkaar voor jullie bijdragen aan het oplossen van het probleem.

Opmerking: *Als de problemen voortduren of als jullie ze niet zelf kunnen oplossen, vraag dan hulp aan een oudste, dominee, mentor, gelovige vriend(in) of pastorale werker.*

Het positieve van een conflict inzien

Is een relatie beter zonder conflicten? Helemaal niet! Hoewel stellen het liefst zo weinig mogelijk conflicten hebben, biedt een nu en dan voorkomende confrontatie – mits op de juiste manier gehanteerd – een mogelijkheid om naar elkaar toe te groeien door samen te werken, van elkaar te leren en de liefde voor elkaar te vergroten. Een relatie zonder conflicten kan erop wijzen dat het koppel belangrijke kwesties vermijdt terwijl ze wel besproken moeten worden. Het is goed om conflicten zo veel mogelijk te willen beperken, maar wel in de wetenschap dat jullie methoden kunnen aanleren om conflicten op te lossen en dat jullie relatie daar hechter van wordt.

Een luisterend oor

Wanneer jullie proberen de onenigheid weg te werken, bedenk dan dat je partner net zo graag gehoord en begrepen wordt als jij. De meeste ruzies kunnen alleen al door assertieve communicatie en actieve luistervaardigheid tot een goed einde worden gebracht. Naar je partner luisteren en hem/haar proberen te begrijpen is een praktische manier van liefhebben en respecteren en maakt het gesprek geloofwaardig.

Een geduldige mond

Met haastig gesproken woorden kun je de ander gemakkelijk kwetsen. Later heb je misschien spijt van wat je gezegd hebt. Helaas kun je gesproken woorden niet terugnemen. Bedenk dat je met kwetsende woorden ook jezelf kwetst. Onze neiging om met boze woorden onze boosheid te uiten, is geen goede manier om met frustraties om te gaan. Boze en haastig gesproken woorden komen niet van God en leveren niets goeds op.

Geef je boosheid/gespannenheid een cijfer van 1 tot 10

Bekijk de onderstaande tabel. Wanneer onze gespannenheid toeneemt, neemt ons vermogen tot helder nadenken en doeltreffend oplossen van problemen af. Veel echtparen proberen hun moeilijkste problemen op te lossen terwijl ze zich in de hoge conflictzone bevinden! Dat soort gesprekken leidt meestal niet tot het gewenste resultaat.

Als je mate van vijandigheid in de verhoogde conflictzone (8 tot 10) zit, probeer op dat moment dan niet de problemen op te lossen. Probeer tot rust te komen door te bidden, Gods vrede en leiding te zoeken, te wandelen of te sporten, je gevoelens van je af te schrijven of diep adem te halen. Als je vindt dat je je in de gematigde zone (4 tot 7) bevindt, besef dan dat je snel in de verhoogde conflictzone zou kunnen terechtkomen. Ga heel voorzichtig verder. In het ideale geval communiceren we vanuit de 'kalme zone' (1 tot 3) met elkaar: biddend en met een vergevingsgezinde houding.

1 2 3	kalme zone
4 5 6 7	gematigde zone
8 9 10	verhoogde conflictzone

Bron: *Apostolic Christian Counseling and Family Services*, aangepast

Word niet snel boos

Neem bij onenigheid de tijd om te bidden! Zoek naar Gods wijsheid zodat je je gevoelens op de juiste manier zult uiten. Probeer je in te leven in je partner wanneer je je gevoelens uit.

Boosheid wordt vaak een 'secundaire emotie' genoemd omdat ze voortkomt uit een ander probleem. Wanneer je door iets overstuur raakt, probeer dan te ontdekken welke van de volgende categorieën de boosheid heeft veroorzaakt:

1) Emotionele pijn (bijv. vernedering, gevoel van afwijzing, schaamte)
2) Ergernis
3) Angst
4) Lichamelijke pijn
5) Oneerlijkheid of onrecht (zoals verontwaardiging)

Wanneer je ontdekt dat een van de bovenstaande dingen je reactie beïnvloedt, probeer het conflict dan zo op te lossen, dat Christus ermee geëerd wordt. Meestal lukt dit door kalm te worden, de tijd te nemen om te bidden en het gesprek aan te gaan. Als het maar niet wil lukken om het conflict zelf op te lossen, aarzel dan niet om hulp en begeleiding te vragen aan een oudste, dominee, mentor, gelovige vriend(in) of pastoraal werker.

Vermijd extremen!

Sommige mensen zijn van nature geneigd om conflicten in hun relatie uit de weg te gaan. Ze vermijden misschien conflicten, maar deinzen ook terug voor (belangrijke) gesprekken over hun geestelijke leven, hun emoties en hun relaties. Aan de andere kant zijn er ook mensen die juist conflict- of discussiegericht zijn. Zij gaan graag het gesprek aan en gebruiken dan harde of onvriendelijke woorden.

Als het gaat om conflicthantering, hebben we geen beter voorbeeld dan Jezus. Hij zweeg of sprak maar een paar woorden, terwijl hij op andere momenten behoorlijk streng en direct was. In Johannes 8:7, waar de farizeeën een overspelige vrouw bij Hem brengen, vinden we daar een prachtige illustratie van: Toen ze bleven aandringen, richtte hij zich op en zei: 'Wie van jullie zonder zonde is, laat die als eerste een steen naar haar werpen.' In dat hoofdstuk en in andere Schriftgedeelten staan ook andere voorbeelden van hoe Jezus met conflicten omging.

Voorbeelden van destructief gedrag in conflictsituaties

Er zijn een aantal conflictsoorten die je moet kunnen herkennen en zou moeten vermijden. Een onderzoeker noemde deze: 'de vier ruiters van de Apocalyps.'[3]

1) *Kritiek of escalatie* – dit is wanneer partners elkaar verbaal bestrijden met negatieve opmerkingen, kleinerende en hatelijke woorden over persoonlijkheid en karakter. Naarmate het vijandige gesprek vordert, neemt ook de boosheid en frustratie toe.

2) *Minachting of geringschatting* – dit is wanneer de ene partner direct of indirect de gedachten, gevoelens, integriteit of persoonlijkheid van de ander naar beneden haalt. Het zijn woorden of gebaren waarmee je je partner laat zien dat je een hekel aan hem/haar hebt. Voorbeelden hiervan zijn: minachting, cynisme, spot, schelden, sarcasme, met de ogen rollen, enzovoort.

3) *Defensief gedrag of negatieve uitleg* – dit is wanneer de ene partner de ander verdenkt van verborgen motieven die niet overeenstemmen met zijn/haar woorden. In plaats van actief te luisteren en assertief te communiceren, gedraagt de partner zich defensief, waarbij hij/zij de ander de schuld geeft en zijn/haar gedrag, mening, etc. bekritiseert.

4) *Zwijgen, terugtrekken en vermijden* – dit is wanneer een of beide partners het gesprek niet langer wil voortzetten. Men trekt zich terug uit het gesprek of probeert überhaupt te voorkomen dat er een gesprek plaatsvindt. Men hult zich in stilzwijgen.

Wanneer moet je externe hulp inroepen?

Als het na diverse pogingen niet gelukt is om een conflict op te lossen, als er echt geen overleg meer mogelijk is of als de partners door hun onenigheid psychisch of lichamelijk aan hun eind zijn, is het misschien tijd om iemand van buitenaf in te schakelen. Die persoon kan dan bemiddelen en meehelpen om een oplossing te vinden en de partners met elkaar te verzoenen. Andere redenen om externe hulp in te roepen zijn:

1) Wanneer je je (fysiek) onveilig voelt.
2) Wanneer je het gevoel hebt dat je verbaal belaagd of emotioneel verraden wordt.
3) Wanneer jullie telkens ruzie krijgen over hetzelfde probleem.
4) Wanneer (een van) jullie je boosheid afreageren op de kinderen.
5) Wanneer (een van) jullie emotionele steun bij de kinderen zoeken.
6) Bij herhaald gevaar van scheiding of uit elkaar gaan.
7) Wanneer je niet meer getrouwd wilt zijn of overweegt om overspel te plegen.
8) Wanneer je langere tijd geen zin in seks hebt.

> *'Verbale en lichamelijke mishandeling zijn nooit aanvaardbaar en zouden niet getolereerd moeten worden in een huwelijk. Deze vormen van mishandeling zijn zondig en omdat ze het huwelijk in het hart raken, geven ze satan de gelegenheid het huwelijk te verwoesten. Lichamelijke mishandeling veroorzaakt zichtbaar letsel. Emotionele mishandeling doodt de geest, maakt iemand innerlijk kapot. Voorbeelden van emotionele mishandeling zijn: voortdurend gebruik van kwetsende woorden, woede-uitbarstingen, zwijgen, alleen laten, bedreigen, etc. met het doel de ander te overheersen of manipuleren. Als er in jouw relatie sprake is van emotionele of lichamelijke mishandeling, zoek dan onmiddellijk professionele hulp.*[4,5]

Oefeningen voor het stel

Lees de volgende informatie door. Laat het stel vervolgens de oefeningen doen.

Vermijd de vicieuze cirkel van verzoeker en afhaker

Partners hebben vaak verschillende ideeën over wat de beste manier is om een conflict op te lossen. Vaak wil de vrouw een probleem direct bespreken, terwijl de man er eerst over na wil denken en later wil praten. Dit leidt vaak tot de cyclus, of vicieuze cirkel, van verzoeker en afhaker.

Een vrouw wil bijvoorbeeld praten over het feit dat haar man zo vaak op zakenreis is. Ze zegt: 'Waarom moet je voor je werk zo vaak de stad uit? Je hebt nooit tijd om me hier te helpen.' Hij zegt dat hij het een andere keer wil bespreken en gaat naar een andere kamer. Dit maakt dat zijn vrouw nog geïrriteerder of zelfs boos wordt. Ze gaat achter hem aan en onderwerpt hem aan een vragenvuur. Hij reageert negatief op al die vragen, want hij ervaart ze als kritiek of een aanval. De man voelt zich uitgedaagd, wordt boos en roept: 'Ik werk de hele dag hard en dit is mijn beloning?!' Daarna loopt hij de kamer uit. Hij haakt af.

VERZOEKER

AFHAKER

Wie 'veroorzaakt' deze cyclus? De verzoeker of de afhaker? In feite doen ze het allebei. Wanneer de verzoeker de afhaker onder druk zet om te praten terwijl hij of zij daar niet klaar voor is, zal de afhaker zich terugtrekken. Omdat de man, in dit geval, het probleem niet gelijk wilde bespreken, werd de vrouw bang dat ofwel het probleem veel groter was dan ze gedacht had, ofwel dat haar man niet geïnteresseerd was in haar problemen.

Om deze vicieuze cirkel te doorbreken, moeten de partners elkaar respecteren door het volgende te doen:

1) Pas op dat je niet agressief wordt. Als je de neiging hebt een verzoeker te zijn, probeer dan te begrijpen dat je partner misschien behoefte heeft om tijdelijk 'af te haken.' In plaats van met allerlei vragen te komen, is het beter om een tijd en plaats af te spreken waarop jullie het probleem kunnen bespreken. Gebruik dan brainstormtechnieken om te ontdekken op welke manier het probleem het beste opgelost kan worden.

2) Pas op dat je je niet terugtrekt zonder je partner een tijdstip te geven waarop je het probleem wel wilt bespreken. Als je de neiging hebt om af te haken, zul je je partner moeten laten weten dat je wel geïnteresseerd bent in wat hij of zij te zeggen heeft, maar dat het niet het juiste moment is. *Let wel:* spreek een moment af in de nabije toekomst (na het avondeten, voordat je naar bed gaat, morgen, etc.) wanneer jullie allebei voldoende tijd hebben om het probleem te bespreken.

Oefening 1: Conflictoplossingsstijlen

Bij hun conflicthantering – ongeacht het onderwerp van discussie – vallen stellen vaak terug in patronen die niet veranderen.

1) *Verzoekers* – zoeken doorgaans naar aanknopingspunten om tot meer intimiteit en nabijheid te komen. Ze voelen zich vaak afgewezen wanneer hun partner meer ruimte wil, wat weer tot gevolg heeft dat ze nog intenser naar verbondenheid streven.

2) *Afhakers* – zijn doorgaans emotioneel afstandelijk en vinden het moeilijk om kwetsbaar en afhankelijk te zijn. Zij verwerken stress door zich in hun eigen wereld terug te trekken en kunnen een relatie beëindigen wanneer het te intens wordt. Afhakers zullen zich niet snel emotioneel openstellen wanneer ze het gevoel hebben dat iemand iets van ze wil.

Hoe zie je jezelf en je partner, als het gaat om de hierboven genoemde conflictoplossingsstijlen?

Ik: _____ Mijn partner: _____

Waaruit blijkt dit wanneer jullie een conflict hebben?

Oefening 2: Gevoelige communicatie

Wanneer jullie een conflict hebben, pas dan op hoe en wanneer jullie met elkaar praten. Uit onderzoek blijkt dat de uitkomst van een gesprek in bijna 96 procent van de gevallen al tijdens de eerste drie minuten valt te voorspellen.[6] Het gebruik van onvriendelijke woorden in het begin van het gesprek kan rampzalig zijn en elke oplossing van een conflict in de kiem smoren. Je kunt dit dilemma voorkomen door eenvoudigweg te doen wat er in Jakobus 1:19-20 staat: *'Geliefde broeders en zusters, onthoud dit goed: ieder mens moet zich haasten om te luisteren, maar traag zijn om te spreken, traag ook in het kwaad worden. Want de woede van een mens brengt niets voort dat in Gods ogen rechtvaardig is.'*

Probeer je reactie op de onderstaande situaties te voorspellen en bespreek je gevoelens met elkaar. Reageer je destructief? Of juist constructief, en streef je naar eenheid in je relatie?

1) Je bent net thuis van je werk. Je vertelt over een gesprek met je baas waar je behoorlijk overstuur van bent. Halverwege je verhaal vraagt je partner: 'Heb je de post meegenomen?'

2) Je bent bezig het gras in de tuin te maaien. Je partner vraagt of je naar de winkel wilt gaan om melk te kopen, terwijl je eigenlijk je werk wilt afmaken.

3) Jullie hebben net een verhitte discussie gehad over jullie moeilijke financiële situatie en de hoge schulden die jullie hebben. Kort daarna ontdek je dat je partner opnieuw iets gekocht heeft wat niet in de planning stond.

4) Je merkt dat telkens wanneer je iets belangrijks of lastigs wilt bespreken, je partner begint te gapen, gemakkelijk afgeleid wordt en geen interesse lijkt te hebben.

5) Je hebt de indruk dat je partner weinig moeite doet om zijn of haar spullen op te ruimen. Je vraagt je af of hij/zij eigenlijk wel ziet wat er allemaal op de grond naast het bed ligt.

Aanknopingspunten voor een gesprek

1) Hoe gingen je ouders met conflicten om toen je nog een kind was? Ben je het eens met hoe zij het deden? Waarom wel of waarom niet?

2) Wat is meestal jouw manier om onenigheid met je partner op te lossen?

3) Wanneer jullie over een meningsverschil praten, ben je dan goed in staat om het onderliggende probleem te zien?

4) Zie je jezelf meer als een 'verzoeker' of als een 'afhaker'? Is je partner het daarmee eens?

5) Wanneer je boos bent, wil je dan meestal direct het probleem oplossen of heb je meer tijd nodig om erover na te denken?

6) Zeg je liever niets om te voorkomen dat jullie elkaar kwetsen?

7) Wanneer jullie ruzie hebben, eindigt het dan meestal zo dat jij jezelf als de veroorzaker van het probleem ziet?

8) Hoe voelt het voor jou wanneer jullie onenigheid niet wordt bijgelegd?

9) Wat betekent Efeziërs 4:26 (Als u boos wordt, zondig dan niet: laat de zon niet ondergaan over uw boosheid) voor jullie als stel, denk je?

10) Welke onderwerpen vermijd je/vermijden jullie uit angst voor nieuwe conflicten of gekwetste gevoelens? Wat moet er gebeuren om deze slepende problemen op een goede manier op te lossen?

11) Door welke dingen stijgt je boosheid of gespannenheid tot in de hoge conflictzone? Wat kan je doen om rustig te worden? Hoe zorgt ieder van jullie ervoor dat je weet in welke zone je je bevindt?

12) Welke verantwoordelijkheden heeft de man, als geestelijk leider van zijn gezin, om te zorgen dat huwelijksconflicten en -problemen op de juiste manier worden gehanteerd? Welke verantwoordelijkheden heeft de vrouw op dit gebied?

Bijbelteksten

1 Korintiërs 7:28, '... *het huwelijk wordt een zware belasting ...*'

Efeziërs 4:26, '*Als u boos wordt, zondig dan niet: laat de zon niet ondergaan over uw boosheid ...*' Opmerking: Deze termijn waarbinnen een conflict moet worden opgelost, is een richtlijn; het is geen wettische eis!

Efeziërs 4:29, '*Laat geen vuile taal over uw lippen komen, maar alleen goede en waar nodig opbouwende woorden, die goeddoen aan wie ze hoort.*'

Spreuken 12:18, '*De woorden van een dwaas zijn dolkstoten, wat de wijze zegt, brengt genezing.*'

Spreuken 15:1, '*Een vriendelijk antwoord doet woede bedaren, krenkende woorden wakkeren toorn aan.*'

Hoofdstuk 8

Vergeving schenken – wat het is, wat het niet is en de juiste manier[1]

Inleiding

Er wordt wel eens gezegd dat 'ik hou van je,' 'het spijt me' en 'ik vergeef je' de drie belangrijkste dingen zijn die je in het leven kunt zeggen. Ondanks dat vergeving in het christelijke geloof en in alle succesvolle menselijke relaties een cruciale rol speelt, vinden veel mensen het een verwarrend en moeilijk proces.

Veel mensen gaan ervan uit dat als ze iemand vergeven, ze die ander 'vrijuit' laten gaan, terwijl ze zelf misschien nog steeds onder de gevolgen van zijn/haar harteloze daden lijden.

Veel voorkomende problemen met betrekking tot vergeving

1) Mensen die worden gekweld door bitterheid als gevolg van wat hen in het verleden is aangedaan.

2) Mensen die zichzelf niet kunnen vergeven voor zonden en daden die ze vroeger gepleegd hebben.

3) Gebrek aan bereidheid om oude problemen aan te pakken die nog steeds een belemmering vormen voor intimiteit tussen twee partners.

Bereid je eigen verhaal voor en maak er gebruik van

Welke rol heeft vergeving in jullie huwelijk of leven gespeeld? Kies een moeilijk voorval uit waarmee je in je huwelijk of gezin geconfronteerd bent geweest. Vertel je mentees hoe je tot een punt van vergeving en herstel bent gekomen.

Tips voor het bespreken van vergeving

Veel voorkomende misvattingen met betrekking tot vergeving[2]

Er zijn mensen die vinden dat iemand eerst om vergeving moet vragen voordat je hem/haar kunt vergeven. Maar de waarheid is dat je ook vergeving kunt schenken aan iemand die niet meer leeft, iemand die niet erkent dat hij/zij iets verkeerd heeft gedaan of iemand die zich maar voor een deel van de overtreding verantwoordelijk voelt. Voor vergeving is maar één persoon nodig, terwijl verzoening vraagt om de samenwerking tussen twee partijen.

Iemand vergeven betekent niet dat je ergens simpelweg 'overheen stapt.' De dingen die je zijn aangedaan kunnen heel ernstig zijn. Die kun je niet zomaar door de vingers zien.

Ten onrechte **denken sommige mensen dat je door te vergeven**

1) geen oog hebt voor de ernst van de zondige overtreding.
2) iemand te gemakkelijk 'vrijuit' laat gaan.
3) te veel verantwoordelijkheid op je eigen schouders legt.
4) automatisch van je pijn afkomt.

Maar dit is wat *echte* **vergeving inhoudt:**[3]

1) Erkennen dat er sprake is van een overtreding.
2) Erkennen dat de overtreder door zijn daad de verplichting heeft gecreëerd om de ander te compenseren voor schade of leed.
3) Erkennen dat de overtreder soms niet in staat is om het leed voldoende te compenseren.
4) Beseffen dat wraak – ook al is het een natuurlijk verlangen – geen gezonde, door God gewenste oplossing is.
5) De schuld van de overtreder kwijtschelden als een daad van gehoorzaamheid aan God.

Vergeving is niet:

1) *Vergeten.* Iemand die vergeeft, zal de overtreding nooit helemaal vergeten. Vergeven als Christus betekent dat we geen boosheid, bitterheid of vijandigheid meer tegen iemand koesteren. We proberen niet de overtreding te

vergeten, maar willen vrij zijn van de ongezonde, emotionele greep die de overtreding op ons heeft.

2) *Gratie verlenen.* Gratie verlenen is een juridische term die betekent dat de straf op een misdaad of overtreding wordt opgeheven of niet wordt opgelegd.

3) *Verzoenen.* Verzoenen is het proces waarin twee personen stappen zetten om een beschadigde of verstoorde relatie weer op te bouwen. Verzoening is het werk van twee mensen, de overtreder en het slachtoffer, om de gebroken relatie te herstellen.

4) *Een excuus aanvoeren voor de overtreding.* Vergeving geeft de overtreder niet het recht om opnieuw te overtreden. Gezonde grenzen zijn belangrijk zodat we anderen niet zomaar de gelegenheid geven hun kwetsende of zondige daden voort te zetten.

5) *Vertrouwen.* Vertrouwen is geen voorwaarde voor vergeving. Vertrouwen is iets wat in de loop van de tijd verdiend moet worden. De persoon die de overtreding heeft begaan, moet accepteren dat hij/zij niet altijd direct het vertrouwen heeft teruggewonnen.

6) *Een gevoel.* Vergeving is niet gebaseerd op een gevoel. Je kunt niet wachten tot je je beter voelt of tot je het gevoel hebt dat de ander echt spijt heeft. Vergeving is een daad van gehoorzaamheid waardoor God ons kan leiden.

7) *Afhankelijk van tijd.* Iets wat je bij beschadigde relaties vaak hoort, is: 'de tijd heelt alle wonden.' Dit is gewoon niet waar! Wat beter klopt, is: 'tijd en vergeving leiden tot genezing van wonden.'

Vergeving is wel:

1) *Iets wat ruimhartig geschonken wordt.* God betoonde de ultieme daad van ruimhartigheid toen Hij ons vergeving en herstel aanbood (Romeinen 5:6; Efeziërs 2:4-5). Vergeving is wat de ene persoon kan besluiten om aan een ander te geven. Vergeving schenken kan oneerlijk voelen omdat degene die vergeving nodig heeft niet per se vergeving

'verdient.' De overtreder voelt zich misschien niet schuldig genoeg om de vergeving ook te ontvangen, maar dat betekent niet dat er geen vergeving geschonken kan worden.

2) *Een bewuste beslissing en een proces.* We moeten een keuze maken om ons aan het proces van vergeving te verbinden. Dit proces wordt mogelijk gemaakt door de heilige Geest en kost tijd. Beide aspecten – het nemen van een besluit om te vergeven en het zich willen inzetten voor het vergevingsproces – zijn noodzakelijk.

3) *Moeilijk en heeft allerlei facetten.* Vergeving heeft emotionele, relationele, geestelijke en psychische componenten. Vergeving vraagt om verandering van houding, gedrag, gevoelens en overtuigingen. Dankzij vergeving zijn we vrij – in staat om andere emoties te ervaren – wanneer we aan de overtreding denken.

4) *Het kwijtschelden van een schuld.* Vergeven is vaak de enige manier om een schuld te vereffenen. We kiezen ervoor om de schuldenaar van zijn of haar schuld te verlossen. Deze keuze verlost ook ons ergens van. Namelijk van het vasthouden aan bitterheid, wrok of boosheid. Allemaal zaken die ons zouden kunnen belemmeren in onze wandel met de Heer (Hebreeën 12:1-2).

Stappen tot vergeving[4]

1) *Bedenk wat je aangedaan is.* De eerste stap tot vergeving is erkennen dat je gekwetst of verkeerd behandeld bent. Het doel van deze stap is om te accepteren dat je iets aangedaan is, want pas dan kun je aan het verdere proces beginnen. Als je de pijn ontkent of de gebeurtenis telkens weer (obsessief) in je gedachten roept, schep je een emotionele hindernis die je niet kunt overbruggen.

2) *Leef je in.* In deze stap vervang je negatieve gevoelens, zoals boosheid, door empathie. Je probeert het voorval door de ogen van de ander te bekijken. Probeer je voor te stellen wat de ander gedacht of gevoeld kan hebben. Je probeert

niet excuses voor hem/haar te bedenken en probeert zijn/haar gedrag op geen enkele manier goed te praten.

> *Hoewel de woorden empathie en sympathie vaak door elkaar worden gebruikt, is er een subtiel verschil. Bij empathie reageer je op de emotionele toestand van een ander door soortgelijke gevoelens te ervaren. Met sympathie bedoelen we gewoon een zekere belangstelling.*

Besef dat hoe ernstiger de overtreding was, hoe moeilijker het is om je in de ander in te leven. Wanneer empathie te moeilijk is, probeer het dan eerst met sympathie. Je kunt bijvoorbeeld denken: wat moet het verschrikkelijk zijn om zo'n afgestompt geweten te hebben dat hij ... kon doen.[5]

3) *Besluit om te vergeven.* Zet een heldhaftige stap om te vergeven en richt een (figuurlijke) gedenksteen op om je eraan te herinneren. Dit is wat Samuël deed in 1 Samuël 7:12. Hij noemde de steen Eben-Haëzer (steen van hulp) om hem eraan te herinneren dat God hen tot daar toe had geholpen. Dit werkt het best als je iemand anders – zoals de persoon die je iets heeft aangedaan, je partner, een vriend(in), een dominee –vertelt dat je hebt besloten om te vergeven. Je moet dit besluit kunnen 'terugvinden' wanneer er weer pijnlijke herinneringen uit het verleden opkomen. Ook zou je de overtreding kunnen opschrijven, waarna je het papier opfrommelt en weggooit.

4) *Houd het proces gaande.* Misschien moet je heel wat keren vergeven en je van je oordeel bekeren voordat de vergeving voltooid is. Wanneer je zonder bitterheid en met onvoorwaardelijke liefde aan die persoon kunt denken, weet je dat de vergeving een feit is.

5) *Bekeer je van het veroordelen van de andere persoon.* De wortel van onvergevingsgezindheid is veroordeling, en als we ons er niet van afkeren zal onze vergeving oppervlakkig en onvolledig zijn.

6) *Zegen degene die je wilt vergeven.* Laat je door de heilige Geest leiden om voor hem/haar een zegen te bidden. Wanneer je zo bidt, zul je niet gauw aan onvergevingsgezindheid vasthouden.

De hoge prijs van onvergevingsgezindheid en bitterheid

De voordelen van vergeving zijn duidelijk. Door Gods voorbeeld en opdracht te volgen, zul je hoop en genezing ontvangen. Maar onvergevingsgezindheid kent allerlei schadelijke effecten. Het bekendste effect is bitterheid. Wie vasthoudt aan pijn uit het verleden en niet wil vergeven brengt zichzelf schade toe. Door onze bitterheid kunnen we ook de mensen in onze naaste omgeving beschadigen.

1) *Geestelijke gevolgen van niet vergeven* – Bitterheid is het meest voorkomende gevolg van onbereidheid om te vergeven. De Bijbel wil ons behoeden voor bitterheid (Job 10) en de geestelijke schade als gevolg van het koesteren van bitterheid in ons leven. Het duidelijkste gevolg is een belemmering van onze wandel met God.

2) *Emotionele en relationele gevolgen van niet vergeven* – Niet willen vergeven is als het drinken van vergif en verwachten dat de ander sterft. Bitterheid vreet als kanker aan degene die haar koestert. Wanneer we niet willen vergeven, verspreiden we het gif ook in relaties met mensen die niets te maken hebben met degene die ons iets heeft aangedaan.

Stappen tot verzoening[6]

Verzoening getuigt van Gods kracht en de kracht van eenheid in het lichaam van Christus. Om een relatie te herstellen nadat er iets mis is gegaan moeten beide partijen samenwerken. Alleen wanneer beide partijen het eens zijn over elk van de te nemen stappen kan er herstel plaatsvinden. Verzoening houdt in dat een relatie wordt hersteld in de mate waarin dit mogelijk is. Hieronder staan enkele van de ingrediënten die nodig zijn om het vertrouwen te herstellen waardoor verzoening mogelijk is.

1) *Berouw*. Dit is de eerste stap. De overtreder moet bereid zijn om zijn fout(en) toe te geven en te erkennen dat de ander hierdoor gekwetst is. Bovendien moet hij/zij een oprecht verlangen hebben zich af te keren van de omstandigheden die tot de overtreding hebben geleid. Oprecht berouw blijkt uit een verandering van gedrag.

2) *Schadeloosstelling*. Wanneer de overtreder probeert om de veroorzaakte schade zoveel als mogelijk te vergoeden, laat deze zien dat hij/zij oprecht berouw heeft. Wanneer het slachtoffer meewerkt in dit proces van schadeloosstelling, kan er verzoening plaatsvinden.

3) *Rehabilitatie*. Soms is het nodig dat de overtreder wordt geholpen om weer een betere levensstijl te volgen. Dit geldt met name wanneer hij/zij op een ongezonde of onchristelijke manier heeft geleefd. Deze stap overtuigt ons ervan dat de overtreder werkelijk veranderd is.

Leren jezelf te vergeven

Soms hebben mensen nog de meeste moeite om zichzelf te vergeven. Zelfs nadat ze hun daden hebben beleden, zich ervan af hebben gekeerd en God om vergeving hebben gevraagd, kunnen ze nog steeds het gevoel hebben dat ze niet vergeven zijn. Ze voelen zich veroordeeld vanwege hun schaamte en schuldgevoel, ook al weten ze met hun verstand dat God hen vergeven heeft. Soms veroordelen ze zichzelf omdat ze denken dat God hen niet kon of wilde vergeven.

Satan is de aanklager van Gods volk (Openbaring 12:10). We mogen Satans pogingen om ons aan te klagen niet verwarren met de overtuiging (bijv. van echte schuld) door de heilige Geest. Onderschat niet hoe groot Gods liefde en vergeving is. De stappen hieronder kunnen je helpen jezelf te vergeven.

1) *Vertrouw meer op het woord van God dan op je gevoel.* Lees Bijbelteksten die over vergeving gaan en neem in geloof aan dat ze waar zijn, ook al zegt je gevoel misschien iets anders. In 1 Johannes 1:9 staat bijvoorbeeld: *'Belijden we onze zonden, dan zal hij, die trouw en rechtvaardig is,*

ons onze zonden vergeven en ons reinigen van alle kwaad.' Kies ervoor om te geloven dat dit waar is, zelfs als je niet direct dat gevoel hebt.

2) *Vecht niet alleen.* Praat met een familielid, vriend, mentor of christelijke raadgever die weet wat vergeving is, je kan steunen en voor je kan bidden terwijl je in dit proces zit.

3) *Aanvaard dat je tijdens je leven op aarde onvolmaakt bent en fouten zult maken.* Hoewel we allemaal verlangen naar een leven zonder fouten en overtredingen, slagen we er niet altijd in. Gelukkig mogen we weten dat God dit begrijpt. We kunnen troost putten uit de woorden van Psalm 103:13-14: *'Zo liefdevol als een vader is voor zijn kinderen, zo liefdevol is de HEER voor wie hem vrezen. Want hij weet waarvan wij gemaakt zijn, hij vergeet niet dat wij uit stof zijn gevormd.'*

4) *Wacht niet te lang met hulp vragen.* Soms leiden depressiviteit, perfectionisme of emotionele problemen tot zelfveroordeling en een onvermogen om door te gaan. Vraag een dominee of pastorale werker om advies, zodat hij/zij je kan helpen ontdekken waarom je jezelf niet kunt vergeven en hoe je dit kunt overwinnen.

Oefeningen voor het stel om gemakkelijker te kunnen vergeven

Heeft een van jullie onlangs iets gedaan of gezegd waarmee de ander is gekwetst en waarvoor nog geen vergeving is gevraagd of geschonken? Doorloop de stappen tot vergeving.

Aanknopingspunten voor een gesprek

1) Hoe gemakkelijk of moeilijk is het voor jou om een overtreding van je partner te vergeven?

2) Wat is er voor nodig om jou bereid te maken iemand te vergeven?

3) Nemen jullie elkaar op dit moment iets kwalijk? Nemen jullie iemand anders iets kwalijk?

Bijbelteksten

Lucas 17:3-4, *'Indien een van je broeders of zusters zondigt, spreek die dan ernstig toe; en als ze berouw hebben, vergeef hun. En als ze zevenmaal op een dag tegen je zondigen en zevenmaal naar je terugkeren en zeggen: 'Ik heb berouw,' dan moet je hun vergeven.'*

Lucas 23:34a, *'Jezus zei: 'Vader, vergeef hun, want ze weten niet wat ze doen.'*

Kolossenzen 3:13, *'Verdraag elkaar en vergeef elkaar als iemand een ander iets te verwijten heeft; zoals de Heer u vergeven heeft, moet u elkaar vergeven.'*

Daniël 9:9, *'De Heer, onze God, is vol erbarmen en vergeving, hoewel wij tegen hem in opstand zijn gekomen.'*

Matteüs 18:21-22, *'Daarop kwam Petrus bij hem staan en vroeg: 'Heer, als mijn broeder of zuster tegen mij zondigt, hoe vaak moet ik dan vergeving schenken? Tot zevenmaal toe?' Jezus antwoordde: 'Niet tot zevenmaal toe, zeg ik je, maar tot zeventig maal zeven.'*

Aanbevolen (Engelstalige) bronnen

Kendall, Jackie. *Free Yourself to Love: the Liberating Power of Forgiveness*. New York: Faith Words, 2009

Shriver, Gary en Shriver, Mona, *Unfaithful: Rebuilding Trust After Infidelity*, David C. Cook Publishing, 2005.

Hoofdstuk 9

Omgaan met de unieke kenmerken van je partner – eigenschappen en gewoontes

Inleiding

Veel stellen in huwelijksbegeleiding klagen over de vreemde en ergerlijke gewoonten van hun partner. We hebben allemaal onze eigen karaktertrekken en gedragingen die onze partner misschien moeilijk kan tolereren. Ieder heeft zijn eigenaardigheden en vaak snappen we er niets van. Er bestaat een Russische uitdrukking die zegt: 'Iedereen doet op zijn eigen manier gek.' Wat zijn dat dan voor aparte, gekke manieren die ons zo verbazen en hoe kunnen we er op een liefdevolle manier mee omgaan?

Persoonlijkheidstheoreticus Carl Rodgers vertelt iets over het belang van ons zelfbeeld: de manier waarop we onszelf zien.[1] Hoewel ons zelfbeeld anders kan zijn dan het beeld dat anderen van ons hebben, kunnen beide beelden afwijken van hoe we echt zijn. Volgens Rodgers is onze innerlijke onrust, die een nadelige invloed heeft op ons persoonlijke en relationele functioneren, een gevolg van het verschil tussen ons zelfbeeld en het beeld dat anderen van ons hebben of wie we werkelijk zijn (zie figuur 1).

Beeld

Figuur 1[2]

Deze mentorsessie is bedoeld om:

1) ons te helpen begrijpen waar gewoonten en persoonlijke stijlen vandaan komen.

2) te kijken naar ieders stijl en gewoonten, zoals uitgedrukt in hun gedrag.

3) een reeks stappen te geven om mentees te helpen de gewoonten en stijl van hun partner te begrijpen.

Veel voorkomende problemen met betrekking tot partnerstijlen en -gewoonten

Deze aspecten zijn bij veel stellen voor verbetering vatbaar:

1) Elkaar bekritiseren vanwege hun persoonlijke stijl en gewoonten.

2) Geen geduld hebben met elkaars gewoonten en proberen de ander te veranderen.

3) Moeite hebben om de ander respect te tonen.

4) Het gevoel dat er iets mis is met de ander, omdat hij/zij niet hetzelfde is als jij.

Bereid je eigen verhaal voor en maak er gebruik van

Noem enkele grappige (en ook hinderlijke) gewoonten die jullie in je huwelijk bij elkaar ontdekten? Hoe gingen jullie daarmee om?

Tips om je persoonlijke stijl en gewoonten te bespreken

Er zijn mensen die vrolijk verkondigen: 'Ik ben met mijn beste vriend(in) getrouwd.' En zo moet het ook zijn. Dankzij een hechte, ondersteunende en liefdevolle vriendschap, waarin we gewaardeerd, gerespecteerd, gewenst en geliefd zijn, komen we tot ontplooiing en zijn we beter in staat de uitdagingen van het leven aan te gaan. Maar zodra we echte intimiteit ontwikkelen, kunnen we deze dingen voor lief gaan nemen en lopen we het risico de voordelen ervan te verliezen.

Onderzoeken naar sociale verbondenheid bevestigen dat mensen die vrienden hebben, emotioneel en lichamelijk veel gezonder zijn en langer leven dan mensen zonder hechte vriendschappen.

In één zo'n onderzoek, uitgevoerd door Erin York Cornwell en Linda J. Waite, wordt gezegd: *'Er bestaat een relatie tussen verminderde sociale verbondenheid en een slechtere lichamelijke gezondheid, ongeacht of men zich eenzaam voelt en ongeacht of men weinig sociale steun ervaart.'*[3]

Een van de essentiële aspecten van een goede relatie is echte vriendschap, waarin beide partijen worden geaccepteerd en gerespecteerd zoals ze zijn (qua gedachten, gevoelens en daden). Om een vriend of partner te kunnen accepteren, zul je moeten erkennen dat jullie verschillend zijn en ervoor moeten kiezen om die verschillen te koesteren. Zo geef je je partner een gevoel van veiligheid en voelt hij/zij zich vrij om ook jou te aanvaarden zoals je bent.

Naarmate partners elkaar beter leren kennen, gaan ze soms denken: 'Als je niet zo bent als ik, is er vast iets mis met je.' Wanneer we vasthouden aan de overtuiging dat er maar één goede manier is – namelijk hoe wij zijn, denken en handelen – is de kans groot dat we onze partner bekritiseren en kleineren. Door onze veroordeling en afkeuring kunnen we ons niet in de ander verplaatsen en hem/haar niet liefhebben.

Acceptatie is een noodzakelijk onderdeel van elke vriendschap en wordt gevoed door nieuwsgierigheid naar en fascinatie voor de ander. Acceptatie betekent dat we de ander kostbaar achten, ook al voelt, denkt en handelt hij/zij anders dan wij. Acceptatie betekent dat we iemands (nu en dan optredende) fouten normaal vinden en niet als karakterfouten beschouwen.

Acceptatie vraagt om een solide loyaliteit tegenover je partner, ook wanneer hij of zij je teleurgesteld heeft. Een accepterende houding betekent dat je weinig waarde hecht aan de beschamende, onhandige of hinderlijke manieren van de ander, maar de goede en mooie eigenschappen van hem of haar uitvergroot en bevestigt.

Het is belangrijk om net zo op je partners teleurstellingen, pijn en onzekerheid te reageren als je dat van hem of haar zou verwachten wanneer jij je wat zwakker voelt. Reageer vriendelijk, meelevend en met onwankelbare waardering en steun.

Oefeningen voor het stel

Bespreek deze dingen met je mentees:

Oefening 1

1) Met welke dingen of mensen vereenzelvig je jezelf om te beschrijven wie je bent?

2) Welk aspect van je zelfbeeld vind je erg belangrijk?

3) Wat is het doel van elk van onze kenmerken?

Oefening 2

Lees hoofdstuk 1 en 2 van Prediker. Vat samen wat koning Salomo deed om voldoening te vinden (het 'Salomo-syndroom').[4]

1) Wat was zijn conclusie?

2) Wat zijn verkeerde veronderstellingen?

3) Geef een beschrijving van egocentrisch gedrag.

4) Waarom is een valse god vals?

5) In hoeverre komt het Salomo-syndroom ook in jouw leven voor?

Aanknopingspunten voor een gesprek

1) Welke gewoonten van je partner irriteren je het meest?

2) Als die gewoonten nooit zouden veranderen, kun je je daar dan bij neerleggen?

3) Is je partner je 'beste vriend(in)?' Zo ja, waarom?

Bijbelteksten

Matteüs 7:12, *'Behandel anderen dus steeds zoals je zou willen dat ze jullie behandelen. Dat is het hart van de Wet en de Profeten.'*

Galaten 5:22-23, *'Maar de vrucht van de Geest is liefde, vreugde en vrede, geduld, vriendelijkheid en goedheid, geloof, zachtmoedigheid en zelfbeheersing. Er is geen wet die daar iets tegen heeft.'*

Lucas 6:31, *'Behandel anderen zoals je wilt dat ze jullie behandelen.'*

Prediker 1 en 2 geven ook inzicht in gewoonten.

Aanbevolen (Engelstalige) bronnen

Glenn, John. *The Alpha Series: the Gift of Recovery.* Bloomington, IN: Author House, 2006.

Lewis, C. S., *Mere Christianity: a Revised and Amplified Edition, with a New Introduction of the Three Books, Broadcast Talks, Christian Behavior, and Beyond Personality.* New York: Harper Collins, 2001.

Hoofdstuk 10

Omgaan met financiën

'Dat mannen rijkdom bezitten, is niet erg. Het wordt pas een
probleem wanneer de rijkdom bezit neemt van mannen.'
~ Billy Graham ~

Inleiding

Geld is belangrijk! In de Bijbel wordt er 2300 keer over gesproken en Jezus sprak vaker over geld dan over de hemel en de hel bij elkaar. We besteden 80 procent van de tijd dat we wakker zijn aan geld verdienen, geld uitgeven en denken over geld.

In dit gedeelte bespreken we hoe het stel denkt over spaargeld, schulden en met geld omgaan en hoe ze financiële beslissingen voor de korte en lange termijn nemen.

Geld kan een bepaalde mate van zekerheid bieden, gebruikt worden om anderen te helpen, worden ingezet voor de verspreiding van het evangelie en verstandig belegd worden. Het kan ook verslavend werken, een wig drijven tussen een man en zijn vrouw, aan onzinnige dingen worden besteed, over de balk worden gesmeten en een vals gevoel van zekerheid geven.

Zoals Winston Churchill wijselijk opmerkte: *'Wat we krijgen houdt ons in leven, maar wat we geven doet ons leven.'*

Verschillende opvattingen over financiën en slecht financieel beheer behoren tot de meest genoemde oorzaken van huwelijksproblemen. Uit een enquête van Gallup bleek dat *56 procent van alle scheidingen voortkomt uit financiële spanningen.*[1] Bovendien heeft de uitkomst van gesprekken en beslissingen over geld invloed op veel andere terreinen van de huwelijksrelatie.

> '*Voor bepaalde mensen betekent geld macht. Voor anderen betekent het liefde. Er zijn mensen die het een banaal en van slechte smaak getuigend onderwerp vinden. Voor anderen is het privater dan seks. Gooi er nog een scheut familiedynamiek doorheen, en volgens velen heb je het onderwerp uit de hel.*'
> ~ Karen S. Peterson[2] ~

Deze mentorsessie is bedoeld om:

1) naar inkomsten en uitgaven te kijken en de mentees te helpen een werkbaar uitgavenpatroon op te stellen.
2) het stel inzicht te geven in de basisprincipes van financieel beheer en hen de belangrijkste vaardigheden op dit gebied bij te brengen.
3) de mentees een aantal stappen mee te geven die ze kunnen gebruiken om grote of slepende financiële problemen op te lossen.

Veel voorkomende problemen op het gebied van financiën

Op de volgende terreinen bestaat vaak onenigheid tussen de partners:

1) Het gevoel hebben dat de partner een heel ander bestedingsgedrag heeft.
2) Onenigheid over het geldbedrag dat ze zouden moeten sparen.
3) Zorgen over de toereikendheid van het inkomen.
4) Geen specifiek plan (of budget) hebben voor de besteding van het geld of het wegwerken van schulden.

Bereid je eigen verhaal voor en maak er gebruik van

Vertel over jullie financiële situatie in de eerste jaren van jullie huwelijk, hoe jullie als jong stel van twee naar één budget gingen en hoe jullie hebben gemerkt dat God in jullie behoeften voorzag door Hem te eren met je geld.

Tips om het stel te helpen verstandig met hun geld om te gaan

Vertel het paar het volgende:

In onze cultuur wordt succes helaas alleen afgemeten aan onze financiële positie. Het gevolg is, dat veel mensen alleen maar bezig zijn met het vergaren van meer geld en geloven ze ten onrechte dat ze daar gelukkig van worden en voldoening uit zullen putten.

Je kunt God pas met je hele hart dienen wanneer je geleerd hebt om geld de juiste plaats in je leven toe te kennen. Jezus maakt duidelijk dat geld niet het doel van je leven zou moeten zijn. Het is niet de bron van ultieme zekerheid. Het bepaalt niet wat iemand waard is of hoe succesvol hij/zij is.

Geen enkel paar is immuun voor geldproblemen. Hoeveel geld een gezin ook heeft, het lijkt wel of er altijd meer nodig is. Er wordt wel gezegd dat de uitgaven altijd oplopen tot (of boven) het niveau van het inkomen. Koopverslaafden geven graag geld uit voor zichzelf of anderen en 'spaarverslaafden' zijn bang om geld uit te geven of maken zich zorgen dat ze in de toekomst te weinig hebben. Slepende discussies of ruzies over geld wijzen erop dat een stel nog geen open en goedgeorganiseerde aanpak heeft voor het omgaan met financiën.

Vanwege de steeds hogere leeftijd waarop mensen tegenwoordig trouwen, zal het partners waarschijnlijk meer moeite kosten om hun financiën op elkaar af te stemmen.

Deze dingen kunnen tot onenigheid over geld leiden:
1) Problemen met macht en overheersing.
2) Verschillende uitgaven- en spaargewoonten (vaak gerelateerd aan het gezin van herkomst).
3) Niet kunnen besluiten wat belangrijker is (bijv. meubels of een auto).
4) Hoge schulden of totale schuldenlast.
5) Verschillende ideeën over wat geld wel en niet kan doen.
6) Het gevoel dat geld bij ieder persoonlijk oproept.

Twaalf Bijbelse principes voor het verstandig omgaan met geld

1) Aangezien God ons in staat stelt om welvaart te verwerven, is alles wat we hebben een geschenk van Hem (Deuteronomium 8:17-18, 1 Korintiërs 4:7).

2) Het hoofddoel van aardse welvaart is om voor de eigen familie te zorgen (1 Timoteüs 5:8), mensen in nood te helpen (Spreuken 11:25) en in de eeuwigheid te investeren (Matteüs 6:19-20).

3) Het geven van tienden is Gods manier om ons te helpen ons verlangen naar rijkdom te beteugelen en tegelijk een manier om ons te zegenen (Spreuken 3:10, Maleachi 3:10). Het is onze eerste prioriteit om God regelmatig het eerste deel van onze inkomsten te geven (Spreuken 3:9, 1 Korintiërs 16:2). Als geven nieuw of moeilijk voor je is, of als je er nog geen gewoonte van hebt gemaakt, begin dan klein. Geef een beetje en kijk wat er gebeurt. Daag jezelf uit door elke paar maanden of elk jaar je geefpercentage te verhogen, net zo lang tot je het niveau bereikt dat God je op het hart legt.

4) We zouden ijverig en uitstekend moeten werken (Kolossenzen 3:23) en minder moeten uitgeven dan we verdienen (Spreuken 21:20).

5) Stel een reële begroting op. Door te begroten krijg je grip op je geld en zorg je dat rekeningen en uitgaven geen grip op jou krijgen. Begroten betekent niet dat je niet kunt kopen wat je echt wil hebben; het betekent alleen dat je van tevoren besluit wat je met je geld zult doen. Het is een bewuste en systematische methode om inkomsten en uitgaven op elkaar af te stemmen. Het is onze eigen manier om tegen ons geld te zeggen waar het heen moet, in plaats van ons af te vragen waar het allemaal heen ging. Op de downloadpagina van www.thesolutionformarriages.com staat een (Engelstalig) formulier waarmee je een begroting kunt maken.

6) Vermijd schulden (Spreuken 22:7). Leen alleen (voorzichtig) om dingen aan te schaffen waarvan de waarde in de loop van de tijd waarschijnlijk stijgt.

7) Wees bij alle financiële transacties eerlijk, ook als het om belastingen gaat (Spreuken 13:11, Romeinen 13:7a, Matteüs 22:21b).

8) Wees tevreden met wat God geeft (Prediker 5:10, 1 Timoteüs 6:6, Filippenzen 4:12-13, Hebreeën 13:5).

9) Reserveer geld voor noodgevallen (Spreuken 6:6-8). Vraag je af hoe lang het zou kunnen duren voordat je in een slechte economische tijd een nieuwe baan zou kunnen vinden. Gebruik dat als richtlijn om te bepalen hoe groot je buffer moet zijn om die periode te overbruggen.

10) Wees gul, in het besef dat echte gulheid altijd een offer is (2 Samuël 24:24a, 2 Korintiërs 8:1-4, Lucas 21:1-4).

11) Laat je informeren door erkende, onafhankelijke financiële adviseurs (Spreuken 11:14, 15:22).

12) Neem elke week een dag rust (Exodus 23:12a).

'Als ik van mijn eerste dollar geen tiende had gegeven, had ik van mijn eerste miljoen ook geen tiende gegeven.'
~ John D. Rockefeller[3] ~

Oefeningen voor het stel

Hieronder staan twee oefeningen die mentors met hun mentees kunnen doen.

1) Belangrijke gespreksonderwerpen – kies er een paar uit

- Maak een lijst van dingen die je van God hebt ontvangen. Vraag God om je een dankbaarder persoon te maken.

- Bid dat je op een punt zult komen waarop je van harte kunt zeggen dat je genoeg hebt.

- Welke financiële doelen heeft elk van jullie afzonderlijk, zowel voor de korte als de lange termijn?

Vergelijk ze met elkaar en besluit hoe jullie die doelen samen kunnen bereiken.

- Wat vind je het belangrijkst in het leven? In hoeverre blijkt dit uit de manier waarop je met geld omgaat?

- Welke schulden hebben jullie? Op welke termijn willen jullie die afbetaald hebben? Hoe gaan jullie dat realiseren?

- Wat zegt je bereidheid om te geven aan Gods werk en andere mensen over de mate waarin je op Hem vertrouwt?

- Wat betekent geld voor jou/jullie? Geeft het je een gevoel van macht? Voel je je er onrustig of schuldig door? Geeft het je het gevoel geliefd te zijn? Verantwoordelijk te zijn? Een gevoel van zekerheid?

- Welke overtuigingen en waarden heb je als kind met betrekking tot geld ontwikkeld?

2) *Een scenariogesprek*

Wil je een eye-opener? Neem dertig minuten de tijd om in één keer het boek Prediker door te lezen. Prediker is geschreven door koning Salomo en gaat over zijn zoektocht naar betekenis en geluk. Praat met elkaar over Salomo's conclusies met betrekking tot tijdelijke dingen.

Wanneer moet je externe hulp inroepen?

Als het na verschillende pogingen niet is gelukt om jullie financiën op orde te krijgen of wanneer gesprekken over geld telkens op niets uitlopen, is het goed om een deskundige in te schakelen die tussen jullie kan bemiddelen en jullie kan helpen om beter met jullie middelen om te gaan.

Aanknopingspunten voor een gesprek

1) Zijn jij en je partner het vaak oneens over wat wel en niet aangeschaft moet worden (en wanneer)? Welke factoren (persoonlijke wensen of noodzakelijkheden) hebben invloed op jullie bestedingsbeslissingen?

2) Hebben jullie elkaar op de hoogte gebracht van jullie huidige en te verwachten inkomen, uitgaven en financiële doelen?

3) Hebben jullie voldoende nagedacht over jullie toekomstige uitgaven, zoals voor huisvesting, verzekeringen, belastingen, levensmiddelen, kleding, enzovoorts?

4) Zijn jullie van plan om regelmatig een gedetailleerd overzicht van jullie schulden of rekeningen te bespreken?

5) Hebben jullie hulp nodig bij het opstellen van een begroting of een plan voor het omgaan met jullie financiën?

6) Over welke aspecten van jullie toekomstige financiële situatie zijn jullie het meest bezorgd?

Bijbelteksten

Hebreeën 13:5, *'Laat uw leven niet beheersen door geldzucht, neem genoegen met wat u hebt. Hij heeft immers zelf gezegd: 'Nooit zal ik u afvallen, nooit zal ik u verlaten.'*

Lucas 16:13, *'Geen enkele knecht kan twee heren dienen: hij zal de eerste haten en de tweede liefhebben, of hij zal juist toegewijd zijn aan de ene en de andere verachten. Jullie kunnen niet God dienen én de mammon.'*

Spreuken 13:11, *'In de schoot geworpen rijkdom is weer snel verdwenen, gestage groei maakt rijk.'*

Spreuken 22:7, *'Een rijke heeft macht over armen, wie leent, is de slaaf van wie uitleent.'*

Lucas 21:1-4, *'Toen hij opkeek, zag hij hoe rijken hun giften in de offerkist kwamen werpen. Hij zag ook dat een arme weduwe er twee muntjes in gooide, en hij zei: 'Ik verzeker jullie: deze arme weduwe heeft meer gegeven dan alle anderen. Want de anderen hebben iets van hun overvloed geofferd, maar zij heeft van haar armoede alles gegeven wat ze nodig had voor haar levensonderhoud.'*

Aanbevolen (Engelstalige) bron

Blue, Ron en Jeremy White. *Faith-based Family Finances*. Carol Stream, IL: Tyndale House, 2008.

Hoofdstuk 11

Gemeenschappelijke interesses – vrijetijdsbesteding

Inleiding

Meestal bestaat er tussen partners een lichamelijke, emotionele en/of geestelijke aantrekkingskracht. In de eerste maanden of jaren van het huwelijk kan deze aantrekkingskracht voldoende zijn om de relatie in stand te houden. Maar op den duur zullen man en vrouw gemeenschappelijke interesses moeten vinden om hun huwelijk levendig te houden. Over het algemeen kun je zeggen: hoe meer interesses de partners gemeenschappelijk hebben, hoe beter het voor ze is.

Sharon Jaynes, de auteur van *Becoming the woman of his dreams*, zegt dat de intimiteit in een huwelijk – die de huwelijksband verstevigt – een gevolg is van 'duizenden gemeenschappelijke ervaringen'[1] die het stel in de loop van de tijd opdoet. Wanneer partners een aantal interesses hebben, zowel individueel als samen, wordt hun leven interessanter. Het levert een belangrijke bijdrage aan een gelukkig huwelijk.

In elk type relatie kan een zekere gewenning optreden waardoor men elkaar voor lief gaat nemen en uit elkaar groeit. Door een oprechte belangstelling te ontwikkelen voor een aantal dingen waar je partner van geniet, kun je de hartstocht en opwinding in je huwelijk bewaren. Wat een stel precies uitkiest om samen te doen is minder belangrijk dan het feit dat ze er regelmatig tijd voor vrijmaken. Moedig je mentees aan om nu en in de rest van hun gezamenlijke leven een oprechte belangstelling te tonen voor de hobby's en activiteiten van hun partner.

De gemiddelde Amerikaan brengt per dag slechts 15 tot 20 minuten 'quality time' met zijn of haar partner door. Wanneer je dat vergelijkt met de 8 tot 10 uur per dag die ze met collega's op het werk doorbrengen, kun je goed begrijpen dat huwelijkspartners zonder gemeenschappelijke interesses gemakkelijk vreemden voor elkaar kunnen worden. Om op een succesvolle manier samen door het leven te gaan, is het nodig om een deel van je eigen plannen opzij te zetten – precies zoals jullie dat waarschijnlijk allebei deden in jullie verkeringstijd.

Deze mentorsessie is bedoeld om:

1) te kijken in hoeverre het stel tevreden is over de hoeveelheid en kwaliteit van de vrije tijd die ze samen doorbrengen.
2) te kijken in hoeverre de interesses van de partners overeenkomen en of de partners tevreden zijn over de verhouding tussen gezamenlijk bestede tijd en apart bestede tijd.
3) het stel te helpen ontdekken welke activiteiten ze samen kunnen doen.

Veel voorkomende problemen met betrekking tot het vinden van gemeenschappelijke interesses

Deze punten zijn bij de meeste stellen voor verbetering vatbaar:

1) De tijd vinden om ook na de komst van kinderen dingen samen te doen.
2) Een van de twee voelt zich alleen wanneer de ander met activiteiten bezig is.
3) Tussen de partners bestaan verschillen in de hoeveelheid energie, de lichamelijke of verstandelijke capaciteiten, de beschikbare tijd en/of de interesses.
4) De ene partner houdt meer van individuele activiteiten, de ander meer van groeps- of sociale activiteiten.
5) Door hun werkzaamheden worden de partners in verschillende richtingen getrokken of komen hun agenda's niet meer overeen.

Bereid je eigen verhaal voor en maak er gebruik van

Vertel welke dingen jullie tegenwoordig samen doen, die jullie voor of in het begin van jullie huwelijk niet deden. Praat over een goed doel of een bediening waar jullie je allebei van harte voor inzetten. Leg het koppel uit in hoeverre jullie huwelijksmentorschap een bijdrage levert of heeft geleverd aan jullie eigen huwelijk, aangezien het iets is waar jullie allebei graag mee bezig zijn.

Tips voor het bespreken van vrijetijdsbesteding

1) In de loop van ons leven veranderen onze interesses en ook de hoeveelheid tijd en geld die we ter beschikking hebben. Mensen met een gezonde relatie proberen geregeld nieuwe dingen uit die ze samen kunnen doen. Wat ze uitkiezen hoeft niet extreem of duur te zijn en ze hoeven het niet altijd te blijven doen.

2) Dit is een terrein van dienstbaarheid en compromissen. Doe de ene keer wat hij leuk vindt en de andere keer wat zij leuk vindt. Dit onderhoudt en bevordert de vriendschap. Dit is vooral van belang wanneer er kinderen mee gaan.

3) Laat de activiteiten niet altijd om de kinderen draaien. Om hun relatie te laten groeien, moeten huwelijkspartners ook activiteiten vinden die ze met z'n tweeën graag doen. Anders zullen ze twintig jaar later, wanneer de kinderen het huis uit zijn, vreemden zijn voor elkaar. Veel scheidingen vinden plaats wanneer de kinderen nog klein of het huis uit zijn!

4) Plan regelmatig een avondje uit en weekendactiviteiten. Als het niet direct mogelijk is om weg te gaan, zorg dan dat het stel er een doel van maakt.

5) Negeer wat er gezegd wordt over 'quality time' en 'hoeveelheid tijd.' Een gezond huwelijk heeft allebei in ruime mate nodig!

6) Partners hoeven niet precies dezelfde interesses te hebben. Partners kunnen ook van elkaar leren en hun relatie laten groeien door elkaar dingen te vertellen.

7) Toon belangstelling voor het werk – zowel thuis als buitenshuis – van je partner. Een groot deel van het leven bestaat uit werken. Als partners van elkaars werk op de

hoogte zijn, kunnen ze er een zinnig gesprek over voeren. Dat zal hun relatie zeer ten goede komen.

8) Zowel gezamenlijke als persoonlijke interesses zijn belangrijk. Maak voor allebei tijd vrij en stimuleer de ander om met zijn/haar persoonlijke interesses bezig te zijn.

Voor stellen die op dit terrein moeilijkheden ervaren:

1) Elk echtpaar gaat van tijd tot tijd door een dorre periode in het huwelijk. Dat hoort nu eenmaal bij het menselijk leven. Echtparen moeten ervoor waken om die droogte te lang te laten voortduren en zo nodig hulp inroepen.

2) In plaats van achterom te kijken naar wat de mentees hebben gemist, is het goed om ze aan te moedigen vooruit te kijken naar wat er in de komende jaren bereikt kan worden. Het kunnen de beste jaren van hun leven worden!

3) Besef dat het altijd mogelijk is om een goed huwelijk te krijgen, ook wanneer er weinig gemeenschappelijke interesses zijn. Beide partners zullen er wel meer hun best voor moeten doen.

4) Zelfopoffering is niet van onze tijd en moet serieus genomen worden. Probeer tot een compromis te komen door wat van je eigen rechten en wensen op te geven ten gunste van je huwelijk.

Oefeningen voor het stel

1) Deze oefening kan het stel doen wanneer ze ontspannen zijn of samen op stap zijn. Laat hen aangeven welke interesses ze op dit moment samen doen en welke hen aantrekkelijk lijken om in de toekomst samen te doen. Omcirkel alle activiteiten die jij of je partner op dit moment individueel doen – ook al is het slechts af en toe.

Activiteiten met een wedstrijdelement	
Binnen	Buiten
• zwemmen	• fietsen
• kaarten	• golf
• bordspellen/video games	• tennis
• bowlen	• balspellen
Activiteiten zonder wedstrijdelement	
Binnen	Buiten
• schilderen/tekenen	• fotografie
• winkelen	• duiken/snorkelen
• theater/concerten/	• wandelen/hardlopen
bioscoop	• schaatsen
• sportevenementen	• autoracen
• verzamelen	• motorrijden
• koken	• varen
• fitness	• trektochten maken
• dansen	• jagen/vissen
• musea/kunstexposities	• tuinieren
• uit eten gaan	• vogelspotten
• elkaar voorlezen	• skiën/waterskiën
• vrijwillegerswerk	• kamperen
• gezamelijke bediening	

2) Welke van deze activiteiten zou je samen en/of vaker kunnen doen? Kies een paar activiteiten uit die jullie op dit moment niet doen, maar wel zouden willen proberen. Dat is een geweldige manier om je huwelijk nieuw leven in te blazen!

Aanknopingspunten voor een gesprek

1) Noem eens een paar dingen die jullie graag doen met elkaar.

2) Hebben jullie allebei het idee dat er een goede balans is tussen de hoeveelheid tijd die jullie met elkaar doorbrengen en de hoeveelheid tijd die jullie afzonderlijk besteden?

3) Voel je je wel eens onder druk gezet door je partner om ergens aan mee te doen?

4) In hoeverre denken jullie hetzelfde over wat 'leuk' is om te doen? Heb je met je partner over die activiteiten gepraat? Hoe reageerde hij/zij daarop?

5) Zijn deze interesses een verrijking van jullie relatie, of zorgen ze voor conflicten?

6) Vinden jullie het doorgaans moeilijk om een gezamenlijke activiteit te plannen? Wie neemt meestal het initiatief om iets leuks en spannends te doen?

Bijbeltekst

Johannes 15:13, *'Er is geen grotere liefde dan je leven te geven voor je vrienden.'*

Aanbevolen (Engelstalige) bronnen

Jaynes, Sharon. *Becoming the Woman of His Dreams: Seven Qualities Every Man Longs For.* Eugene, OR: Harvest House, 2005.

Arp, David en Claudia Arp. "Dating Exercise." PREPARE/ENRICH, Couple's Workbook. Grand Rapids, MI: Zondervan Pub. House, 1997.

Hoofdstuk 12

Seksuele vervulling en intimiteit in het huwelijk
(Hoofdstuk voor het koppel samen)

Inleiding

In een cultuur die elk jaar meer van seks verzadigd raakt, zou je denken dat stellen voldoende informatie en voorbereiding krijgen voor een seksueel bevredigend huwelijk. Niets is minder waar! Hoewel ze veel over seks hebben gehoord, zijn er maar weinig mensen die er een beeld van hebben waarmee zowel de schepper ervan (God) als degenen voor wie het bedoeld was (een getrouwde man en vrouw) gerespecteerd worden. We hebben gemerkt dat de komende drie hoofdstukken heel nuttig zijn voor stellen die willen weten hoe heilig en rijk de seksualiteit door God bedoeld is en hoe ze die als echtpaar kunnen ervaren.

In het begin kan seks een lastig onderwerp zijn voor mentors om met een koppel te bespreken – vooral wanneer mentees problemen op dit gebied hebben ervaren. Als hier niet goed mee omgegaan wordt, kunnen deze problemen gevoelens van afwijzing en ontoereikendheid veroorzaken, terwijl openheid en kwetsbaarheid juist zo'n belangrijk onderdeel van de seksuele daad zelf zijn.

Seks kan in de christelijke omgeving ook een van de meest controversiële onderwerpen zijn. Ons advies is dat mentors het materiaal van dit hoofdstuk combineren met dat van de volgende twee, maar het is goed om bij het begeleiden van verloofde stellen rekening te houden met kerkbeleid en streekgebonden opvattingen. De afweging om dit materiaal te gebruiken kan per mentor verschillen.

In dit hoofdstuk behandelen we veel voorkomende problemen of misvattingen die stellen op seksueel gebied kunnen hebben en hoe je ze als mentor kunt helpen. Er moet gesproken worden over verwachtingen ten aanzien van seks en de mate waarin verloofde stellen hun genegenheid uiten. Bij het begeleiden van getrouwde stellen kan op het juiste moment besproken worden hoe bevredigend hun seksuele relatie is.

Veel voorkomende problemen met betrekking tot seksuele voldoening en intimiteit

De volgende aspecten zijn bij veel stellen voor verbetering vatbaar:

1) Zorgen over vroegere seksuele ervaringen van een van beide of beide partijen.
2) Vroeger of recentelijk seksueel misbruik, verkrachting of een abortus.
3) Gebruik van pornografie.
4) Verschillende mate van interesse in of verlangen naar seks.
5) Moeilijk over seks kunnen praten vanwege schaamte of het ontbreken van een volwassen seksuele woordenschat.
6) Zich niet gerespecteerd voelen wanneer de genegenheid in de relatie ontbreekt of zich gemanipuleerd voelen wanneer er te weinig intimiteit is.
7) Onenigheid over het gebruik van voorbehoedsmiddelen (wel/niet, hoe, waarom, wanneer).

Bereid je eigen verhaal voor en maak er gebruik van

Vertel hoe God jullie in het huwelijk op seksueel gebied gezegend heeft en wat jullie over seks geleerd hebben, zoals:

1) Hoe man en vrouw op seksueel gebied van elkaar verschillen.
2) Waardering voor hoe God jullie gemaakt heeft (zowel qua verschillen als overeenkomsten).
3) Wat jullie in de voorbereiding op jullie huwelijk graag hadden geweten.
4) Hoe jullie met gezinsplanning zijn omgegaan en waarom jullie die keuzes hebben gemaakt.

Tips voor het bespreken van seksuele verwachtingen en intimiteit

Dit is een onderwerp dat bij sommige stellen door vroegere ervaringen veel emoties kan oproepen. Omring deze sessie met veel gebed, opdat jullie God mogen verheerlijken in de manier waarop jullie zijn prachtige geschenk van seks met elkaar bespreken.

Jullie houding in deze sessie mag een voorbeeld zijn van hoe huwelijkspartners open en eerlijk met elkaar over seks kunnen praten. Dit zal een grote invloed hebben op het stel dat jullie begeleiden. Denk aan deze klassieke uitspraak van een professor aan de theologische hogeschool van Dallas:

> *'We hoeven ons niet te schamen voor het bespreken van wat God zonder schaamte heeft geschapen.'*
> ~ Dr. Howard Hendricks[1] ~

Stimuleer je mentees om dezelfde houding te hebben.

Dit is een belangrijk aspect van je mentorgesprekken. Satan zal er alles aan doen om geliefden vroegtijdig – voordat ze getrouwd zijn – tot intimiteit te dwingen en wanneer ze eenmaal getrouwd zijn weer uit elkaar te drijven. Daarom hebben stellen deze aanwijzingen nodig, zodat ze op seksueel gebied voldoende respect en discipline kunnen bewaren. De volgende punten kunnen bij het bespreken van dit onderwerp met je mentees behulpzaam zijn:

Het doel van seks

1) God heeft seks geschapen opdat we ervan zouden genieten, om meer van zijn beeld te kunnen weerspiegelen, om ons een liefdestaal te geven die nog beter laat zien hoeveel Hij van ons houdt en om ons in staat te stellen een goddelijke erfenis (kinderen) voort te brengen.

2) Gezonde seks is intieme communicatie waar ons hele wezen (lichaam, ziel en geest) bij betrokken is. Om ten volle van seks te kunnen genieten, moeten alle drie de gebieden van de huwelijksrelatie (emotioneel, geestelijk en lichamelijk) in harmonie zijn. Seks, zoals God het bedoelt heeft, is veel meer dan een lichamelijke en emotionele

daad. Er is ook een rijke, geestelijke component en wanneer die genegeerd of geschonden wordt, doet dit God veel verdriet.

Een verkeerd beeld van seks[2]

Gedurende een groot deel van de kerkperiode werd seks als onsmakelijk, kwaadaardig of alleen voor de voortplanting beschouwd. Ook andere culturen en godsdiensten hebben een verkeerd beeld van wat God met seks heeft bedoeld. Door de wereldse invloed van de Griekse cultuur (zoals Plato), beschouwde de kerk seks en hartstocht als iets wat in principe slecht was. Enkele voorbeelden hiervan zijn:

1) Tertullianus, een vroege kerkvader (160-220 na Chr.), en Ambrosius (4de eeuw) zagen het menselijk ras liever uitsterven dan dat mensen seksueel actief bleven.
2) Origenes (185-254 na Chr.) vond seks zo slecht dat hij van Hooglied een allegorie maakte en zichzelf castreerde zodat hij nooit seksueel genot zou ervaren.
3) Chrysostomos (4de eeuw) zei dat Adam en Eva voor de zondeval geen seksuele relatie hadden en dat seks een gevolg van de zonde is.

Later werd dat beeld bijgesteld en werd seks gezien als iets wat God oogluikend toestond voor de voortplanting.

1) Thomas van Aquino (1225-1274) geloofde dat het huwelijk aanvaardbaar was zolang er geen sprake was van seks.
2) Maarten Luther (1483-1546) zei dat geslachtsgemeenschap nooit 'zonder zonde' was.

Het feit dat het daadwerkelijk Gods bedoeling was dat mensen van seks zouden genieten (zie Hooglied) kreeg in christelijke kringen pas enige ruimte toen Dr. Ed Wheat in 1977 zijn onvolprezen christelijke seks- en intimiteitsgids *Intended for Pleasure* uitgaf. Zelfs toen werd het boek aanvankelijk in cellofaan verpakt en bij veel christelijke boekhandels op de bovenste plank gezet. Hoewel christenen een relatie hadden met de Schepper van seks en het huwelijk, voelden velen zich nog zeer ongemakkelijk met *wat* Hij geschapen had.[3]

Sinds de jaren 1980 is de gedachte dat seks is bedoeld om van te genieten algemeen aanvaard. Men kreeg inzicht in het seksuele functioneren van het lichaam en hoe men ten volle van die ervaring kon genieten.

Als jullie mentees zijn voorgelicht door iemand die een achterhaald of verkeerd beeld van seks had, neem dan voldoende tijd om de zuivere en heerlijke aspecten van seks zoals God het bedoeld heeft te bespreken.

Seksuele 'bagage'

We leven in een seksueel gebroken wereld. Als gevolg daarvan zullen velen die door jullie begeleid worden een achtergrond hebben die ernstig is beïnvloed door seksueel misbruik, seksuele uitbuiting, verkeerde informatie en pornografie. Dit zijn enkele voorbeelden van de leugens, zonden en verkeerde beelden waar koppels mee te kampen hebben:

1) Voorhuwelijkse seks of voortijdige seksuele opwinding als gevolg van een cultuur die buitenechtelijke seks verheerlijkt.
2) Herinneringen aan eerdere sekspartners en de bijbehorende vergelijking, flashbacks, angsten en onzekerheden.
3) Gebruik van pornografie en zelfbevrediging. (Zie hoofdstuk 15 en 16 over pornografie)
4) Schuldgevoel van een van de partners over een abortus.

Geheiligde seks

Dankzij de boeken van een aantal christelijke schrijvers van deze tijd (zoals Dillow, Gardner, Leman, LaHaye en Penner) zijn er nieuwe inzichten gekomen om van seks te genieten en begrijpen we meer van de diepere, theologische grondslag van seks.

Veel christenen zien seks nu als een gezegende mogelijkheid voor echtparen om Gods diepste realiteit rondom het mysterie van eenheid en liefde te onderzoeken en ervaren. Dat beeld stelt echtparen in staat om de volle betekenis van seks te ervaren wanneer ze het als een heilige daad beschouwen. We gebruiken de term 'heilig' voor iets wat gewijd of apart gezet is, recht heeft op eerbied en respect, alle waardering verdient, belangrijk en niet seculier is.

Gebruik van het woord heiligheid in het dagelijkse leven:

1) Apart gezet en gekoesterd (bijv. de kerk).

2) Iets wat als goed en zeer hoogstaand wordt beschouwd (bijv. Gods schepping).

3) Heeft een symbolische betekenis (bijv. de doop, een regenboog en de zondvloed).

4) Iets wat regelmatig en op de juiste wijze gevierd moet worden (bijv. het Avondmaal).

5) Iets wat vaak onder vuur staat (bijv. Gods uitverkoren volk, christelijke feestdagen).

Kijk nu eens naar deze zelfde kenmerken, maar nu toegepast op de heiligheid van het huwelijk:

1) Apart gezet en gekoesterd (alleen binnen het huwelijk: Genesis 2:24, Hebreeën 13:4).

2) Iets wat goed en zeer hoogstaand wordt genoemd (zoals het proeven van eersteklas fruit: Hooglied 4:16-5:1).

3) Heeft een symbolische betekenis (het mysterie van Christus en de kerk geopenbaard: Efeziërs 5:31-32).

4) Iets wat regelmatig gevierd moet worden als een herinnering aan het verbond dat we op onze huwelijksdag sloten. (De enige uitzondering is wanneer beiden zich aan een tijd van gebed willen wijden, om daarna weer samen te komen: 1 Korintiërs 7:5).

5) Staat vaak onder vuur, wordt niet begrepen en verkeerd mee omgegaan (zoals bij buitenechtelijke seks, overspel, seksuele verdorvenheid, pornografie, etc.).

Seks is heilig en we kunnen onze Schepper ermee eren en aanbidden terwijl we de werkelijke eenheid beleven die Hij voor man en vrouw via seks bedoeld heeft.

Christelijke echtparen hebben alle reden om de lichamelijke genoegens van hun seksualiteit ten volle te beleven, in de wetenschap dat het een gezond aspect van ons geestelijke leven is en ons helpt onze persoonlijke relatie met God te ontwikkelen. Het is in deze 'één vlees'-intimiteit van de huwelijksliefde dat een getrouwde man en vrouw samen het beeld van God ten volle vertegenwoordigen.[4]

Verschillen tussen man en vrouw

Aangezien mannen en vrouwen vaak heel verschillend tegen seks en intimiteit aankijken, is het verbazingwekkend dat dit aspect van hun huwelijk überhaupt werkt. Hoewel er zeker uitzonderingen bestaan op de volgende tabel, geeft hij een goede indruk van de verschillen op seksueel gebied tussen mannen en vrouwen.

Verschillen in seksualiteit[5]

	Mannen	Vrouwen
Optiek	• Gericht op het lichamelijke • Op zichzelf staand onderdeel van de relatie • Lichamelijke nabijheid • Variatie • Hoge prioriteit	• Gericht op de relatie • Als onderdeel van de relatie • Emotionele nabijheid • Veiligheid en privacy • Andere dingen kunnen hogere prioriteit hebben
Opwindings-triggers	• Visueel ingesteld • Haar lichaam en geur • Haar reactie op hem	• Woorden, daden, gevoelens en aanraking • Hun relatie

	Mannen	Vrouwen
Belangrijkste behoeften	• Door haar gerespecteerd en bewonderd worden • Door haar begeerd worden	• Zich door hem geliefd, gekoesterd en begrepen voelen • Emotioneel verbonden met haar man
Sexueel verlangen en reactie	• Voortdurend • Plotseling opkomende opwinding • Doelgericht, geconcentreerd • Snel en hevig • Orgasme is nodig voor bevrediging	• Cyclisch • Geleidelijk toenemende opwinding • Gemakkelijk afgeleid • Langer, dieper en meervoudig mogelijk • Bevrediging ook zonder orgasme mogelijk

Als gevolg van deze grote verschillen voelt een vrouw zich vaak ongeliefd wanneer haar man niet aan haar emotionele behoeften tegemoetkomt. Op dezelfde manier voelt een man zich vaak genegeerd of niet gerespecteerd wanneer zijn vrouw niet aan zijn lichamelijke behoeften tegemoetkomt.

Het is heel normaal dat man en vrouw niet dezelfde mate van seksueel verlangen ervaren, vooral in de verschillende fasen van hun huwelijksleven. Wanneer dit gebeurt, is het goed om naar een compromis te streven, eventuele problemen te bespreken die de oorzaak kunnen zijn en elkaar op dit gebied van het huwelijk te dienen.

Let op. Het is zeer schadelijk voor het huwelijk wanneer een van de partners seks als manipulatiemiddel gebruikt door iets terug te verlangen voor 'seksuele gunsten' of door regelmatig seks te weigeren omdat dit beter uitkomt.

Tips voor de huwelijksnacht

1) Probeer zo uitgerust mogelijk te zijn. Als jullie ver moeten reizen om op je bestemming te komen, overweeg dan een tussenstop voor de eerste nacht.

2) Ontspan je zoveel mogelijk en verheug je erop om elkaar te koesteren en bezitten. Neem de tijd om emotioneel en geestelijk met elkaar in verbinding te komen. Geef met woorden uiting aan jullie liefde en toewijding voor elkaar. Bid met elkaar.

3) Neem de tijd om jezelf op te frissen. Neem een douche, scheer jezelf en poets je tanden.

4) Nervositeit kan een orgasme tegenhouden – vooral bij haar. Dingen die je kunt doen om tijdens jullie eerste nachten samen de nervositeit te verminderen:

   ▪ Bespreek van tevoren jullie verwachtingen voor de eerste nacht (wie doucht als eerste, hoe wordt de kamer voorbereid, hoe begroeten jullie elkaar, wat heeft elk van jullie aan of niet aan, samen bidden, enzovoorts).
   ▪ Laat je leiden door redelijkheid, tederheid en wederzijds begrip. Je hoeft aan geen enkele 'norm' te voldoen, behalve aan die van jezelf.

5) Dingen die je op je huwelijksreis zou kunnen meenemen:

   ▪ Badjassen voor jou en je partner.
   ▪ Geurkaarsen en lucifers of een nachtlampje voor sfeerverlichting.
   ▪ Muziek.
   ▪ Massageolie.
   ▪ Glijmiddel.
   ▪ Handdoekjes om in de buurt te houden.
   ▪ Andere dingen die jullie tijd met elkaar kunnen veraangenamen.

De emotionele drempel van het elkaar naakt zien kun je het best tijdens jullie eerste nacht samen nemen.

Voor een kersverse echtgenoot op zijn eerste huwelijksnacht is het belangrijk om het rustig aan te doen. Neem de tijd voor voorspel. Begin met kussen en verken dan geleidelijk elkaars lichaam. Naarmate de opwinding toeneemt, kun je het tempo, de druk en de intensiteit verhogen – steeds lettend op wat ze aangeeft en hoe ze reageert. Als ze iets fijn vindt, ga er dan kalm mee door.

De vrouw voelt zich misschien niet voldoende op haar gemak om bij de eerste keer vrijen – of zelfs bij de eerste paar keren – een orgasme te krijgen. Een maagdelijke bruid kan tijdens de gemeenschap eerst ook enige pijn ervaren door het 'scheuren' van haar maagdenvlies. Ze kan haar man op een tedere manier vertellen wat ze fijn vindt en wat ze liever anders wil. Gebruik deze tijd om te ontdekken hoe je lichaam op verschillende soorten stimulering reageert. Het is op dit moment belangrijk dat de man begrip toont en zich dienend opstelt, en haar niet onder druk zet of bang maakt over de vraag of ze wel of niet een orgasme krijgt.

Aan seksuele gemeenschap beginnen is iets natuurlijks, maar allebei seksuele bevrediging ervaren is iets wat je moet leren. Man en vrouw moeten geleidelijk aan ontdekken hoe ze elkaar genot kunnen verschaffen. Wees niet te kritisch op jezelf. Soms kost het tijd om een orgasme te krijgen, vooral voor haar, omdat er verschillende factoren meespelen. Voor de meeste vrouwen is alleen gemeenschap niet genoeg om een orgasme te krijgen.[6]

Tijdens en na de wittebroodsweken

1) Ga tijdens jullie wittebroodsweken minstens één keer samen onder de douche.

2) In het begin voelt het misschien wat ongemakkelijk om te praten over wat je fijn en niet fijn vindt. Toon begrip, wees openhartig naar elkaar en stop niet met elkaar te vertellen hoe je je voelt, hoe ongemakkelijk het ook lijkt. Uiteindelijk is ieder van jullie verantwoordelijk voor zijn/haar eigen orgasme.

3) Zorg dat je partner weet wat je wel en niet fijn vindt. Wees daarbij wel lief voor elkaar, zodat je niet elkaars ego of gevoelens kwetst en jullie openheid en kwetsbaarheid niet belemmerd wordt.

4) Houd rekening met haar maandelijkse menstruatie. Haar seksuele interesse en respons zal in de loop van de maand

variëren. Laat haar orgasme je eerste prioriteit hebben, vooral tijdens de eerste tien dagen na afloop van haar ongesteldheid. Overleg met elkaar hoe jullie met seks omgaan als zij op de trouwdag of tijdens de huwelijksreis ongesteld is.

5) Probeer in de loop van de tijd verschillende posities (standjes) uit en experimenteer met verschillende manieren om elkaar te stimuleren. Wees creatief en houd rekening met elkaars verlangens en voorkeuren, en de mate waarin jullie je op je gemak voelen.

Wat stellen kunnen doen om hun seksuele beleving te verbeteren

1) Neem je voor om de seksualiteit van je partner te aanvaarden als iets wat God heeft gegeven. Doe dit met waardering en (indien nodig) met vergeving.

2) Neem je voor om seks een hoge prioriteit in je huwelijk te geven. In drukke tijden kan dit betekenen dat jullie er speciaal tijd voor moeten vrijmaken, ook al voelt dit niet erg romantisch. Hoewel mensen in het begin van hun huwelijk meestal vaker seks hebben, hebben de meeste echtparen met een goed huwelijk een of twee keer per week seks. Als de frequentie lager is dan een keer per maand, kan dit betekenen dat er andere problemen in de huwelijksrelatie bestaan die moeten worden opgelost.

3) Gebruik verschillende technieken (zowel verbale als non-verbale) om je genegenheid te tonen.

4) Wees creatief in het levendig houden van jullie seksuele relatie (technieken, tederheid, geurkaarsen, parfum, onverwachte uitstapjes).

5) Onthoud dat mannen en vrouwen verschillend reageren. God heeft ons zo geschapen, dus probeer je partner op dit gebied steeds beter te leren kennen en leer te genieten van elkaars verschillen.

Zorgen dat je ook na jaren nog een actief seksleven hebt

1) Kus elkaar elke dag hartstochtelijk.

2) Praat met elkaar over jullie seksleven – wat je fijn vindt en wat niet, welke verlangens je hebt. Als je bent opgegroeid in een gezin waar niet over seks werd gepraat, kan het meer moeite kosten om te ontdekken hoe je in elkaars behoeften kunt voorzien.

3) Lees elkaar hardop voor uit goede christelijke boeken over seksuele voldoening. Blijf openstaan voor nieuwe ideeën die binnen de Bijbelse normen vallen.

4) Zet seks hoog op je prioriteitenlijstje – zelfs als het betekent dat je het in je agenda moet zetten.

5) Blijf in een goede lichamelijke conditie en verzorg jezelf goed.

6) Laat je ogen, gedachten en verlangens op thuis gericht zijn. Satan wil je aandacht op andere dingen richten, maar vertelt er nooit bij welke prijs je ervoor betaalt (tot het te laat is).

7) Blijf positief. Net zoals bij het leren bespelen van een muziekinstrument, kost het tijd om een fantastisch seksleven te krijgen.

Wat is op seksueel gebied aanvaardbaar en wat niet?

Er zijn op het gebied van seks een aantal dingen die de Bijbel nadrukkelijk verbiedt. Dit zijn:

1) Seks voor of buiten het huwelijk (1 Korintiërs 7:2, 1 Tessalonicenzen 4:3).

2) Overspel (Leviticus 21:10).

3) Homoseksuele relaties (Leviticus 18:22, 20:13; Romeinen 1:27); 1 Korintiërs 6:9).

4) Prostitutie (Leviticus 19:29, Deuteronomium 23:17, Spreuken 7:4-27).

5) Incest (Leviticus 18:7-18; 20:11-21).

6) Erotische gedachten of hartstocht buiten het huwelijk (Matteüs 5:28).

7) Gebruik van pornografie (Job 31:1).

8) Obscene of grove taal (Efeziërs 4:29).

Er zijn nog andere zaken waarover de Bijbel niet expliciet iets zegt. Voor deze is het goed om terug te vallen op vijf Bijbelse principes en God te vragen je hierin te leiden (zoals het gebruik van een vibrator of orale stimulatie). Deze principes zijn:

1) Is het verboden volgens de Bijbel? Indien niet, dan *kan* het geoorloofd zijn (1 Korintiërs 6:12a).
2) Staat het een gezonde, plezierige seksuele relatie in de weg? Indien niet, dan kan het geoorloofd zijn (1 Korintiërs 6:12b).
3) Is het iets wat voor een van de partners schadelijk of onsmakelijk is? Zo ja, dan is het niet geoorloofd of nuttig. Maak een afweging tussen je 'vrijheid' en je verantwoordelijkheid tegenover je partner (Filippenzen 2:3).
4) Is er iemand anders bij betrokken dan je partner of ben je naakt tegenover iemand anders dan je partner? Zo ja, dan is het niet geoorloofd (Hebreeën 13:4, Romeinen 14:13).
5) Als het volgens de bovenstaande principes geoorloofd kan zijn, vraag je dan af of jullie er (tegenover God) allebei vrede mee hebben.

God heeft alle wijsheid (Daniël 2:20). Hij belooft ons wijsheid te geven als we Hem erom vragen (Jakobus 1:5). Als je overweegt om iets seksueels te doen wat in de Bijbel niet verboden wordt en binnen deze richtlijnen valt, probeer het dan. Als jullie het allebei fijn vinden, zie het dan als iets wat voor jullie moreel aanvaardbaar is. Geniet van de extra dimensie die jullie genot en liefde voor elkaar verschaft. Als een van jullie zich er niet prettig bij voelt of erop afknapt, moet de initiatiefnemer niet proberen via manipulatie of druk zijn/haar zin te krijgen. Indien de activiteit aan de genoemde criteria voldoet en de terughoudende partner ertoe in staat is, zou hij/zij biddend kunnen overwegen om aan de wens van zijn/haar partner tegemoet te komen.

God heeft je in de seksuele relatie met je huwelijkspartner veel vrijheid gegeven. Denk aan wat Hij tegen de geliefden in Hooglied zegt: 'Eet, vriend en vriendin! Drink, en word dronken van liefde!' (Hooglied 5:1b).

Gezinsplanning en anticonceptie

Geboortebeperking bestaat al zo'n vierduizend jaar en gaat terug tot de oude Egyptenaren en Chinezen, hoewel niet alle gebruikte methoden veilig of effectief waren. In al die tijd heeft het volk van God met dit probleem geworsteld en Gods leiding voor hun leven gezocht. De kans is groot dat er in alle tijden christenen waren die via medische ingrepen, medicatie en andere middelen geboortebeperking hebben toegepast.[7]

Er zijn drie belangrijke dingen waar huwelijkspartners het over eens moeten worden.

1) *Staat de Bijbel geboortebeperking/gezinsplanning toe en is het verstandig?*
   Het eerste wat een echtpaar zich moet afvragen is: wat zegt de Bijbel erover? Binnen datgene wat het paar van de Bijbel weet, kunnen ook andere overwegingen een rol spelen, zoals gevoelsmatige verlangens en angsten, de financiële situatie, de gezondheid van het paar, wat er nodig is voor een bediening, en de mate waarin het paar in staat is extra kinderen te voeden en op te voeden. Stimuleer koppels om Gods leiding te zoeken, na te denken over hun redenen voor het gebruik van anticonceptie, de verschillende mogelijkheden te onderzoeken en biddend een gefundeerde beslissing te nemen.

2) *Indien het antwoord op vraag 1 ja is, gaan we dan anticonceptie/gezinsplanning toepassen?*
   Aangezien dit de persoonlijke beslissing van het paar is, kunnen alleen zij het beslissen, nadat ze God om wijsheid en leiding hebben gevraagd. Er bestaan zowel moreel juiste als onjuiste redenen voor het gebruik van anticonceptie of andere methoden van gezinsplanning. Het zou bijvoorbeeld tegen Gods wil ingaan als een stel nooit kinderen wil, alleen omdat ze dan meer kunnen reizen. Een ander echtpaar kan besluiten tijdelijk voorbehoedsmiddelen te gebruiken omdat de vrouw chemotherapie ondergaat en niet wil dat een eventueel kindje daardoor gevaar zou lopen. Sommige echtparen vinden de ene methode (bijvoorbeeld de anticonceptiepil) geschikt wanneer ze net getrouwd zijn, om later in het huwelijk liever een andere methode (bijvoorbeeld condooms) te gebruiken.

3) *Als het antwoord op vraag 2 ja is, welke methode gebruiken we dan?*

Dit terrein is voortdurend in ontwikkeling en van tijd tot tijd komen er nieuwe mogelijkheden beschikbaar. Op de website van Mayo Clinic[8] en soortgelijke websites – zoekterm 'birth control' – kun je (in de Engelse taal) de meest recente en betrouwbare medische informatie vinden over de beschikbare opties. Het echtpaar moet goed nadenken over de mate van effectiviteit en eventuele bijwerkingen, die voor alle voorbehoedsmiddelen verschillend is. Christelijke echtparen zouden geen methoden moeten gebruiken die abortief werken wanneer er een bevruchting heeft plaatsgevonden (zoals RU 486, sommige soorten spiraaltjes en anticonceptiepillen die alleen progesteron bevatten).

Tips voor het bespreken van eerdere seksuele ervaringen

Het is niet onredelijk om te vragen of een partner nog maagd is, maar het is ook goed om je af te vragen of het zin heeft om de precieze details te kennen – vooral van wat er gebeurd is voordat iemand christen werd. Zullen de precieze details een sterker gevoel van nabijheid en veiligheid teweegbrengen of juist tot afkeer en onzekerheid leiden? Soms zorgen ze alleen maar voor problemen als flashbacks, vergelijking of een levendige voorstelling.

Veel echtparen vinden dat het opbiechten van elk intiem detail weinig doet ter bevordering van de huwelijksband die ze proberen te creëren. Uiteindelijk moet elk paar zelf beslissen hoe het hiermee om wil gaan en zich afvragen of het henzelf en hun relatie ten goede komt.

Stimuleer stellen om:

1) geen geheimen te bewaren voor hun toekomstige huwelijkspartner. Als ze eerder seks hebben gehad, zouden ze daar eerlijk over moeten zijn. Liegen of het pas vertellen wanneer ze getrouwd zijn, leidt op den duur alleen maar tot grotere problemen op het gebied van vertrouwen.

2) zich te laten testen op seksueel overdraagbare aandoeningen (SOA's) die ze misschien met zich meedragen en bespreek te zijner tijd de uitkomsten met elkaar.

3) te praten over eerdere abortus(sen), verkrachting(en) of seksueel misbruik waar ze mee te maken hebben gehad. Indien hiervan sprake is, raden we sterk aan om professionele, christelijke hulp in te roepen.

Als mentor is het je doel om huwelijkspartners en aanstaande huwelijkspartners te helpen in Christus en in elkaar daadwerkelijk vrij te komen van hun seksuele verleden. Laat hen samen Psalm 51 lezen om seksuele zonden in het juiste perspectief te kunnen plaatsen. Stel vast of ze deze seksuele zonde in de eerste plaats als een zonde tegen God ervaren. Probeer te ontdekken of een van de partners de ander een seksuele zonde verwijt, terwijl hij of zij eventuele eigen seksuele zonden voor het gemak negeert.

Zelfs wanneer iemand nu een andere levensstijl heeft en Jezus van harte volgt, kan hij of zij nog door seksuele zonden uit het verleden achtervolgd worden. Het is belangrijk dat de mentor het stel helpt om te ontdekken in hoeverre deze zonden het individu nog belemmeren en hen samen door een proces van genezing in Christus te leiden. Uiteindelijk moet het paar zelf bepalen of er voldoende tijd is verstreken en eerdere ervaringen geen grip meer op hen hebben.

Tekenen van een ongezonde seksuele relatie

Vertel je mentees dat ze na hun trouwen op de volgende dingen alert moeten zijn:

1) Veel lichamelijke betrokkenheid, maar weinig andere, diepgaande emotionele of geestelijke interactie.
2) De ene partner die de ander onder druk zet om dingen te doen waar hij/zij zich niet prettig bij voelt.
3) Het (door een van beiden) achterhouden van seks als een wapen of pressiemiddel in de relatie.
4) Het gebruik (of eisen) van seks om andere relationele problemen te 'compenseren'.
5) Elk gebruik van pornografie.
6) Herhaaldelijke, mechanische, passieloze seks (vluggertjes).
7) Weinig interesse hebben (van een of beide partijen) om de ander seksueel genot te verschaffen.
8) Egoïsme van een of beide partijen.

9) Zogenaamde 'ruige' seks of alles wat opzettelijk lichamelijke pijn veroorzaakt.

De kwaliteit van de seksuele relatie fungeert soms als een emotionele barometer voor de relatie in zijn geheel. Een goede seksuele relatie is vaak het gevolg van een goede geestelijke en emotionele relatie.

Oefeningen voor het stel

1) Laat elk van de twee opschrijven waarom God (volgens hem/haar) seks heeft geschapen. Laat hen erover praten en hun gedachten en ideeën vergelijken met elkaar en met wat de Bijbel erover zegt.
2) Bespreek op welke manieren God geëerd wordt met seks en hoe Hij onteerd wordt met seks.

Denk hier eens over na ...

'Als jij zijn kleren niet wil wassen, kan hij ze naar de wasserij brengen. Als je niet meer wilt koken, kan hij kiezen uit een veelheid van goede restaurants. Misschien heb je zulke goede vrienden dat hij je vriend niet meer hoeft te zijn. Hij kan besluiten om meer tijd door te brengen met zijn collega's of tennismaatje. Als hij zijn problemen wil bespreken, kan hij een therapeut opzoeken.

MAAR, als de seksuele behoeften van je man niet thuis – door jou – bevredigd worden, en hij gaat ergens anders naar toe, dan noemt God dat zonde. Als hij op die manier zondigt, is hij verantwoordelijk. Maar besef ook dat een vrouw enorm veel kan doen om hem in staat te stellen de verleiding te weerstaan.

~ Barbara Rainey[9] ~

Aanknopingspunten voor een gesprek

1) In hoeverre voel je je op je gemak en sta je ervoor open om over elk van je seksuele verwachtingen te praten?

2) Wat zijn volgens jou de belangrijkste verschillen tussen mannen en vrouwen in de manier waarop ze met seks omgaan?

3) Hoe ver kun je gaan, denk je, in het uiten van je seksuele gevoelens zolang je nog niet getrouwd bent? En wanneer je wel getrouwd bent?

4) (Voor elk van de partners:) Als je denkt aan de seksuele verlangens of interesses van je partner, voel je je dan – op welke manier dan ook – ongemakkelijk of onder druk gezet?

5) Wat zijn je verwachtingen met betrekking tot seks tijdens de wittebroodsweken?

6) Hebben jullie gesproken over het wel of niet gebruiken van voorbehoedsmiddelen? Zijn jullie het met elkaar eens?

Bijbelteksten

1 Korintiërs 7:3-5, *'En een man moet zijn vrouw geven wat haar toekomt, evenals een vrouw haar man. Een vrouw heeft niet zelf de zeggenschap over haar lichaam, maar haar man; en ook een man heeft niet zelf de zeggenschap over zijn lichaam, maar zijn vrouw. Weiger elkaar de gemeenschap niet, of het moest zijn dat u er wederzijds mee instemt u enige tijd aan het gebed te wijden. Kom daarna echter weer samen; anders zal Satan uw gebrek aan zelfbeheersing gebruiken om u te verleiden.'*

Romeinen 8:1, *'Dus wie in Christus Jezus zijn, worden niet meer veroordeeld.'*

Psalm 103:12, *'Zo ver als het oosten is van het westen, zo ver heeft hij onze zonden van ons verwijderd.'*

Een opmerking over abortus: - *In de Bijbel wordt voor de nog ongeboren Johannes de Doper in Lucas 1:41 en 44 en voor de ongeboren Jezus in Lucas 2:12 hetzelfde woord gebruikt – brephos – als voor de kinderen die in Lucas 18:15 bij Jezus worden gebracht. Blijkbaar ziet God het ongeboren kind als een volwaardig mens.*

Aanbevolen (Engelstalige) bronnen

Dillow, Joseph C. *Solomon on Sex*. New York, NY: Thomas Nelson, 1977.

Gardner, Tim Alan. *Sacred Sex*. Colorado Springs, CO: WaterBrook Press, 2002.

Leman, Kevin. *Sheet Music: Uncovering the Secrets of Sexual Intimacy in Marriage*. Wheaton, IL: Tyndale House, 2003.

LaHaye, Tim F. en Beverly LaHaye. *The Act of Marriage: the Beauty of Sexual Love*. Grand Rapids: Zondervan Pub. House, 1976.

Penner, Clifford en Joyce Penner. *Getting Your Sex Life off to a Great Start: a Guide for Engaged and Newlywed Couples*. Dallas: Word Pub., 1994.

Hoofdstuk 13

Seksuele vervulling en intimiteit
(een hoofdstuk voor de man)

Inleiding

Deze module heeft twee doelen. In de eerste plaats willen we inzicht geven in de belangrijkste verschillen tussen man en vrouw, zoals God hen geschapen heeft. En in de tweede plaats willen we de man helpen invulling te geven aan zijn seksleven op een manier waarmee God geëerd wordt, zijn vrouw bevrediging ervaart en de lichamelijke intimiteit zoals die voor hun huwelijk bedoeld is toeneemt.

Veel voorkomende problemen waarmee een man geconfronteerd kan worden:

1) Dat zijn vrouw minder zin in seks heeft dan hij.
2) Dat zij meer naar een emotionele band verlangt, terwijl zijn verlangen meer visueel en lichamelijk van aard is.
3) De gedachte dat seks meer met prestatie of techniek te maken heeft dan met het streven naar een geestelijke en emotionele band.
4) De emotionele en/of lichamelijke gevolgen van zijn of haar vroegere seksuele relaties.
5) Het gebruik van pornografie door een of beide partners.
6) Onbekendheid met de Bijbelse kijk op seks en hoe die verschilt van de Hollywoodmythe.

Bereid je eigen verhaal voor en maak er gebruik van

Vertel iets over jullie eerste ontdekkingen op seksueel gebied, jullie zoektocht naar wat Gods bedoeling met seks is, en wat jullie graag hadden geweten over seksuele intimiteit toen jullie trouwden.

Tips voor het bespreken van seksuele verwachtingen

Het volgende materiaal is bedoeld voor de mannelijke mentee die geen eerdere seksuele relaties of geen gezonde, bevredigende seksuele relaties heeft gehad. Het is bedoeld om in een één-op-één mentorsessie met de mannelijke mentee te bespreken. Voel je vrij om – afhankelijk van gestelde vragen of de specifieke behoeften van de mentee – dieper op deze onderwerpen in te gaan.

Jezelf kennen

1) *Zet jezelf of je vrouw op seksueel gebied niet onnodig onder druk.*

   - Er bestaat geen vaste norm of Hollywoodideaal waaraan je moet voldoen. Dit is iets wat ieder echtpaar zelf bepaalt.
   - De eerste nacht samen is iets wat je je altijd zult herinneren. Het hoeft niet 'de beste' seks te zijn, zorg in de eerste plaats dat je geniet van dit nieuwe aspect van jullie relatie.
   - Een bevredigend seksleven is iets wat je samen ontwikkelt door oefening, communicatie, tederheid, aanpassen, experimenteren, variatie en prioriteiten stellen.

2) *Hoewel de meeste mannen geen moeite hebben met seksueel presteren, zullen sommigen op dat gebied toch problemen ervaren.* De meeste van die problemen zijn te behandelen of te beheersen. Schaam je niet om medische hulp te zoeken als je eigen pogingen geen effect hebben. Mogelijke problemen zijn:

   - voortijdige ejaculatie
   - impotentie

3) *Doe het heel rustig aan, vooral tijdens de eerste nacht – langzamer dan je denkt.*

   - Neem de tijd, zodat jullie je allebei kunnen ontspannen, samen kunnen bidden en God kunnen danken voor elkaar en het geschenk van seks dat Hij jullie nu gegeven heeft.

- Begin met niet-seksuele aanrakingen, zoals kussen, tegen elkaar aan kruipen en masseren.
- Verken elkaars lichaam en begin met het ontdekken wat jullie fijn vinden, het liefst willen en liever niet willen. Je zult ontdekken dat er behalve de bekende erogene zones ook nog andere zijn!
- Met voorspel bereid je je lichaam voor op seks (erectie voor jou, vochtig worden voor haar). Het bereidt je ook emotioneel voor (verhoogt het genot) en bepaalt hoe intens je orgasme zal zijn.
- Gebruik zo nodig een glijmiddel om irritatie te beperken. Dit kan nodig zijn omdat de vagina zich oprekt tijdens de eerste dagen van geslachtsgemeenschap.
- Neem je voor om gedurende je hele huwelijk te leren hoe je je vrouw kunt behagen en genot kunt verschaffen.

4) *Bewaak je gedachten en ogen zodat je zuiver blijft voor God en de heiligheid van je seksleven beschermt.*

- Vermijd het gebruik van platte of grove taal met betrekking tot seks.
- Begeer geen andere vrouwen en fantaseer er niet over.
- Laat je niet strikken door pornografie en leg verantwoording af bij een andere man. Zie de handreikingen in hoofdstuk 15 en 16, want in je eentje is dit moeilijk te overwinnen.
- Heb uitsluitend oog voor je eigen vrouw. Wanneer je getrouwd bent, is je vrouw voor altijd de norm van schoonheid.

Haar kennen

1) *Elke vrouw is anders.* Jouw opdracht van God is om 'verstandig met haar om te gaan' (1 Petrus 3:7). Dit geldt in het huwelijk vooral op seksueel gebied.

- Dit 'omgaan met haar' wordt in het Oude Testament consequent vertaald als 'geslachtsgemeenschap met haar hebben.' God wil dat een man door de manier waarop hij gemeenschap heeft met zijn vrouw laat zien dat hij begrijpt hoe ze ontworpen en geschapen is.

2) *Wees gericht op de 'totale behoeften' van je vrouw.*

- Geestelijke en emotionele intimiteit gaan voor de ultieme lichamelijke intimiteit.
- Zorg altijd voor een omgeving van volledige aanvaarding, zekerheid, privacy en veiligheid.
- Blijf voortdurend ontdekken welke behoeften en verlangens je vrouw heeft.

3) *Voor jou is het waarschijnlijk gemakkelijk om seksueel bevredigd te worden, maar haar seksueel bevredigen (met inbegrip van een orgasme) is een leerproces.*

- Voor een man biedt geslachtsgemeenschap doorgaans genoeg lichamelijke stimulatie om een orgasme te bereiken, maar voor zijn vrouw geldt dit waarschijnlijk niet. Zij heeft misschien extra stimulatie nodig.
- Over het algemeen zal je vrouw het fijn vinden als je voor of na de gemeenschap met je vingers haar vaginale zone streelt. Het gaat dan vooral om tedere stimulatie van haar clitoris en schaamlippen.

4) *Een orgasme bereiken.*

- Hoewel een orgasme voor jou noodzakelijk is om seksueel bevredigd te worden, hoeft dat voor haar niet altijd het geval te zijn (dat kan ze zelf bepalen). Laat het aan haar over hoe ze op dit gebied haar behoeften bevredigd wil zien.
- Voor haar zal de ervaring des te intenser zijn wanneer je een romantische sfeer creëert en haar op een prikkelende manier vertelt dat je van haar houdt.
- In de loop van de tijd kun je als echtpaar wat variatie (qua plaats en houding) in het liefdesspel brengen.

Ook Kegeloefeningen (training van de bekkenbodemspier) kan voor jullie allebei het seksuele genot verhogen.

- Het orgasme van de man en dat van de vrouw kent overeenkomsten (hartslag, ademhaling, samentrekkingen) en verschillen (moment, frequentie, duur). Terwijl jij sneller en met minder moeite een hoogtepunt bereikt, komt haar orgasme langzamer op gang, maar duurt het ook langer. God heeft het zo ontworpen zodat jij je liefde kunt tonen met je geduld en de aandacht die je geeft om haar te bevredigen.

5) *Haar gevoelens zijn kwetsbaar.* Ze heeft jouw tedere liefde, steun en bemoediging nodig. Voor jou is het opwindend om haar daarvan te voorzien, want het maakt dat ze zich voor je openstelt. Heb nooit kritiek op haar uiterlijk, inzet, omvang of techniek. Dat kan je huwelijk voor het leven beschadigen.

6) *Pas op dat je nooit zo veel op seks bent gericht dat je vrouw het gevoel krijgt dat ze alleen een seksobject voor je is.*

- Als je de uitingen van genegenheid en aanrakingen van je vrouw of zelfs haar naakte aanwezigheid altijd opvat als een uitnodiging om seks te hebben, zal ze die situaties gaan vermijden omdat ze zich minder geliefd en meer gebruikt zal voelen. Dat maakt het voor jullie allebei alleen maar frustrerender.
- Besef dat haar seksuele verlangen meer cyclisch is dan dat van jou, dus geniet van deze 'kleine snoepjes' zonder meer van haar te verlangen.

7) *Je vrouw zal meer gemotiveerd zijn om aan je behoeften tegemoet te komen wanneer je laat merken dat je haar onvoorwaardelijk liefhebt (Efeziërs 5:33).*

Elkaar kennen

1) *Geniet van het 'muziek leren maken!'* Wees reëel over de tijd en het geduld die nodig zijn om elkaars lichaam en de

complexe taal van de seksuele liefde te leren kennen (net als het leren bespelen van een muziekinstrument). Het beheersen van deze vaardigheden vraagt om zorgvuldige aandacht, vriendelijke, open en eerlijke communicatie, creativiteit en speelse verkenning.

2) *Laat je niet gek maken door de mythes van de entertainmentwereld.* De eerste keer is gedenkwaardig, maar de beste keren komen in de loop van een mensenleven voorbij. Je hoeft jezelf niet onnodig onder druk te zetten. Ontspan je, blijf praten en blijf leren.

3) *Er bestaat geen 'goed of fout' in de manier waarop jij en je vrouw jullie seksuele relatie vormgeven.*

4) *God heeft verschillen aangebracht in de manier waarop mannen en vrouwen wat seks betreft op elkaar reageren.* Zo zorgt de aandrang van de man voor nageslacht en zorgen de behoeften van de vrouw voor een diepere emotionele band tussen de geliefden.

5) *Erken dat je behoefte hebt aan een geestelijke band, een emotionele band en niet-seksuele aanraking.* Deze dingen dragen allemaal bij aan de seksuele voldoening van een echtpaar.

6) *Als jullie getrouwd zijn, bespreek dan regelmatig de volgende vragen met elkaar:*

   - 'Hoe kan ik je het best laten weten dat ik geïnteresseerd ben in je seksuele behoeften?'
   - 'Hoe vaak zou je geslachtsgemeenschap willen hebben?'
   - 'Wat vind je het meest opwindend aan onze seksuele relatie?'
   - 'Wat zou je willen dat ik vaker deed? Minder vaak deed? Niet meer deed?'
   - 'Als ik geen zin heb in seks terwijl jij het wel hebt, hoe kan ik het je dan vertellen zonder dat je je afgewezen voelt?'

> *'Er zal in bed niets goeds gebeuren tussen een man en een vrouw als er niets goeds tussen hen is gebeurd voordat ze in bed stapten. Je kunt een slechte emotionele relatie nooit verbeteren door een goede seksuele techniek.'*
>
> ~ Masters en Johnson[1] ~

Oefeningen voor de man

Bespreek de volgende vragen:

1) In welke omstandigheden hoorde je voor het eerst over seks? Wie vertelde je over seks? Hoe werd ermee omgegaan?
2) Welke invloed had dat eerste besef van seks op je beeld van seks? Begreep je dat seks iets bijzonders, iets heiligs en een geschenk van God was?
3) Wat doe je om seksueel rein te blijven? Op welke terreinen heb je met seksuele verleiding te maken? Is er iemand die je bemoedigt en bij wie je op dit gebied verantwoording aflegt?
4) In hoeverre heb je te maken gehad met pornografie?
5) Ben je ooit seksueel aangerand of misbruikt?

Aanknopingspunten voor een gesprek

1) In hoeverre voel je je op je gemak om met je partner over seks te praten? Zo niet, waarom niet?
2) Als je slechts op één vraag met betrekking tot seks een antwoord kon krijgen, welke zou dat dan zijn?

Bijbelteksten

Zie hoofdstuk 12, Seksuele vervulling en intimiteit in het huwelijk

Hoofdstuk 14

Seksuele vervulling en intimiteit
(een hoofdstuk voor de vrouw)

door Glynis Murphy

Inleiding

Deze module heeft twee doelen. In de eerste plaats willen we inzicht geven in de belangrijkste verschillen tussen man en vrouw, zoals God hen geschapen heeft. En in de tweede plaats willen we de vrouw helpen invulling te geven aan haar seksleven op een manier waarmee God geëerd wordt, haar man bevrediging ervaart en de lichamelijke intimiteit zoals die voor hun huwelijk bedoeld is toeneemt.

Veel voorkomende problemen waarmee een vrouw geconfronteerd kan worden:

1) Dat ze minder zin in seks heeft dan haar man.
2) Dat hij meer op het lichamelijke en visuele gericht is en zij meer naar een emotionele band verlangt.
3) Dat ze niet inziet of begrijpt dat haar man behoefte heeft aan seksuele ontlading.
4) Zijn of haar seksuele relaties uit het verleden.
5) Het gebruik van pornografie door een of beide partners.
6) Seksueel misbruik of verkrachting in het verleden.
7) Seks als 'vies' beschouwen, omdat ze zo opgevoed is.
8) Onbekendheid met de Bijbelse visie op seks.
9) Het gevoel hebben dat ze niet kan voldoen aan de 'Hollywoodnorm.'
10) Verminderd seksueel verlangen vanwege lichamelijke vermoeidheid en dingen die haar afleiden.

Bereid je eigen verhaal voor en maak er gebruik van

Vertel iets over jullie eerste ontdekkingen op seksueel gebied, jullie zoektocht naar wat Gods bedoeling met seks is, en wat jullie graag hadden geweten over seksuele intimiteit toen jullie trouwden.

Tips voor het bespreken van seksuele verwachtingen

Het volgende materiaal is bedoeld voor de vrouwelijke mentee die geen eerdere seksuele relaties of geen gezonde, bevredigende seksuele relaties heeft gehad. Het is bedoeld om in een één-op-één mentorsessie met de vrouwelijke mentee te bespreken. Voel je vrij om – afhankelijk van gestelde vragen of de specifieke behoeften van de mentee – dieper op deze onderwerpen in te gaan.

Jezelf kennen

1) *Geef jezelf toestemming om sensueel te zijn.* God heeft je geschapen om zo te zijn en ervan te genieten om zo bij je man te zijn. *'Alles wat God geschapen heeft is goed. Niets hoeft te worden verworpen als het onder dank wordt aangenomen'* (1 Timoteüs 4:4). Wanneer God ziet hoe een getrouwd echtpaar seksueel van elkaar geniet, zegent Hij hen en zegt: *'Eet, vriend en vriendin! Drink, en word dronken van liefde!'* (Hooglied 5:1).

2) *Het kost tijd om te ontdekken waar je op seksueel gebied van geniet en het varieert in de loop van je maandelijkse cyclus.* Blijf ontdekken en probeer jezelf niet te veel onder druk te zetten.

3) *Leer de Bijbelse aanwijzingen uit 1 Korintiërs 7 en Hooglied.* God heeft seks geschapen om van te genieten en Hij heeft het bedoeld als een creatieve uiting van passie en liefde in het huwelijk. Leer jezelf te laten gaan!

4) *Het beeld dat een vrouw van haar eigen lichaam heeft, kan haar seksuele genot in de weg staan.* Dit is iets wat jou waarschijnlijk meer bezighoudt dan je man, dus stel ofwel je 'ideale plaatje' bij, of zet een aantal redelijke stappen om dichter bij je ideaal te komen. Lees Hooglied 7:1-10. Zij lieten zich in hun liefdesspel niet storen door haar *'buik als een bergje tarwe'* (vers 3)! Je hoeft je niet te laten knechten

door de gefotoshopte 'schoonheid' uit de filmindustrie. Met behulp van plastische chirurgie en software heeft Hollywood beelden gecreëerd waarmee geen echte vrouw zich kan meten en die zo nep zijn als kunstfruit.

5) *Een man zal zijn vrouw mooier vinden als zij zichzelf mooi voelt.* Vergeet niet dat hij jou uitkoos om zijn vrouw te zijn, niet iemand anders.

6) *Als je je geremd voelt, probeer dan met kleine stapjes die geremdheid achter je te laten en seksueel vrij te worden.* Het boek van Lida Dillow, dat wordt genoemd in de aanbevolen bronnen, kan je hierbij helpen.

7) *De meest voorkomende seksuele problemen bij vrouwen zijn: moeilijk een orgasme bereiken en weinig zin in seks hebben.* De meeste vrouwen hebben meer stimulatie van de clitoris nodig dan wat alleen door gemeenschap wordt opgewekt. Jullie zullen samen moeten ontdekken hoe je het best gestimuleerd kunt worden. Als je weinig zin in seks hebt, bespreek dit dan samen met jullie dokter. Veel voorkomende oorzaken zijn: het gebruik van antidepressiva, een te drukke agenda, te veel afleiding, enzovoort. Probeer tijd vrij te maken voor jullie samen, zelfs als het betekent dat je het op de agenda moet zetten.

8) *Maak gebruik van 'verwachting' om verlangens op te wekken.* Vertel je partner al vroeg op de dag iets wat romantische verwachtingen voor seks oproept. Wanneer je die gedachten gedurende de dag laat groeien, kan dit een positieve invloed hebben op jullie liefdesspel 's avonds. Herinner jezelf eraan dat seks een geschenk is dat God heeft gegeven om van te genieten. Bedenk hoe je de avond romantisch en sensueel zou kunnen maken.

9) *Leid de hand van je man naar de plek waar je gestimuleerd wil worden.* Als je een orgasme wilt bereiken, vraag hem dan om je zo met zijn vingers te stimuleren dat het je genot brengt. Neem de tijd. Over het algemeen geniet een man ervan om te zien hoe zijn vrouw steeds meer opgewonden raakt en uiteindelijk een orgasme krijgt. Zie dit niet als iets

wat voor jou of hem lastig is. De extra tijd die nodig is om opgewonden te raken is onderdeel van Gods plan om te voorkomen dat seks te gehaast of mechanisch wordt. Het kan ook de intensiteit van zijn orgasme vergroten.

10) *Veel vrouwen moeten een hoge mate van opwinding bereiken voor ze een orgasme krijgen.* Alleen gemeenschap is meestal niet voldoende. In dit geval zal de vrouw haar man moeten leiden om voor meer uitwendige stimulatie te zorgen. Laat je man zien wat je nodig hebt en de kans is groot dat hij heel graag je wensen vervult en je helpt een hoogtepunt te bereiken – niet alleen omdat hij van je houdt en wil dat je er net zo van geniet als hij, maar ook omdat jouw orgasme het zijne intenser maakt.

11) *Leer van de vrouw uit Hooglied.* Ze had sensuele gedachten (5:10-16), ze was ongeremd (2:6), expressief (2:3), avontuurlijk bij haar man (7:11-13) en ontvankelijk (4:16). Ze had geleerd om te genieten van alles wat God op romantisch en seksueel gebied voor haar geschapen had.

12) *Hou jezelf niet voor de gek door net te doen of je een orgasme krijgt.* Als je dat doet, kom je in een neerwaartse spiraal terecht: je verwacht steeds minder. Voor jou kan het soms ook zonder orgasme bevredigend zijn, dus vertel hem dat. Zoek – afhankelijk van waar je bent in je menstruatiecyclus – de balans tussen 'seks die goed genoeg is' en 'memorabele seks'.

13) *Wacht niet altijd tot je 'in de stemming bent,' voordat je instemt om seks te hebben.* Het is een keuze om je man de lichamelijke ontlading te bieden die hij nodig heeft. Als je dat doet, zou je wel eens verbaasd kunnen zijn over het plezier dat je eraan beleeft.

14) *Fantaseer alleen over je partner* (Matteüs 5:27).

15) *Laat alle verkeerde informatie over seks die je misschien gehoord hebt achter je, zoals:*

- Seks is vooral iets voor je man en niet zozeer voor jou.

- Je kunt alleen fantastische seks hebben als je een fantastisch lichaam hebt.

- Slechts enkele gelukkige mensen hebben een geweldig seksleven.

- Geweldige seks is iets wat vanzelf komt. Als je er iets voor moet doen, is er iets mis met je.

- Mannen zijn beesten, die zich op seksueel gebied zouden moeten beheersen.

16) *De waarheid is, dat God seks heeft geschapen om samen met je partner van te genieten. Hij heeft het bedoeld om je gedachten, je lichaam en je huwelijk te verblijden.*

'Het is net zo belangrijk om vervuld te zijn van de Geest wanneer je met je man in bed ligt en hem dient, als om vervuld te zijn van de Geest wanneer je Bijbelonderwijs geeft of in de bediening staat.'

~ Vonette Bright[1] ~

Hem kennen

1) *Waar een vrouw haar vrouw-zijn op een aantal manieren kan uitdrukken (seks, een kind ter wereld brengen, een kind de borst geven), komt de mannelijkheid van je echtgenoot vooral tot uiting door geslachtsgemeenschap.* Zijn seksuele relatie met jou is een onlosmakelijk onderdeel van wie hij is.

2) *Voor je man is seks een bron van verbinding, genot, liefde en hartstocht.* Het geeft hem het gevoel dat hij echt leeft.

3) *Wanneer de seksuele behoeften van je man niet vervuld worden, kan hij zwichten voor verleidingen.* Een van die behoeften is dat hij zich door jou gewenst of begeerd wil voelen. Daarom zijn alle waarschuwingen over seksuele verleiding in Spreuken tot de man gericht.

4) *Je man wordt meer gestimuleerd door wat hij ziet dan jij.* Zo heeft God hem geschapen, dus als je jezelf in de loop van de dag visueel aantrekkelijk voor hem maakt en houdt, ben je een eind op weg om hem te plezieren en help je hem de verleiding te weerstaan naar andere vrouwen te kijken.

5) *Hij wordt vooral gestimuleerd door wat hij ziet en ruikt.*

6) *Wanneer je man een lichamelijke band met je heeft, zal hij zich emotioneel eerder voor je openstellen.* Over het algemeen zul jij het liefst eerst een emotionele band krijgen en dan pas seksueel voor hem openstaan. God heeft ons verschillend geschapen zodat we elkaar kunnen aanvullen en dienen.

7) *Hoewel het belangrijk is om je man op alle terreinen van zijn leven te bevestigen (bijvoorbeeld als kostwinner, geliefde, vriend en vader) bestaat er waarschijnlijk niets wat hem zo'n goed gevoel over zichzelf geeft dan wanneer je het initiatief neemt om seks met hem te hebben.*

8) *Hoewel hij van buiten een stoere vent kan zijn, heeft hij een kwetsbaar ego.* Hij heeft het nodig dat je aan zijn kant staat – hem toejuicht, bevestigt en met respect behandelt. Dat is een sexy taak voor je. Heb nooit kritiek op zijn uiterlijk, inzet, omvang of techniek. Dat kan je huwelijk voor het leven beschadigen.

9) *Je man zal gemotiveerd zijn om je meer lief te hebben wanneer je hem onvoorwaardelijk respecteert (Efeziërs 5:33).*

10) *De geslachtsdrift van je man is een van zijn sterkste driften, vooral wanneer er niet aan tegemoet gekomen wordt.*

11) *Maak een bewuste keuze om God te danken voor hoe Hij je man ontworpen heeft en voor de rol die hij jou heeft toebedeeld om hem aan te vullen.* Anders zul je verzanden in allerlei vragen en twijfels over God.

> *'Je man zal nooit de man zijn die God voor ogen had toen Hij hem schiep als jij zijn mannelijkheid niet bevestigt en zijn behoefte aan seksuele intimiteit niet begrijpt en vervult. Jij bent Gods belangrijkste instrument van liefde en bevestiging om hem tot een man Gods te maken. Jij hebt de macht om hem te maken of te breken, want mannen worden niet geboren, ze worden gemaakt.'*
> ~ Barbara Rainey [2] ~

Elkaar kennen

1) *Jullie zullen allebei van seks kunnen genieten wanneer jullie er allebei verantwoordelijkheid voor nemen.* Dat betekent: ontdekken hoe je lichaam op stimulatie reageert en dat op een liefdevolle manier aan je partner vertellen. Erken je behoefte aan een geestelijke band, een emotionele band en niet-seksuele, lichamelijke aanraking, zodat je klaar bent om je lichaam in seksuele zin aan je man te geven.

2) *Wees bereid om op een liefdevolle manier voorstellen te doen en aan te nemen.* Verwerping van een bepaalde vorm van liefdesspel moet worden gezien als een afwijzing van die handeling, niet van je partner.

3) *Het kan even duren voor je weet wat je fijn vindt, en nog langer voordat je dit aan je partner kunt overbrengen, en zelfs nog langer voor hij het begrijpt en er op een goede manier op reageert.* Heb geduld met jezelf en je man.

4) *Als je liefdesleven onbevredigend is, kijk dan of er in je huwelijk sprake is van onderliggende of onopgeloste problemen (boosheid, conflict, stress, vermoeidheid, medicijngebruik, ziekte, etc.).*

5) *Als jullie getrouwd zijn, bespreek dan regelmatig de volgende vragen met elkaar:*

   - 'Hoe kan ik je het best laten weten dat ik geïnteresseerd ben in je seksuele behoeften?'

- 'Hoe vaak zou je geslachtsgemeenschap willen hebben?'

- 'Wat vind je het meest opwindend aan onze seksuele relatie?'

- 'Wat zou je willen dat ik vaker deed? Minder vaak deed? Niet meer deed?'

- 'Als ik geen zin heb in seks terwijl jij het wel hebt, hoe kan ik het je dan vertellen zonder dat je je afgewezen voelt?'

6) *Jullie kunnen allebei meer van seks genieten als jullie de slaapkamer met afbeeldingen, kaarsen, enz. tot een bijzondere plek maken. Als er kinderen komen, zorg dan dat de deur op slot kan en leer hen jullie privacy te eerbiedigen.*

Oefeningen voor de vrouw

Bespreek de volgende vragen:

1) In welke omstandigheden hoorde je voor het eerst over seks? Wie vertelde je over seks? Hoe werd ermee omgegaan?

2) Welke invloed had dat eerste besef van seks op je beeld van seks? Begreep je dat seks iets bijzonders, iets heiligs en een geschenk van God was?

3) Wat doe je om seksueel rein te blijven? Op welke terreinen heb je met seksuele verleiding te maken?

4) In hoeverre heb je te maken gehad met pornografie?

5) Ben je ooit seksueel aangerand, misbruikt of verkracht? Heb je ooit abortus gepleegd? Indien ja, welke nazorg heb je toen gehad?

Aanknopingspunten voor een gesprek

1) In hoeverre voel je je op je gemak om met je partner over seks te praten? Zo niet, waarom niet?

2) Als je slechts op één vraag met betrekking tot seks een antwoord kon krijgen, welke zou dat dan zijn?

Bijbelteksten

Zie hoofdstuk 12, Seksuele vervulling en intimiteit in het huwelijk.

Aanbevolen (Engelstalige) bronnen

Dillow, Linda en Lorraine Pintus. *Intimate Issues: 21 Questions Christian Women Ask about Sex.* Colorado Springs, CO: WaterBrook, 2009.

Hoofdstuk 15

De gevaren van pornografie

Inleiding

De eerste keer dat iemand aan pornografie wordt blootgesteld is hij/zij gemiddeld acht jaar oud. Het kan zijn dat je mentee al jong door pornografie of seksueel misbruik is beïnvloed en dat dit in loop van zijn of haar leven tot een reeks aan ervaringen met pornografie heeft geleid. Dit ontwikkelt zich tot een groeiend probleem, zowel voor de mentee als voor degene die hij/zij liefheeft.

Wat is pornografie? Waarom is het zo verslavend?

Het Amerikaanse hooggerechtshof heeft zich het hoofd gebroken over een juridische definitie van pornografie (Jacobellis vs. Ohio, 1964). Maar als iemand deze valkuil in zijn leven wil overwinnen, heeft hij een praktische, werkbare definitie van pornografie nodig.

> *Pornografie is elke vorm van vermaak waarin naaktbeelden worden gebruikt om bij een toeschouwer of deelnemer seksuele gedachten of gevoelens op te wekken.*[1]

Volgens deze definitie kan zelfs een 'normaal' televisieprogramma, tijdschrift of reclameboodschap pornografie bevatten. Als deze beelden seksuele gevoelens opwekken – en dat is doorgaans de bedoeling ervan – zou je ze moeten vermijden.

Bij pornografie bestaat er niet zoiets als 'alleen maar kijken.' Het kijken is juist het probleem. Je kunt gemakkelijk verslingerd raken aan die plezierige gevoelens, vooral als ze lijken te helpen tegen stress of onrust. Blootstelling aan pornografie kan een verslavende cyclus op gang brengen die even sterk is als een drugsverslaving.

Pornografie bestaat al zolang we geschiedenis schrijven, dus waar maken we ons zo druk om?

> *'Hoewel pornografie al duizenden jaren bestaat, is het nog nooit zo ruim voorhanden geweest of gebruikt als in de laatste jaren... Er zijn bewijzen dat er meer mensen – kinderen, jongeren en volwassenen – sporadisch, onbedoeld of voortdurend van pornografie gebruik maken dan ooit tevoren.* '[2]

Pornografie probeert degenen die zich ermee inlaten te vernietigen en is nu zo machtig en wijd verbreid dat het de natuurlijke liefdesrelaties van hele generaties kan vernietigen. Mentors moeten zich bewust zijn van het enorme gevecht waarin ze op dit gebied verwikkeld zijn, want pornografie dringt op een agressieve manier door tot alle gelederen van onze samenleving.

Voor het eerst in de menselijke geschiedenis heeft het fantasiebeeld van een naakte vrouw de macht en aantrekkingskracht om het beeld van een echte naakte vrouw te verdringen. Het gevolg is, dat voor sommige mannen die veel porno kijken een echte naakte vrouw wordt gezien als 'slechte porno' in vergelijking tot de beelden die hij bekijkt.

Dit snel groeiende probleem kan worden aangetoond met cijfers van de enorme groei en ingrijpende aard van pornografie.

1) In Hollywood worden elk jaar ongeveer vierhonderd nieuwe films geproduceerd. In 2005 werden in Amerika 13.585 nieuwe hardcore pornofilms uitgebracht. In 1988 waren dat er nog 1.300.[3]

2) Circa een kwart van de zoekopdrachten op internet heeft met pornografie te maken en daarvan hebben er elke dag ongeveer 116.000 betrekking op kinderporno.

3) De wereldwijde inkomsten uit pornografie worden geschat op honderd miljard dollar, waarvan 13,3 miljard in de Verenigde Staten is gegenereerd.[4]

4) Men schat dat de productie en verkoop van harde porno momenteel de op zes na grootste industrie van Amerika is.

5) Zesenzestig procent van de internet gebruikende mannen tussen de 18 en 34 jaar kijkt minstens een keer per maand online naar porno.

6) Tachtig procent van de pornografiegebruikers vond dat ze zo veel tijd aan pornografische sites besteedden dat ze hun baan of relatie daarmee op het spel zetten.[5]

7) Eenenvijftig procent van de dominees en voorgangers geeft toe dat het kijken naar pornografie op het internet hun grootste verleiding is. Voor 37 procent van de Amerikaanse kerkleiders is het gebruik van porno daadwerkelijk een probleem.[6]

8) Vijfentwintig procent van de werknemers in de Verenigde Staten kijkt op het werk naar porno, ondanks de risico's die dit met zich meebrengt.[7]

9) Op dit moment is ongeveer dertig procent van de internet-pornografieconsumenten van het vrouwelijk geslacht.[8]

Opmerking: In de verdere tekst wordt vooral in de hij-vorm gesproken, hoewel niet alleen mannen zich met pornografie bezighouden.

Een van de problemen met pornografie is voyeurisme. Door porno leren mannen om vrouwen als objecten te zien en worden vaardigheden die nodig zijn om duurzame relaties met echte vrouwen aan te knopen verdrongen. Omdat bij pornografie alleen naar een vrouw wordt gekeken en niet met haar wordt omgegaan, wordt het lichamelijke aspect benadrukt en worden andere aspecten van de vrouw genegeerd of minder belangrijk gevonden. Een vrouw wordt letterlijk gereduceerd tot haar lichaamsdelen en haar seksuele gedrag.

De meeste gebruikers beseffen niet in welke mate hun denken door pornografie wordt veranderd, totdat het een diepgewortelde grip op hun leven heeft. Wanneer de schadelijke beelden eenmaal op de harde schijf van je hersenen zijn gedownload, kunnen ze telkens weer worden afgespeeld.

'Zij die beweren dat pornografie onschuldig vermaak, goedaardige seksuele expressie of een hulpmiddel voor het huwelijk is, hebben blijkbaar nog nooit in het kantoor van een therapeut gezeten met personen, echtparen of gezinnen die door de verwoestende effecten van dit materiaal volkomen de weg kwijt zijn.'

~ Dr. Jill Manning, LMFT[9] ~

Pornografische seks is commercieel, mist echte emotie, is ontdaan van echte menselijkheid en eindigt in een eenzame, onbevredigende ervaring.

'Steeds meer cliënten zeggen dat porno voor hen "de grote bederver" van hun seksleven is omdat het ongezonde interesses opwekt en hun natuurlijke responsiviteit vermindert. Een man vertelde me dat hij bij een echte partner geen erectie meer kon krijgen. "Ik wil weer terug naar hoe het was voordat ik aan porno begon ... Hoe kan ik mijn oude seksualiteit terugkrijgen?" vroeg hij.'[10]

Bij echtparen die met pornografie worstelen en die wij begeleid hebben, zien we minder intimiteit en vertrouwen, en juist meer onrust, dubbelhartigheid, isolement en onzekerheid.

Pornografie is vaak verslavend en progressief van aard

In 2004 stond dr. Judith Reisman voor een Amerikaanse senaatscommissie die de hersenwerking achter pornografie onderzocht en beschreef ze de verslavende aspecten van onverhulde seksuele beelden. Ze zei: 'We weten nu dat emotieversterkende beelden op de hersenen een indruk achterlaten en de hersenen veranderen doordat ze onmiddellijk een onvrijwillig, maar blijvend, biochemisch geheugenspoor aanleggen. Zodra (deze) neurochemische paden zijn aangelegd, zijn ze moeilijk of onmogelijk te verwijderen. Erotische beelden roepen ook vaak gevoelens van angst, schaamte, boosheid en vijandigheid op. Deze door media opgewekte, erotische fantasieën raken diep verankerd, wat op degenen die eraan blootgesteld worden meestal een verruwend, verwarrend, motiverend en verslavend effect heeft.'[11]

Tijdens diezelfde hoorzitting noemde dr. Jeffrey Satinover, van de universiteit van Princeton, de verslaving aan pornografie chemisch gezien vrijwel identiek aan een heroïneverslaving'. Hij zei: 'De pornoverslaafde vergeet al snel alles en iedereen om een steeds moeilijker te bereiken seksuele kick te ervaren ... Hij zet zijn carrière, zijn vriendschappen en zijn gezin op het spel ... en zal – ongeacht de risico's en kosten voor zichzelf en anderen – liegen om zijn verslaving te verbergen.'[12]

Dr. Victor Cline, een klinisch psycholoog aan de universiteit van Utah, onderscheidt vier opeenvolgende fases die de verslavende werking van pornografie aantonen.[13]

Fase 1:

Nadat iemand verschillende keren naar porno heeft gekeken, komt hij deze eerste fase binnen. Porno kijken gaat doorgaans gepaard met zelfbevrediging, waardoor er testosteron en een krachtige mix van neurotransmitters vrijkomt – dit wordt ook wel een 'erototoxine' van dopamine, oxytocine en serotonine genoemd. Dit stroomt door de hersenen en zorgt voor een 'high' gevoel zoals ook door heroïne en andere drugs wordt opgewekt.

'Porno geeft hem het gevoel alsof hij omgaat met een gewillige minnares die een opwindend, erotisch alternatief biedt voor de seksuele realiteit en moeilijkheden die hij bij een echte partner ervaart. Ze is altijd beschikbaar en komt zonder klagen en zonder iets terug te verlangen aan al zijn wensen tegemoet. Ze wijst zijn verzoeken nooit af (tenzij zijn geld op is) en is bereid om aan elke vorm van gedrag mee te doen. De seksverslaafde, die misschien best van zijn vrouw houdt en bevredigende seks met haar heeft, kan deze porno met zelfbevrediging ervaren als "de beste seks die hij ooit gehad heeft."'[14]

Fase 2:

Hoe meer de persoon verslaafd raakt, hoe minder hij zich bevredigd voelt door materiaal waar hij in het begin 'high' van werd (wat in de economie de wet van de afnemende meeropbrengst wordt genoemd.). Hij bekijkt steeds meer pornografisch materiaal, kijkt langer en kiest steeds hardere, ruwere en meer onterende beelden uit om dezelfde mate van stimulering te ervaren. Deze fase gaat vaak gepaard met dwangmatige zelfbevrediging.

Fase 3:

Dit is de 'ongevoelig makende' verslavingsfase, waarin materiaal dat door de gebruiker aanvankelijk als shockerend, taboebrekend, illegaal, weerzinwekkend of immoreel werd gezien, nu als acceptabel wordt beschouwd.

Fase 4:

In de laatste fase brengt de gebruiker zelf in praktijk wat hij in het pornografische materiaal heeft gezien. Dit kan de vorm aannemen van het bezoeken van prostituees, meedoen aan groepsseks, pijn veroorzaken, dwangmatige losbandigheid, exhibitionisme, voyeurisme, stripclubs, overspel, verkrachting, bestialiteit of het molesteren van kinderen – alles om zijn begeerte te stillen.

De snelheid waarmee deze fases elkaar opvolgen, kan variëren. Bij iemand die elke nacht naar porno kijkt zal het waarschijnlijk sneller gaan dan bij iemand die zo af en toe een softpornografisch tijdschrift of een dergelijke film bekijkt.

Kenmerken van pornoverslaving

1) Gebrek aan controle over de frequentie van de activiteit.
2) Obsessief of dwangmatig seksueel gedrag, ongeacht de toenemende negatieve gevolgen voor de persoon of zijn relaties.
3) Het ontwikkelen van een steeds hogere tolerantie, waardoor er steeds meer stimulatie nodig is om bevrediging te ervaren.
4) Het ervaren van 'afkickverschijnselen' wanneer de verslavende daad niet kan worden beleefd.

5) Bezig zijn met het gedrag, in plaats van sociale en persoonlijke contacten aan te gaan.

Afhankelijk van de motivatie van de verslaafde, de bekwaamheid van de mentor en de gekozen aanpak kan de pornoverslaving worden overwonnen indien de persoon zich in fase 1 of 2 bevindt. Voor mensen in fase 3 en 4 adviseren we professionele, christelijke therapie bij iemand die in pornoverslaving gespecialiseerd is. In die gevallen zou de mentor kunnen fungeren als iemand waaraan verantwoording wordt afgelegd. Ook raden we mentors ten zeerste aan om stellen die in het verleden met misbruik te maken hebben gehad door te verwijzen naar een gekwalificeerde specialist.

Voor de pornoverslaafde is het onmogelijk om te minderen. Hij zal volkomen met pornografie moeten breken om van het verslavende gedrag af te komen. Hij zal moeten inzien dat hij altijd gevoelig zal blijven voor pornoverslaving en een meersporenaanpak moeten toepassen om zich ertegen te wapenen. Zie hoofdstuk 16: Vrij worden van pornografie – vijf stappen naar overwinning.

Miljoenen mensen worstelen in het geheim jarenlang met een pornoverslaving zonder te worden betrapt en gaan ermee door, ook wanneer de schadelijke gevolgen in hun leven (huwelijk, gezin, werk en geloof) zichtbaar worden.

De meeste mensen zullen niet snel over hun strijd met porno beginnen. Het onderwerp kan het best in een één-op-één-sessie worden besproken of anders aan een specialist worden overgelaten, vooral wanneer er een geschiedenis van mishandeling is. Drie van de vier seksverslaafden is lichamelijk mishandeld geweest en bijna allemaal zijn ze emotioneel mishandeld.

Denk niet dat christenen immuun zijn voor pornografie. Dr. Archibald Hart schrijft in zijn boek *The Sexual Man* dat bijna alle (94 %) van de zeshonderd door hem bestudeerde 'goede mannen met sterke geloofsbanden' aan pornografie heeft blootgestaan.[15] De klinisch psycholoog dr. Mitchell Whitman stelt: 'Bij de christelijke mannen die mijn praktijk bezoeken is het gebruik van pornografie een veel voorkomend probleem, vooral onder ongetrouwde mannen.'[16]

Net als bij alle andere verslavingen, treedt er een groeiende gevoelloosheid op en moet iemand steeds langer of naar steeds 'hardere' porno kijken om dezelfde mate van opwinding te bereiken. Sommigen beweren dat hun seksleven aanvankelijk opwindender werd door porno, maar dat porno in de loop van de tijd juist het tegenovergestelde effect op hen persoonlijk en op hun liefdesrelatie had.

Als mentor zul je bij je mentees eerst een basis van vertrouwen, eerlijkheid en transparantie moeten leggen voordat je over dit onderwerp een openhartig gesprek kunt voeren. Kijk er niet vreemd van op wanneer de mentee – vanwege schaamte en schuldgevoelens – in eerste instantie een probleem ontkent of pas na verloop van tijd en meerdere sessies de werkelijke omvang van een probleem onthult. De kans is ook aanwezig dat de verslaafde op zijn weg naar bevrijding door periodes van terugval zal gaan.

Vaak speelt er een bepaalde mate van 'recht hebben op' mee. Veel mannen bagatelliseren deze zonde omdat ze vinden dat ze overwerkt zijn, ondergewaardeerd worden en/of een conflict met hun vrouw hebben. In hun ogen rechtvaardigt dit hun gebruik van pornografie.

De meeste vrouwen hebben geen idee hoe vaak hun vriend of man naar porno kijkt. Soms worden ze bewust misleid omdat veel mannen ontkennen hoe vaak ze ernaar kijken. De meeste mannen staan er gewoon niet bij stil hoeveel tijd ze eraan besteden. Hoewel mannen een grote waarde hechten aan 'vertrouwen' binnen de relatie, kunnen ze daar blijkbaar gemakkelijk overheen stappen wanneer het hun omgang met pornografie betreft.

Vrouwen en pornografie

Mentors zouden ook moeten overwegen dit onderwerp met vrouwen te bespreken, aangezien zij tegenwoordig dertig procent van de pornogebruikers uitmaken. Bovendien raakt naar schatting drie procent van de volwassen vrouwen (en acht procent van de volwassen mannen) op een bepaald moment in het leven verslaafd aan pornografie.[17]

'Tegenwoordig heeft de porno-industrie vrouwen ervan overtuigd dat ... leren paaldansen betekent dat je je seksualiteit omarmt en

dat het doen van een lapdance (erotische 'dans' op de schoot van een man) bij haar vriend iets is wat iedere sexy en ondersteunende vriendin zou moeten doen. Volgens een in 2004 door het tijdschrift Cosmopolitan uitgevoerde internetenquête is 43 procent van de vrouwen wel eens naar een striptent geweest. In een door het tijdschrift Elle gehouden enquête zei meer dan de helft (52%) van degenen die reageerden dat ze het geen probleem zouden vinden als hun partner naar een stripclub ging. [19]

> *'In mijn praktijk, en in de praktijk van veel van mijn collega's, lijkt er voor vrouwelijke consumenten van pornografie echter een toename te zijn van onzekerheid, problemen met het eigen uiterlijk, seksuele spanningen en relatieproblemen. Ook is het niet ongewoon dat gebruikers van pornografie een verleden van seksueel misbruik of seksuele trauma's hebben...'*
> ~ Dr. Jill Manning, LMFT [18] ~

Pogingen om pornografie geaccepteerd te krijgen als 'iets normaals'

Er zijn mannen die tegen vrouwen zeggen dat hun gebruik van pornografie natuurlijk en normaal is en als een vrouw er moeite mee heeft, dat ze overheersend, onzeker of betuttelend is of zich overspannen gedraagt. Als een vrouw wil dat hij ermee ophoudt, krijgt ze te horen dat ze onredelijk is, hem niet steunt of alles overdrijft. Hij wil niet iets opgeven wat hij sinds zijn jeugd heeft gekoesterd.

Steeds meer vrouwen proberen porno af te doen als 'iets wat nu eenmaal bij jongens hoort,' maar maken zich wel ernstige zorgen wanneer ze zien hoe pornografie hun leven en het leven van hun partner beïnvloedt. Ze voelen zich in de schaduw staan bij de onnatuurlijke lichamen en seksuele prestaties van de vrouwen waar hun mannen naar kijken en vaak verliezen ze de strijd als het gaat om het seksueel bevredigen van hun man.

Dit zijn een aantal van de gevolgen van pornografie:

1) Verspilling van (steeds meer) tijd.

2) Nadelige invloed op gezinsleven, sociaal leven, werk en/of studie.

3) Gevoelens van eenzaamheid, depressiviteit en laag zelfbeeld.

4) Geestelijke apathie, omdat aanbidding, gebed en bediening vruchteloos lijken. Juist wanneer iemand de heilige Geest nodig heeft in zijn/haar leven, wordt hij/zij ongevoelig voor elke verbinding met God en raakt hij/zij geestelijk gedeprimeerd.

5) Afnemende gevoeligheid voor zonde. Wat ooit als een zonde werd gezien, zien sommigen nu als acceptabel, als het binnen de perken blijft.

6) Groeiende onenigheid in het huwelijk. Het gebruik van porno geeft mensen het idee dat afwijkende seksuele praktijken en lichtzinnig gedrag normaal zijn.

7) Impotentie tijdens echte seks, maar geen impotentie bij het kijken naar porno.[20]

8) Weekendhuwelijken. Vrouwen voelen zich vaak bedrogen wanneer hun man besluit online te gaan om seksuele bevrediging te vinden. Zoals een vrouw het uitdrukte: 'Het geeft me het gevoel dat ik dik en lelijk ben, alsof hij liever masturbeert bij die beelden dan het met mij te doen.'[21] In haar ogen betekent het gebruik van internetpornografie dat zij lichamelijk en seksueel onaantrekkelijk is en als vrouw niet voldoet.

9) Meer scheidingen. In 2001 speelde in 56 procent van de scheidingsgevallen 'een obsessieve interesse in internetpornografie' een belangrijke rol.[22]

Dr. Dolf Zillman van het Institute for Communication Research kwam tot de conclusie dat er verband bestaat tussen het regelmatig kijken naar pornografie en het onderstaande, in relaties optredende gedrag en krachtenspel:[23]

1) Een toegenomen ongevoeligheid tegenover vrouwen.

2) Een verminderde tevredenheid over seksuele prestaties, genegenheid en uiterlijk van de partner.

3) Twijfel over de waarde van het huwelijk.

4) Een toegenomen tolerantie met betrekking tot seksueel beeldmateriaal, waarbij steeds extremere beelden nodig zijn om dezelfde mate van opwinding of interesse op te wekken.

5) Verkeerde denkbeelden over hoe het grote publiek met seks omgaat: overdreven seksuele activiteit en minder gebruikelijke, seksuele praktijken (zoals groepsseks, bestialiteit en sadomasochisme).

6) Minder vertrouwen in intieme partners.

7) Verminderde interesse in een exclusieve, seksuele relatie met één partner en meer acceptatie van het hebben van meerdere sekspartners als normale manier van omgang.

8) Denken dat seksueel niet actief zijn of onthouding de gezondheid in gevaar brengt.

9) Geloven dat het huwelijk het seksleven beperkt.

10) Geloven dat het hebben van een gezin en kinderen opvoeden geen aantrekkelijke vooruitzichten zijn.

11) Steeds vaker erotische gedachten hebben ten opzichte van anderen.

12) Verminderde interesse in de eigen partner (vermijden van echte intimiteit, in relationele zin lui worden, voeden van de verslaving).

13) Afstand nemen van mensen die ooit belangrijk waren.

Bereid je eigen verhaal voor en maak er gebruik van

Als je mentee met porno worstelt, laat hem of haar dan weten dat hij/zij er niet alleen voor staat en dat je de worsteling begrijpt omdat jij met je eigen zonden worstelt. Misschien heb je zelfs met dezelfde zonde – het kijken naar pornografie – geworsteld en kun je uit eigen ervaring vertellen hoe die strijd geweest is en hoe je hem gewonnen hebt.

Breken met pornografie

Misschien vind je dit een moeilijk te bespreken onderwerp, maar het is belangrijk om het toch in je begeleiding te betrekken. Veel stellen kunnen steeds grotere moeilijkheden verwachten als ze op dit gebied geen begeleiding uit christelijke hoek of professionele, christelijke therapie ontvangen.

'Satan vindt het heerlijk wanneer wij denken dat we dit wel alleen aankunnen,' zegt Mark R. Laaser, auteur van *Healing the wounds of sexual addiction*. Laaser gelooft dat boosheid de belangrijkste reden is waarom christenmannen seksuele zonden begaan. Hij zegt: 'Ze zijn boos op God, boos op hun partner en boos op de kerk. Ze voelen zich in de steek gelaten.'[24]

Praat met je mentee over de hoop om van deze verslaving bevrijd te worden. Een uitgebreide aanpak, die wij bij onze mentees gebruiken, kun je vinden in hoofdstuk 16: 'Vrij worden van pornografie – vijf stappen naar overwinning.'

Het komt weinig voor dat iemand in één keer van pornografie wordt 'bevrijd', want om met deze gewoonte te breken moet het *'denken worden vernieuwd'*, (Romeinen 12:2), en dat gaat over het algemeen met kleine en grotere stappen, met vallen en opstaan.

Help de pornogebruiker te ontdekken welke factoren het ongewenste gedrag aanwakkeren en zoek dan naar een mogelijkheid om daar op een goede manier mee om te gaan. Misschien moet je het hebben over onzekerheid, eenzaamheid, stress, depressiviteit, onderliggende pijn en/of onverwerkt verdriet.

Wees geduldig. Herstellende seksverslaafden staan voor uitdagingen die andere verslaafden niet kennen omdat die zich kunnen richten op volledige onthouding van bijvoorbeeld gokken of alcoholisme. Deze laatstgenoemden kunnen een gezond en normaal leven leiden zonder ooit nog te gokken of alcohol te drinken. Seksverslaafden moeten leren hoe ze seks met hun partner kunnen hebben en moeten zich daarnaast aan de juiste grenzen houden.

Eén rol die jij als mentor zou kunnen spelen, is om te bemiddelen bij een bekentenis of gesprek tussen de partners, als dit probleem altijd geheim gehouden is.

Gods plan voor ons seksleven is om te wachten tot we onze eigen vrouw hebben en dan een seksuele band met haar te krijgen. Alle andere vrouwen noemt de Bijbel onze 'zusters.' In 1 Timoteüs 5:2 staat dat we ... *'jonge vrouwen als zusters [moeten zien] – en dit in alle zuiverheid.'* Zou jij willen dat een man naar je dochter of vrouw keek zoals jij naar andere vrouwen kijkt?

Het zal niet gemakkelijk zijn of natuurlijk lijken om alle vrouwen als zusters, dochters of moeders te zien, maar mannen die met begeerte worstelen kunnen op deze manier verleidingen veranderen in zuivere relaties.

Vergeet niet, het is zowel verkeerd als gevaarlijk om buiten je huwelijk met opzet te kijken naar alles wat seksuele gedachten opwekt.

Aanknopingspunten voor een gesprek met individu of paar – vrij worden van pornografie

Praat over een aantal gevolgen van het gebruik van pornografie waar het stel al mee te maken heeft gehad of nog kan verwachten als er op dit gebied geen overwinning wordt behaald. Help hen te ontdekken welke volgende stap ze zouden kunnen zetten (als ze daartoe bereid zijn) om het probleem aan te pakken.

1) Op welke leeftijd werd je voor het eerst met pornografie geconfronteerd? Hoe waren de omstandigheden? Hoe voelde je je na die ervaring?
2) Veel mensen worstelen wel eens met pornografie. Ze proberen er op eigen houtje mee te stoppen, maar vallen er van tijd tot tijd in terug. Is dat iets wat je bij jezelf herkent?
3) Welke gevolgen kan pornografie voor een huwelijksrelatie hebben, denk je?
4) Op welke momenten of in welke omstandigheden in je leven ben je het meest kwetsbaar voor de aantrekkingskracht van pornografie?
5) In welke fase van pornoverslaving bevind je je?

6) Welke invloed heeft pornografie op je eigenwaarde, je persoonlijke integriteit en je huwelijk?

Bijbelteksten

Efeziërs 5:11-13, *'Neem geen deel aan de vruchteloze praktijken van de duisternis maar ontmasker die juist, want wat daar in het verborgene gebeurt, is te schandelijk voor woorden. Maar alles wat door het licht ontmaskerd wordt, wordt openbaar, en alles wat openbaar wordt, is zelf licht.'*

Spreuken 5:15, 17-19b, *'Drink water uit je eigen bekken, ga naar de stromen van je eigen bron. Ze zijn van jou, van jou alleen, ...'*

'... laat niemand anders ervan drinken. Moge je bron gezegend zijn, moge de geliefde van je jeugd je vreugde geven ... Ze laat je altijd van haar borsten drinken, je kunt eindeloos verzinken in haar liefde.'

Spreuken 4:23, *'Van alles waarover je waakt, waak vooral over je hart, het is de bron van je leven.'*

1 Tessalonicenzen 4:3-5, *'Het is de wil van God dat u een heilig leven leidt: dat u zich onthoudt van ontucht, dat ieder van u zijn lichaam heiligt en in eerbaarheid weet te beheersen en dat u niet zoals de ongelovigen, die God niet kennen, toegeeft aan uw hartstocht en begeerte.'*

1 Korintiërs 10:13, *'U hebt geen beproevingen te doorstaan die niet voor mensen te dragen zijn. God is trouw en zal niet toestaan dat u boven uw krachten wordt beproefd: hij geeft u mét de beproeving ook de uitweg, zodat u haar kunt doorstaan.'*

Aanbevolen (Engelstalige) bronnen[25]

Alcorn, Randy C. *The Purity Principle: God's Safeguards for Life's Dangerous Trails*. Sisters, OR: Multnomah, 2003. [Nederlandse vertaling: De kracht van'n rein leven]

Arterburn, Stephen, Brenda Stoeker en Fred Stoeker. *Every Heart Restored: a Wife's Guide to Healing in the Wake of a Husband's Sexual Sin*. Colorado Springs, CO: WaterBrook, 2004.

Carnes, Patrick en Patrick Carnes. *Out of the Shadows: Understanding Sexual Addiction.* Center City, MN: Hazelden Information & Education, 2001.

Dallas, Joe. *The Game Plan: The Men's 30-Day Strategy for Attaining Sexual Integrity.* Nashville, TN: W Pub. Group, 2005.

Laaser, Mark R. *Healing the Wounds of Sexual Addiction.* Grand Rapids, MI: Zondervan, 2004.

Maltz, Wendy en Larry Maltz. *The Porn Trap: the Essential Guide to Overcoming Problems Caused by Pornography.* New York: Collins, 2008.

Perkins, Bill. *When Good Men Are Tempted.* Grand Rapids, MI: Zondervan Pub. House, 1997.

Struthers, William M. *Wired for Intimacy: How Pornography Hijacks the Male Brain.* Downers Grove, IL: IVP, 2009.

Weiss, Douglas. *The Final Freedom: Pioneering Sexual Addiction Recovery.* Fort Worth, TX: Discovery, 1998.

Voor vrouwen

Crosse, Clay, Renee Crosse en Mark A. Tabb. *I Surrender All: Rebuilding a Marriage Broken by Pornography.* Colorado Springs, CO: NavPress, 2005.

Laaser, Debra. *Shattered Vows: Hope and Healing for Women Who Have Been Sexually Betrayed.* Grand Rapids, MI: Zondervan, 2008.

Means, Marsha. *Living with Your Husband's Secret Wars.* Grand Rapids, MI: F.H. Revell, 1999.

Stoeker, Fred, Stephen Arterburn, Brenda Stoeker en Mike Yorkey. *Every Heart Restored: a Wife's Guide to Healing in the Wake of a Husband's Sexual Sin.* Colorado Springs, CO: WaterBrook Pr., 2010.

Hoofdstuk 16

Vrij worden van pornografie – vijf stappen naar overwinning

Inleiding

Het is van het grootste belang voor iemands geestelijke leven en huwelijk dat zijn/haar verslaving – van welke soort dan ook – zo snel mogelijk wordt aangepakt. Om hier succes in te hebben, zullen je mentees de strijd op meerdere fronten tegelijk moeten aangaan. De belangrijkste terreinen staan hieronder genoemd, samen met een aantal stappen die ze kunnen zetten. Afhankelijk van de mentee's specifieke situatie of behoeften en adviezen van een christelijke raadgever kunnen er ook nog andere stappen worden gezet.

De meeste mensen die op dit gebied vrijheid gaan ervaren, hebben dit te danken aan het feit dat ze hun zonde serieus nemen, resoluut in actie komen, zich door anderen laten helpen om de juiste keuzes te maken en een proces van berouw en *'vernieuwing van denken'* doormaken.

Vijf stappen naar overwinning

1) *Vind mensen bij wie je verantwoording kunt afleggen en die je Bijbelse raad kunnen geven*

   - Verzamel een groepje vrienden om je heen bij wie je verantwoording kunt afleggen.
   - Vertel hen dat je met pornografie bezig bent en vraag of ze je willen helpen.
   - Vertel hen dat je ernaar verlangt om rein te zijn. Schrijf op wat je specifieke doelen zijn en wat je gaat doen om die te bereiken.

- Breng hen regelmatig op de hoogte van vooruitgang en terugval.
- Laat je door hen leiden en bespreek wat je moet bijstellen.
- Zorg dat je pastorale hulp krijgt, vooral bij verslavingsverschijnselen of een verleden met misbruik.
- Breng de oorzaken van onderliggende pijn en boosheid naar de oppervlakte en doe er iets aan.

Waarom is dit belangrijk? Satan gedijt in duisternis en geheimzinnigheid. Wanneer je je probleem bij je vrienden in het licht brengt, vermindert dit zijn grip op je leven. Laat je privéprobleem niet privé blijven.

Vorm een ondersteuningsteam dat je steunt en om verantwoording vraagt. Je hoeft deze uitdaging niet alleen aan te gaan.

> *'Ik heb nog nooit iemand ontmoet die in zijn eentje een seksverslaving heeft overwonnen.'*
> ~ Douglas Weiss[1] ~

2) *Belijd en investeer*

- Belijd deze zonde aan God en vervolgens aan je vrouw.
- Vraag om leiding bij je pastorale begeleider of degene aan wie je verantwoording aflegt.
- Vertel wat je met pornografie gedaan hebt en neem je dan voor om ermee te stoppen.
- Leg aan degene bij wie je verantwoording aflegt en aan je vrouw uit welke stappen je wilt zetten om deze zondige verslaving te overwinnen.
- Wees voorbereid op en accepteer de reactie van je partner. Ze kan zich net zo voelen als wanneer je overspel zou hebben gepleegd.
- Toon begrip voor haar, want dit kan tijd kosten. Misschien heeft ook zij behoefte aan geestelijke steun

en een mentor die haar helpt om haar gevoelens van boosheid en pijn te verwerken.

- Investeer in je huwelijk.
- Doe je best om je huwelijk te herstellen.
- Bezoek eenmaal per jaar een huwelijkscursus of - conferentie.
- Onderhoud relaties met echtparen die het huwelijk hoog in het vaandel hebben.

Waarom is dit belangrijk? Je vrouw moet weten wat er zich in je leven heeft afgespeeld en dat je vast van plan bent om te veranderen. Je hoeft misschien niet op alle details van je erotische gedachten in te gaan, maar overwinning bereik je alleen door open en eerlijk te zijn.

Het is belangrijk om haar in te schakelen als gebedspartner en belangrijkste persoon om verantwoording bij af te leggen. Wees niet verbaasd als ze boos of verdrietig wordt. Verzeker haar van je liefde en geef haar de tijd en de ruimte. Dit probleem is jouw verantwoordelijkheid, niet die van haar.

Vertel haar welke situaties je het meest in verleiding brengen en vraag haar om je zowel te bemoedigen als van tijd tot tijd te vragen hoe het met je gaat. Maar misschien kun je de smakeloze details van je strijd beter bewaren voor je vriend of vriendengroep bij wie je verantwoording aflegt.

> *'Was mij schoon van alle schuld, reinig mij van mijn zonden.'*
> (Psalm 51:4)

3) *Versterk je geestelijke en lichamelijke leven*

- Vul je gedachten met de goede beloften en blijdschap van Jezus.
- Streef ernaar om meer als Jezus te worden.
- Leer om Satans 'verslavingsstem' te herkennen (elke gedachte aan voortdurende, ongeoorloofde seksuele activiteit).

- Belijd elke misstap zo snel mogelijk aan de mensen bij wie je verantwoording aflegt.
- Besteed dagelijks tijd aan gebed, Bijbellezen en aanbidding.
- Raak betrokken bij je kerk en sluit je aan bij een kring of een Bijbelstudiegroep.
- Zorg dat je elke dag genoeg beweegt, genoeg rust krijgt en gezond eet.

Waarom is dit belangrijk? Mannen die met pornografie worstelen zijn vaak meer bezig om niet op de duivel te lijken dan om op Christus te lijken. Het is belangrijk om het zondige kleed 'af te leggen,' maar het is net zo belangrijk om het nieuwe kleed – de deugden van Christus – 'aan te trekken.' Werk van binnen naar buiten. *'U die de HEER bemint: haat het kwade'* (Psalm 97:10a) en *'Wanneer een onreine geest iemand verlaat, trekt hij door dorre oorden op zoek naar een rustplaats. Maar als hij die niet vindt, zegt hij: "Ik zal terugkeren naar mijn huis, dat ik verlaten heb." En wanneer hij terugkeert, merkt hij dat het leegstaat, schoongemaakt is en op orde gebracht. Dan gaat hij weg en haalt er zeven andere demonen bij, die slechter zijn dan hijzelf, en zij allen nemen daar blijvend hun intrek. En zo is de mens bij wie de demon intrekt er ten slotte veel slechter aan toe dan voorheen ...'* (Matteüs 12:43-45).

Uiteindelijk zal de overwinning over pornografie groter zijn wanneer iemand zich niet alleen op het overwinnen van de begeerte richt, maar op het – in houding en gedrag – worden als Christus.

4) *Verwijder bronnen van verleiding*

- Het doel is hier: volledige onthouding van elke vorm van ongeoorloofd, seksueel gerelateerd materiaal. '... *geef niet toe aan uw eigen wil, die begeerten in u opwekt.*' (Romeinen 13:14b).
- Zorg dat je een internetfilter op je computer hebt en zet je computer en de tv op een plek waar iedereen kan meekijken.

- Stop met (betaalde) kabel-TV, zoals HBO, Netflix, etc.

- Als je echt overwinning wilt, beëindig dan abonnementen op tijdschriften met twijfelachtige (ook 'softe') inhoud, zoals Maxim, Men's Health en Cosmopolitan. [In Nederland: Panorama, Privé, etc.]

- Wees pro-actief (denk vooruit) wanneer er situaties (zoals een zakenreis) op het programma staan die je in de 'verleidingszone' kunnen brengen.

Waarom is dit belangrijk? De mannelijke neiging om porno te kijken kan beginnen met 'kleine' compromissen die hem voorbereiden op een grotere val.

Het kan moeilijk zijn om discipline te hebben, maar vergeet niet: *'Een vermaning lijkt op het moment zelf geen vreugde te brengen, slechts verdriet, maar op den duur plukt wie erdoor gevormd is er de vruchten van: een leven in vrede en gerechtigheid.'* (Hebreeën 12:11)

Is dat niet wat je echt wilt in je leven?

5) *Maak er een gewoonte van om jezelf te distantiëren van verleidelijke situaties*

- Leer de 'zone' te herkennen die aan verleiding voorafgaat.

- Pas vooral op wanneer je verveeld, eenzaam, boos, gestrest of moe bent.

- Andere verleidelijke situaties zijn: alleen zijn en aan niemand verantwoording hoeven afleggen, slechte keuzes op het gebied van films, TV en tijdschriften, etc.

- Pas de 1-en-1-regel toe. Eén blik, één seconde. Ontwikkel de gewoonte om je ogen van de bron van verleiding te laten 'afketsen' en vul je hoofd met reine gedachten.[2] Het uiteindelijke doel is naar niets te kijken wat erotische gedachten kan opwekken. Voor veel mensen die met lustgevoelens wilden afrekenen is dit een nuttige aanpak gebleken.

> *'Dood de zonde of de zonde doodt jou.'*
> ~ John Owen ~

Waarom is dit belangrijk? Creëer een veilige zone voor jezelf om de aantrekkingskracht van de verleiding te verminderen en een ontsnappingsroute te hebben.

Wacht niet tot het te laat is. Wat je je in een rationele, niet-opgewonden toestand hebt voorgenomen zal niet snel tot een consequente gedragsverandering leiden als je in een opgewonden toestand verkeert.

Als je dit plan volgt, ben je goed op weg naar het overwinnen van de verslavende greep van pornografie en seksuele zonde. Je kunt best een keer terugvallen, maar blijf in verbinding met God, je vrouw en degenen bij wie je verantwoording aflegt. En geef niet op!

Hoofdstuk 17

Seksueel overdraagbare aandoeningen[1]

Inleiding

In een ideale wereld zou het niet nodig zijn om je voor het huwelijk op seksueel overdraagbare aandoeningen (SOA's) te laten testen. Maar in de huidige wereld, met het injecteren van drugs, seks voor of buiten het huwelijk, hertrouwen, homoseksuele en biseksuele relaties en zo nu en dan een besmette bloedtransfusie, zijn infecties niet meer weg te denken.

Hoe je een SOA kunt oplopen

1) Elke vorm van seks voor of buiten het huwelijk, ongeacht of dit heteroseksuele of homoseksuele omgang betreft. Zowel vaginale seks, als orale en anale seks, verkrachting en sommige vormen van seksueel misbruik.
2) Bloedtransfusies.
3) Injecteren van drugs/delen van naalden.
4) Werkgerelateerde risico's (kleine wondjes door scherpe voorwerpen bij medisch personeel).
5) Infectie tijdens de geboorte.

Tips om een eventuele test voor het huwelijk te bespreken

Paren zullen zelf moeten bepalen of een van de twee (of allebei) op basis van de punten hierboven een risico loopt. Als dat zo is, is het verstandig om zich te laten testen. Zelfs wanneer hij of zij 'slechts' één keer met iemand seks heeft gehad of 'slechts' één eerdere partner heeft gehad, is geen van beiden veilig. Die 'ene' partner kan veel andere partners hebben gehad en iemand kan – zonder zelf symptomen te vertonen – een ziekte met zich meedragen en deze aan een partner doorgeven.

Jezelf laten testen is iets wat je uit liefde voor elkaar doet om elkaar te beschermen. Je kunt het als een voorwaarde zien. Denk erover na wat de uitkomst van de test betekent voor jullie beslissing om te trouwen. Als je besluit om ondanks een slechte uitkomst met elkaar te trouwen, zul je van je partner moeten blijven houden, je best moeten doen om samen eventuele teleurstellingen te verwerken en wanneer jullie getrouwd zijn de nodige voorzorgsmaatregelen moeten nemen.

Sommige SOA's, zoals gonorroe (of druiper), zijn te genezen; andere, zoals herpes en hiv/aids, zijn dat niet. Ook al zijn bepaalde SOA's te genezen, ze kunnen desondanks leiden tot onvruchtbaarheid, steriliteit, zwangerschapscomplicaties, ziekteoverdracht aan het kind tijdens de zwangerschap, permanente beschadiging van bepaalde organen, kanker en zelfs de dood. Naast de lichamelijke gevolgen kan ook de emotionele schade enorm zijn.

Het aantal verschillende SOA's en de mate waarin ze voorkomen stijgt onrustbarend. In 1960 waren er slechts drie SOA's bekend; in 2011 stonden er vierentwintig als ongeneeslijk geregistreerd. Sinds 2001 is het aantal SOA-gevallen verdrievoudigd.[2] In 2001 maakte de Wereldgezondheidsorganisatie bekend dat er alleen al in Noord-Amerika veertien miljoen nieuwe gevallen van geneeslijke SOA's waren.[3] Onder samenwonende vrouwen is het aantal SOA's zes keer zo groot als onder getrouwde vrouwen.[4]

De symptomen van SOA's variëren. De meest voorkomende symptomen zijn jeuk of pijn bij de geslachtsdelen, vreemde bultjes of plekken, uitslag rond de geslachtsdelen of op andere delen van het lichaam, jeuk, pijn of een branderig gevoel bij het plassen of tijdens seksuele gemeenschap, en/of een ongebruikelijke afscheiding vanuit de geslachtsdelen. Wanneer een SOA niet wordt opgespoord of behandeld kan dit tot ernstige orgaanbeschadiging en in sommige gevallen tot de dood leiden.

Maar niet alle symptomen van SOA's treden onmiddellijk op. Aangezien iemand zonder zichtbare, uiterlijke verschijnselen een SOA kan hebben, is er een groter risico dat hij/zij de aandoening aan de partner doorgeeft. Bij sommige aandoeningen kan er enige tijd verstrijken voordat iemand besmet en besmettelijk is, terwijl de ziekte nog niet door de beschikbare medische testen kan worden vastgesteld. Hierdoor kan het nodig zijn om testen te herhalen. Raadpleeg je arts om erachter te komen of je meerdere testen moet laten doen.

Er bestaat geen enkele SOA-test die alle mogelijke SOA's kan detecteren. Afhankelijk van je risicoprofiel en je symptomen zal je arts bepalen op welke SOA's er getest moet worden.

Dit zijn algemeen voorkomende SOA's:

1) Chlamydia

2) Gonorroe

3) Syfilis

4) Mycoplasma genitalium

5) Trichomoniasis

6) Humaan Papillomavirus (HPV)

7) Hiv/aids

8) Herpes (HSV)

9) Hepatitis

10) Schaamluis (platjes) en schurft

Oefeningen voor het stel

1) Bespreek met je partner of (een van) jullie mogelijk aan de risico's van een SOA heeft blootgestaan. (zie hierboven: Hoe je een SOA kunt oplopen.)
2) Verdiep je samen in de symptomen en mogelijke behandeling van de algemeen voorkomende SOA's die hierboven vermeld staan.
3) Besluit samen of jullie je allebei willen laten testen en wat de uitslag betekent voor jullie beslissing om met elkaar te trouwen.

Aanknopingspunten voor een gesprek

1) Lees over de manieren waarop iemand een SOA zou kunnen oplopen (zie de inleiding). Welke zijn op jouw

leven van toepassing?

2) In hoeverre voel je je op dit moment verantwoordelijk om ervoor te zorgen dat je partner geen SOA oploopt wanneer jullie seksuele gemeenschap hebben?

Aanbevolen (Engelstalige) bronnen

Zie gerenommeerde medische websites (bijv. WebMD, Mayo Clinic) voor meer informatie.

[In Nederland: geslachtsziekte.nl, thuisarts.nl/soa en de regionale websites van de GGD.]

Deel 5

Familie en vrienden

Hoofdstuk 18

Het gezin waaruit men afkomstig is[1]

Inleiding

Wanneer twee mensen met elkaar trouwen, nemen ze elk hun hele familie mee in de nieuwe relatie, of ze dit nu beseffen of niet. Het kan goed zijn om met je mentees te praten over de gezinnen waaruit ze afkomstig zijn om zicht te krijgen op hun verschillen in achtergrond en de wijze waarop dit hun relatie kan beïnvloeden.

Stellen zijn zich soms niet bewust van de grote invloed die hun familie kan hebben op hun gedrag en intermenselijke relaties. In dit hoofdstuk kijken we naar het verband tussen 'het gezin waaruit men afkomstig is' en de relatie van het stel. Het doel is om de mentees te helpen de positieve dingen die ze geleerd hebben verder te ontwikkelen en eventuele negatieve aspecten te vermijden.

> *'In de relatie met je partner zul je ofwel herhalen wat je in je familie geleerd hebt, ofwel je hebt de neiging om het tegenovergestelde te doen.'*
> ~ dr. David H. Olson ~

Elk gezin is uniek van samenstelling en wijze van functioneren. Het feit dat gezinnen zo verschillend zijn, kan het voor twee personen uit verschillende families extra lastig maken om een gezonde huwelijksrelatie aan te gaan.

Het gezinsdiagram kijkt naar de opvoedingsstijl van de ouders, de mate van verbondenheid die ieder in zijn/haar jeugd heeft ervaren en hoe dit hun kijk op de huidige relatie beïnvloedt. Wanneer partners een zeer verschillende achtergrond hebben of onevenwichtige relaties hebben gekend, kan dit hun relatie bemoeilijken, tenzij ze die verschillen bespreken en het met elkaar eens worden over hoe ze hun relatie kunnen vormgeven.

Veel voorkomende problemen met betrekking tot het gezin waaruit men afkomstig is

Vanwege verschillen op dit gebied, kunnen stellen op de volgende punten problemen ervaren:

1) Hun rol als man, vrouw en ouder.
2) Hoe ze beslissingen nemen.
3) De mate van intimiteit in hun relatie en hoe ze hun liefde uiten.
4) Hun keuze van opvoedingsstijl en manier van straffen of corrigeren.
5) Verwachtingen met betrekking tot tijd voor 'mezelf' en tijd voor 'ons'.
6) Hoe er met geld wordt omgegaan en wat geld betekent.
7) Het type kerk waar men het liefst heen gaat.

De mate waarin de gezinnen waaruit ze afkomstig zijn van elkaar verschillen en hoe ze naar hun eigen relatie kijken kan hun huwelijk versterken, maar ook een bron van veel conflict en ongenoegen zijn.

De kans is groot dat personen uit onevenwichtige gezinnen niet goed weten hoe een gezin – qua gezag, stabiliteit, openheid en zorg voor elkaar – zou moeten functioneren. Gezonde denkbeelden kunnen zijn vervangen door angst dat de ander van hem/haar profiteert, of dat de ander hem/haar zal overheersen of in de steek zal laten.

Bespreek de volgende vragen met je mentees:

1) Wie heeft je opgevoed?
2) Hoe denk je over de werkdruk van je ouders toen je jong was?
3) Was je of ben je bang voor (een van) je ouders?
4) Op welke manier werd er getroost wanneer er verlies of verdriet was?

5) Zou je dingen willen doen zoals je ouders ze deden, of juist anders?
6) Vind je dat je ouders je onrechtvaardig behandeld hebben?

Bereid je eigen verhaal voor en maak er gebruik van

Laat elke mentor kort het gezin waaruit hij/zij afkomstig is beschrijven en vertellen hoe dit de verschillende fases van zijn/haar huwelijk heeft beïnvloed (bijvoorbeeld: aanpassing in de eerste jaren van het huwelijk, het opvoeden van kinderen, etc.). Vertel dan over een of twee dingen die jullie moesten veranderen en hoe je dit gedaan hebt om jullie huwelijk te verbeteren.

Tips voor het bespreken van het gezin waaruit men afkomstig is

Het gezin waaruit iemand afkomstig is heeft nog steeds een grote invloed op zijn of haar leven. Je afkomst speelt een duidelijke rol in je relatie. Wat je in je jeugd hebt gezien en ervaren bepaalt voor een groot deel je waarneming, je overtuigingen en je verwachtingen. Zeker bij toenemende verantwoordelijkheden en stress hebben mensen de neiging in patronen te vervallen die ze in hun jeugd hebben aangeleerd en gevolgd.

Mentors zouden met de volgende vragen in gedachten naar het gezinsdiagram moeten kijken:

1) Wat zijn de gezinsscores voor elk van de mentees?
2) Hoe scoort het paar op hun relatie?
3) Zijn de twee mensen in soortgelijke of verschillende familieomstandigheden opgegroeid?
4) Heeft het stel overeenstemming over hun relatie?
5) Hoeveel verschillen zijn er in de manier waarop elk van de partners is opgevoed en in de manier waarop ze de relatie met de ander zien?
6) In welke richting heeft elk van de personen zich ontwikkeld, in relatie tot het gezin waaruit hij/zij afkomstig is?
7) Was dit een bewuste verandering of is de persoon zich niet bewust van die verandering? Kan hij/zij uitleggen hoe en waarom hij/zij is veranderd?

8) Was het een verandering ten goede of ten kwade?
9) Is de partner het eens met hoe elk zijn/haar eigen familie ziet?

Kijk naar punten van overeenstemming of verschil tussen het gezinsdiagram en de relatietest van het stel.

Mentors zouden over twee dingen moeten nadenken wanneer ze de gezinstabel en de tabel van het paar naast elkaar leggen. Het eerste is het verschil in uitkomst tussen de beide tabellen. (Bijvoorbeeld: De persoon is opgegroeid in een onflexibel en niet verbonden gezin, maar staat als flexibel en verbonden op de tabel van het paar.) Naar onze mening is de verandering het bespreken waard wanneer een van de mentees van de ene naar de andere zone opschuift of minstens twee vakjes (in welke richting dan ook) opschuift.

Het tweede wat besproken moet worden is wat volgens elk van de partners de reden is van deze verandering. De meeste mensen nemen automatisch de opvoedstijl van hun ouders over of ze doen juist het tegenovergestelde. Wat is elk van hen van plan en waarom?

Het PREPARE/ENRICH-programma van Life Innovations bevat specialistische uitleg voor het gebruik van het circumplexmodel.

Het circumplexmodel: de paar- en gezinstabel[2]

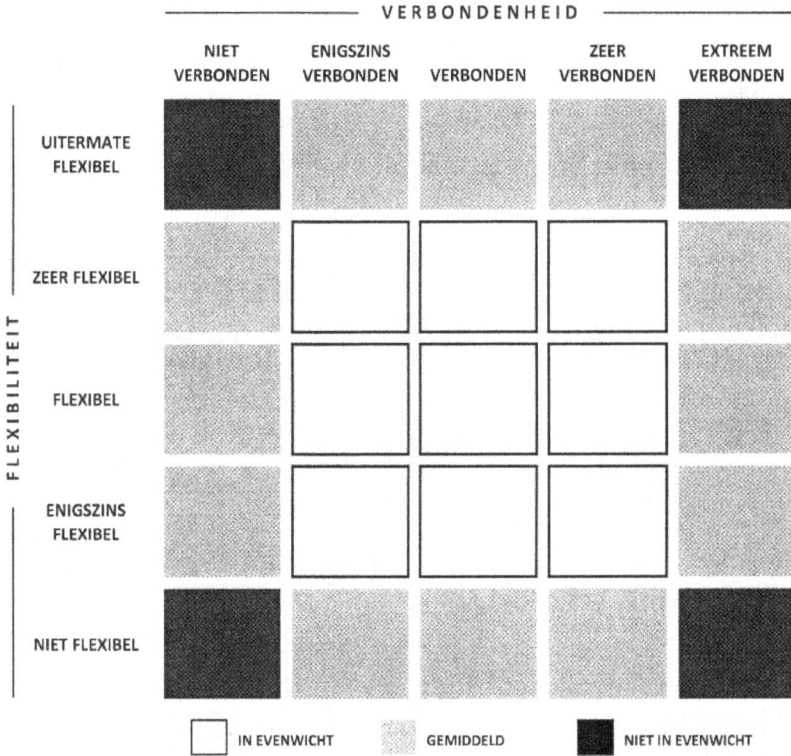

Bron: *Life Innovations*, gebruikt met toestemming

Verbondenheid van paar en gezin van herkomst

Verbondenheid heeft betrekking op de mate waarin iemand een emotionele band met een ander ervaart. Het zegt iets over de manier waarop ze een balans vinden tussen *zonder elkaar* en *bij elkaar* zijn: hun persoonlijke en hun gedeelde (intieme) leven.

Hoewel het in bepaalde gevallen normaal en gepast kan zijn om *niet* verbonden of *overdreven* verbonden te zijn, is het niet gezond wanneer een relatie voortdurend door die uitersten wordt gekenmerkt.

Bij gezonde, hechte gezinnen ontwikkelt elk individu een bepaalde afhankelijkheid van het gezin, maar ook een zekere onafhankelijkheid. Hij of zij zal streven naar een gepaste mate van openheid, loyaliteit, intimiteit en onafhankelijkheid. Elke gezinslid leert een balans te vinden tussen zijn/haar ontwikkeling als individu en de relatie met het gezin.

In niet verbonden gezinnen zijn personen meer op zichzelf gericht dan op elkaar. Ze zijn in hoge mate onafhankelijk en kunnen het gevoel hebben dat de gezinsrelatie hen onvoldoende steun en troost kan bieden wanneer ze die nodig hebben.

In overdreven verbonden gezinnen kunnen personen te dicht op elkaar leven, loyaliteit eisen, te sterk afhankelijk van elkaar zijn en weinig tijd en ruimte voor zichzelf hebben. In deze gezinnen gaan de behoeften van de relatie vaak voor die van het individu en voor sommige gezinsleden kan het moeilijk zijn om mensen van buiten het gezin te aanvaarden of daar relaties mee aan te gaan.

Flexibiliteit van paar en gezin van herkomst

Flexibiliteit heeft betrekking op de mate waarin stellen en gezinnen openstaan voor verandering in hun relaties.

Aangezien verandering onvermijdelijk is, zullen personen ervoor open moeten staan in hun relatie. Mensen hebben ook behoefte aan stabiliteit; want wanneer die ontbreekt, zullen ze in hun relatie geen diepere intimiteit ontwikkelen.

Relaties met een gezonde dosis flexibiliteit zijn meer gestructureerd. De rollen zijn over het algemeen duidelijk en stabiel, maar kunnen – als de omstandigheden daar om vragen – ook veranderen. In tijden van crisis is flexibiliteit van levensbelang.

Wanneer de regels en de rollen telkens veranderen, komt er niets tot stand en wordt de productiviteit binnen het gezin beperkt door een gebrek aan orde. De relaties zijn onevenwichtig en chaotisch.

Gelukkige stellen zijn meestal creatief in de manier waarop ze met hun (menings)verschillen omgaan en kunnen zich aanpassen. Ze nemen hun beslissingen doorgaans samen en bij problemen zoeken ze naar een compromis.

Uit het circumplexmodel blijkt:

1) Stellen en gezinnen in de evenwichtige zones functioneren doorgaans beter dan die in de onevenwichtige uitersten.
2) Op de schaal van verbondenheid: evenwichtige partners en gezinsleden staan elkaar toe om zowel onafhankelijk van elkaar als verbonden met elkaar te zijn.
3) Op de schaal van flexibiliteit: evenwicht betekent dat er een zekere stabiliteit in het gezinssysteem wordt bewaard, maar dat men zo nodig ook openstaat voor verandering.

Wanneer een gezin onder stress staat, kan het soms goed zijn dat personen zich volgens de uitersten van deze twee dimensies gedragen. Maar wanneer een gezin in de uitersten blijft hangen wordt het problematisch.

Het is een dynamisch model, in die zin dat het ervan uitgaat dat er in de loop van de tijd veranderingen kunnen en zullen optreden in de paar- en gezinstyperingen. Wanneer de situatie of levensfase van een gezin dit verlangt, kan het gezin zich in elke richting bewegen.

'Onevenwichtige koppel- en gezinssystemen zijn niet per se disfunctioneel, vooral wanneer een gezin tot een bepaalde etnische groepering (zoals Latino of Aziatisch) of een bepaalde geloofsgemeenschap (zoals amish of mormonen) behoort waar normen en verwachtingen bestaan die gedrag volgens de uitersten van deze dimensies rechtvaardigen. Etniciteit is een kenmerkende familietrek en mag niet worden genegeerd wanneer men het krachtenspel in een gezin onder de loep neemt. Wat voor een blanke buitenstaander een schijnbaar chaotisch kleurlingengezin is, kan in bepaalde etnische kringen een normaal functionerend gezin zijn.'
~ dr. David H. Olson[3] ~

Imagotheorie[4]

Wanneer we een partner zoeken, zijn we volgens Harville Hendriks allemaal op zoek naar iemand die ons weer 'heel' kan maken: iemand die de gaten kan opvullen die onze verzorgers in onze jonge jaren hebben achtergelaten. Het beeld van die persoon noemt hij 'de imago.'

'Hoewel we bewust alleen naar positieve eigenschappen zoeken, zijn het juist de negatieve kenmerken van onze verzorgers die onuitwisbaar in ons imagobeeld zijn gegrift, want dat zijn de kenmerken die de wonden hebben veroorzaakt waar we nu genezing voor willen. Onze onbewuste behoefte is dat we ons weer levendig en gezond zullen voelen door iemand die ons aan onze verzorgers herinnert. Met andere woorden, we zoeken iemand die qua zorg en aandacht net zo tekortschiet als degenen die ons in eerste instantie hebben gekwetst.

Een ander krachtig aspect van ons imago is dat we ook op zoek zijn naar de eigenschappen – zowel goede als slechte – die we in onszelf missen en die in ons socialisatieproces verloren zijn gegaan. Als we verlegen zijn, zoeken we een extravert persoon; als we chaotisch zijn, voelen we ons aangetrokken tot iemand die kalm en rationeel is.'[5]

Een andere factor waarmee we rekening moeten houden is 'emotioneel distantiëren.' Het is een natuurlijke reactie op 'emotionele verstikking' waaronder iemand als kind heeft geleden en die hij of zij in het huwelijk niet opnieuw wil ervaren.

Geboortevolgorde

De geboortevolgorde is een van de gesprekspunten uit de voorgeschiedenis van het stel (zie hoofdstuk 3). Hoewel er veel uitzonderingen bestaan, is het goed als mentors een algemeen beeld krijgen van de invloed die de geboortevolgorde op relaties heeft. Het zijn niet zozeer wetmatigheden, maar ze kunnen de mentor helpen begrijpen wat hij in andere delen van de relatietest van het stel constateert.

Over het algemeen kun je stellen:[6]

1) De hoogste scheidingspercentages komen voor onder partners die allebei enig kind zijn. Beiden zijn gewend om in het middelpunt van de belangstelling te staan, waardoor ze het moeilijk vinden om de schijnwerpers te delen. Ook kunnen ze eerder de neiging hebben om bazig te zijn.

2) Als het gaat om een disfunctionerend gezin van herkomst, ondervindt het oudste kind meestal de meeste gevolgen ervan. Emotioneel gezien staat hij/zij namelijk het dichtst bij het disfunctioneren in het gezin.

3) De meest succesvolle huwelijken zijn meestal die waar het oudste kind (jongen of meisje) in een gezin trouwt met het jongste kind van een ander gezin.

4) Statistisch gezien hebben partners die uit het midden van 'het nest' komen doorgaans de beste kansen, maar die combinaties zijn niet zonder problemen. Hoewel middelste kinderen meestal wel stabiel zijn, kunnen ze met hun identiteit worstelen als ze in het grote gezin wat 'verloren' zijn gegaan.

> *'Twee mensen die zich gemakkelijk aanpassen (of zelfs met de wind meewaaien), vertellen je soms niet hoe ze zich echt voelen en dat kan in het huwelijk een probleem veroorzaken ... mensen die elkaar niet de waarheid vertellen.'*
> ~ Dr. Kevin Leman[7] ~

Omdat geboortevolgorde niet alles zegt, is het op zichzelf geen doorslaggevende factor.

Verwerking van problemen met ouders

Hieronder staan vijf dingen die je kunt doen om je partner te helpen zijn/haar verleden te verwerken en zich op een succesvolle toekomst te richten.

1) *Werk met je partner samen om het probleem volledig op tafel te krijgen.* Vertel hoe je ouders met jou omgingen en vraag je partner om zijn/haar ervaringen te delen. Wees geduldig. Het kan heel pijnlijk zijn om over deze dingen te praten. Bevestig en steun je partner door te luisteren en uiting te geven aan je eigen aanvaarding.

2) *Help je partner zijn of haar ouders te begrijpen.* Praat samen over hen en bekijk hun leven vanuit het juiste

perspectief. Herinner je partner eraan dat zijn of haar ouders waarschijnlijk hun best hebben gedaan.

3) *Laat je partner inzien dat Gods genade en kracht groter is dan de fouten van zijn/haar ouders.* Hoe beroerd het er thuis ook aan toeging, God wil niets liever dan iemands beschadigde zelfbeeld herstellen en gebroken mensen hun waardigheid teruggeven. Spreek van de overweldigende kracht van genade en laat zien dat je vertrouwen en geloof hebt in Gods grote liefde en aanvaarding.

4) *Stimuleer je partner om zijn/haar ouders volledig te vergeven en zich te bekeren van verkeerde oordelen.* Misschien moeten jullie dit eerst als echtpaar doorspreken. Het kan nodig zijn om er een deskundige, christelijke raadgever bij te betrekken die je partner kan helpen dit beladen onderwerp te verwerken en zijn/haar ouders te vergeven.

5) *Help je partner een houding te bepalen tegenover zijn/haar ouders.* Je hebt geen controle over hoe je als kind bent behandeld, maar wel over de manier waarop je op dit moment met hen omgaat. Probeer gericht te zijn op wat ze goed hebben gedaan en hoe jullie daar samen van profiteren. Zoek naar manieren om jullie ouders te eren.

In sommige gevallen kan het maanden of jaren duren voordat alle pijn naar buiten is gebracht. Maar als je geduld hebt, en als jij en je partner bereid zijn om Jezus Christus de Heer van deze relaties te laten zijn, kan er genezing komen.

Bespreek met elkaar hoe je je ouders op een tastbare manier kunt vergeven. Vertel God dat jullie bereid zijn om jullie ouders te vergeven en lief te hebben.

Wanneer je als mentor de relatietest van het stel bekijkt, heb dan oog voor het gezin waaruit iemand afkomstig is, de geboortevolgorde en de sociaaleconomische verschillen. Alles wat vroeger is gebeurd kan in het huwelijk een rol spelen en kan een aanleiding zijn om professionele hulp in te schakelen.

Oefeningen voor het stel

Leg de gezinstabel uit aan het stel. Maak gebruik van de 'Guide to the family map' op de downloadpagina van www.thesolutionformarriages.com.

1) Bespreek het volgende:

   - Wat waren de sterke punten van het gezin waaruit je afkomstig bent?

   - Welke dingen had je graag anders gehad toen je opgroeide?

   - Hoe verliep bij jou de overgang van tiener naar jongvolwassene, als je kijkt naar verbondenheid, flexibiliteit en communicatie?

   - Als je kijkt naar jullie jeugdervaringen en de manier waarop jullie met elkaar omgaan, wat kunnen jullie dan doen (of wat doen jullie al) om jullie relatie evenwichtiger te maken?

2) Bespreek een periode van crisis of stress die jullie als stel hebben doorgemaakt. Hoe stond elk van jullie daarin, voor wat betreft verbondenheid en flexibiliteit? Was dat anders dan jullie omgang met elkaar in kalmere tijden?

3) Voor oudere echtparen: maak een overzicht van de veranderingen – ten aanzien van verbondenheid en flexibiliteit – die jullie relatie door de jaren heen (in de verkeringstijd, verloofd, getrouwd, in verwachting, geboorte van kinderen, ouderschap, zorg voor eigen ouders, 'lege nest'-periode) heeft ondergaan. Bespreek die veranderingen.

Aanknopingspunten voor een gesprek

1) Was je als kind vrij om kind te zijn, of heb je het gevoel dat je te snel volwassen moest worden?

2) Denk terug aan je beste en je slechtste jeugdherinnering. Wat deden elk van je ouders precies om je te troosten? En wat om je te bemoedigen?

3) Werden je gevoelens erkend en gerespecteerd toen je opgroeide? Op welke manier precies?

4) Op welke manier wordt je huidige leven beïnvloed door de opvoeding die je hebt gehad?

5) Wat kun je zeggen over de mate waarin je je op je gemak voelt om met je partner over gevoelens te praten?

Bijbeltekst

Exodus 20:5-6, *'Kniel voor zulke beelden niet neer, vereer ze niet, want ik, de HEER, uw God, duld geen andere goden naast mij. Voor de schuld van de ouders laat ik de kinderen boeten, en ook het derde geslacht en het vierde, wanneer ze mij haten; maar als ze mij liefhebben en doen wat ik gebied, bewijs ik hun mijn liefde tot in het duizendste geslacht.'*

Aanbevolen (Engelstalige) bron

Hendrix, Harville. *Getting the Love You Want: a Guide for Couples.* New York: H. Holt and Company, 2008.

Hoofdstuk 19

Grenzen en de kaart van echtpaar en familie[1]

Inleiding

Relatiegrenzen zijn net als grenzen van een grondgebied. Als je met je buren niet iets van een grens hebt gemarkeerd, zul je eerder onenigheid of problemen met hen hebben.

In elke relatie moeten gezonde en evenwichtige grenzen worden vastgesteld. Zonder gezonde grenzen in een huwelijk ontstaan er talloze problemen, pijnlijke kwesties en misverstanden. Dit hoofdstuk is bedoeld voor stellen die tegen problemen op het gebied van relatiegrenzen aanlopen.

Tips voor het bespreken van grenzen

Bespreek de volgende informatie met je mentees:

De meeste succesvolle paren hebben al vroeg in hun relatie de grenzen vastgesteld. Tijdens het eerste huwelijksjaar kan er enige machtsstrijd ontstaan wanneer partners de grenzen, regels en verantwoordelijkheden vaststellen. Daarna wordt het moeilijker en vaak behoorlijk ingrijpend om dingen te veranderen, hoewel het nog steeds mogelijk is. Het is vooral moeilijk om dingen te veranderen als er nog nooit over deze specifieke grenzen is gesproken.

Door al in een vroeg stadium de verantwoordelijkheden in kaart te brengen kunnen de partners tot een eerlijke verdeling van huishoudelijke taken komen. Wie neemt wat voor zijn/haar rekening in de relatie? Het is belangrijk om assertief te zijn, maar wel op een liefdevolle manier en met toewijding aan de relatie. Een dienende houding – zoals van Christus – is een mooie manier om elkaar liefde te betonen, maar het is ook goed om allebei te weten wat er van je verwacht wordt en wat je vanuit dienstbaarheid doet.

Sommige dingen zijn taken en andere zijn geschenken. Het kan een probleem worden wanneer de ene persoon iets doet als een geschenk terwijl de ander het ziet als een taak. De man kan bijvoorbeeld denken dat zijn vrouw voor het onderhoud van haar eigen auto zou moeten zorgen. Als hij de auto een paar keer voltankt en de olie ververst zonder van tevoren over verwachtingen te praten, kan zij het idee hebben dat hij het onderhoud van haar auto op zich heeft genomen. Dit kan tot een probleem leiden als hij het ziet als iets wat hij zo nu en dan – als een gunst – voor haar doet. Wanneer de auto zonder benzine komt te staan of het olielampje gaat branden, kan er een flinke ruzie ontstaan. Zij ergert zich omdat hij de auto niet in conditie heeft gehouden en hij heeft het idee dat ze zijn vriendelijke daden niet waardeert.

Stimuleer je mentees om niet langer van alles te veronderstellen, maar om duidelijk te zijn over elkaars verantwoordelijkheden. Een goed huwelijk kan niet zonder afspraken over persoonlijke en relationele grenzen. Streef naar het juiste evenwicht. Partners moeten elkaar liefhebben en offers voor elkaar brengen, maar tegelijkertijd voor zichzelf opkomen. Wanneer beide partijen elkaar liefhebben en zich over elkaar ontfermen zoals God het bedoeld heeft, komen deze principes op een prachtige manier samen. Wanneer de relatie uit balans is, ontstaan er problemen.

De meeste problemen ten aanzien van het vaststellen van de juiste grenzen zijn een gevolg van wat mensen van hun ouderlijk huis hebben meegekregen.

De volgende familiepatronen hebben een duidelijke invloed op de mate waarin een echtpaar een gezonde balans tussen verbondenheid en flexibiliteit kan vinden. Bekijk deze patronen goed met je mentees en help hen bij het stellen van de juiste grenzen in hun relatie.

Veel voorkomende patronen bij zeer afstandelijke gezinnen

Kenmerken van dit soort gezinnen zijn:

1) Gezinsleden lijken weinig om elkaar te geven en zorgen alleen voor zichzelf.
2) 'Jij leeft op jouw manier, ik leef op mijn manier.'

3) Hoewel personen zich misschien wel geliefd voelen, wordt dit nauwelijks verbaal of in daden geuit.
4) Gezinsleden zijn voor de vervulling van hun behoeften meestal op zichzelf aangewezen.

Mensen uit deze gezinnen zullen in latere relaties meestal ook afstandelijk en niet verbonden zijn. Daardoor lijkt hun huwelijk meer op een gefuseerd bedrijf waarin ieder zijn eigen carrière, hobby's, contacten en vrijetijdsbesteding heeft.

Een van de gevolgen kan al direct na de wittebroodsweken optreden. Plotseling komt een van de twee erachter dat de ander toch niet zo'n 'volmaakte' partner is. Ze vallen terug in het aanpassingsgedrag waarmee ze zijn opgegroeid en trekken zich emotioneel terug. Dit werkte goed in hun jeugd omdat het hen tegen meer pijn beschermde. Maar in een huwelijk leidt emotionele terugtrekking alleen maar tot grotere problemen. Het is belangrijk om te ontdekken hoe en waarom ze op die manier reageren en hen te helpen te veranderen.

Veel voorkomende patronen bij overmatig betrokken gezinnen

Kenmerken van dit soort gezinnen zijn:

1) Gezinsleden smoren elkaar in liefde en genegenheid, wat tot een ongezonde afhankelijkheid leidt.
2) Gezinsleden vinden het moeilijk om ook maar iets alleen te doen.
3) Beslissingen nemen is moeilijk omdat alles – zelfs onbelangrijke zaken – gezamenlijk besloten moet worden.
4) Gezinsleden kunnen emotioneel gestraft worden voor iets wat ze zonder het hele gezin hebben gedaan.
5) Het huis uitgaan (zelfstandig gaan wonen) of gaan studeren was een traumatische ervaring.

Stel je een man voor die zich depressief voelt vanwege een situatie op het werk. Hij komt zwijgend en in zichzelf gekeerd thuis. Omdat hij deel uitmaakt van een verstikkend gezin vinden de anderen dat ze moeten weten wat er gebeurd is. Ze kunnen zelfs denken dat het op de een of andere manier hun schuld is en zetten hem onder druk om hen alles te vertellen wat hem dwars zit. Dit drijft de man alleen maar verder bij hen vandaan en maakt het alleen maar erger.

Sommige mensen stappen in het huwelijk met de gedachte dat liefde betekent dat je alles samen doet. Wanneer die partners er behoefte aan hebben om even alleen te zijn, voelen ze zich diep schuldig. Het is zorgwekkend wanneer iemand zichzelf in de andere persoon verliest of wanneer iemand zich schuldig voelt omdat hij/zij niet volledig betrokken is.

In een evenwichtige relatie zullen twee partners genieten van allerlei activiteiten en momenten die ze samen doorbrengen, maar ze zullen elkaar ook aanmoedigen om los van elkaar actief te zijn. In een gezonde relatie is zowel ruimte voor gezamenlijke als afzonderlijke bezigheden.

Als dit bij een of beide partijen in de jeugd niet in balans was, zal het in het begin van het huwelijk al moeilijk zijn om die balans te vinden. Zeker wanneer het om een diepgeworteld patroon gaat, kun je het best langs geleidelijke weg naar verandering streven. Geef je partner toestemming om het je te laten weten wanneer je op een ongezonde manier reageert.

Dit zijn enkele vragen die je met je mentees kunt bespreken:

1) Ben je met strakke grenzen opgegroeid of juist met een gebrek aan gepaste grenzen? Welke invloed had dit op jou als kind? Welke invloed heeft het op je relatie nu?
2) Waartoe ben je eerder geneigd: mensen plezieren of te streng zijn?
3) Welke hobby's of activiteiten doen een inbreuk op de grenzen van je verkerings- of huwelijksrelatie?

Grenzen stellen met het andere geslacht nadat je getrouwd bent

Een stel dat vriendschappelijk met andere stellen omgaat is prima. Bij één-op-één-contacten tussen man en vrouw ligt het gevoeliger. Ongepast gedrag kan voor veel mensen gevolgen hebben: voor de ander, voor jezelf, je partner, je kinderen, je vrienden, enzovoorts. Wees vooral voorzichtig in de volgende gevallen.

1) Bewaak je communicatie. Bespreek geen dingen die persoonlijk zijn of die je niet volledig met je partner bespreekt.

2) Stel grenzen aan je mate van intimiteit: lichamelijk, emotioneel, geestelijk en verbaal.

3) Neem niet je toevlucht tot deze persoon wanneer je overstuur of gestrest bent of wanneer je relatieproblemen hebt. Zelfs wanneer je een klein huwelijksprobleem hebt, kan een vluchtige vriendschap met iemand van het andere geslacht gevaarlijk zijn.

4) Bewaak je gevoelens. Als je merkt dat je aan iemand denkt of dat je je erop verheugt om die persoon weer te zien, ben je aan het flirten met gevaar en moet je fysiek en emotioneel afstand nemen. Wees je partner niet emotioneel ontrouw.

5) Zorg dat je – vooral op niet-openbare plaatsen – niet met deze persoon alleen bent. Laat je kantoordeur een stukje of helemaal open. Beperk de tijd dat je bij elkaar bent en laat het met zuivere bedoelingen zijn.

6) Zorg dat je partner op de hoogte is voordat je met iemand van het andere geslacht noodzakelijke tijd doorbrengt. Bespreek gedetailleerd wat je van plan bent en laat het alleen doorgaan als je partner er honderd procent achter staat. Als je tegen je partner liegt of misleidend spreekt over deze persoon, ben je al te ver gegaan.

Aanknopingspunten voor een gesprek

1) Voel je je volledig geaccepteerd en gerespecteerd door de familie en vrienden van je partner?

2) Hebben jullie allebei het gevoel dat jullie de juiste hoeveelheid tijd doorbrengen met elkaars familie en vrienden?

3) Verwacht je dat je familie of vrienden zich met je relatie zullen gaan bemoeien? Zo ja, op welke manier?

4) Op welke manier zou je de relatie met de familie en vrienden van je partner willen verbeteren?

5) Hoe bescherm je elkaar of zou je elkaar kunnen beschermen tegen mensen die jullie relatiegrenzen willen overschrijden?

Aanbevolen (Engelstalige) bron

Cloud, Henry en John Townsend. *Boundaries: When to Say Yes, When to Say No.* Grand Rapids, MI: Zondervan, 1992.

Hoofdstuk 20

Omgaan met cultuurverschillen[1]

*'Elke cultuur houdt vast aan de overtuiging dat haar eigen
gevoelens en drijfveren de enige normale uiting van de
menselijke natuur zijn.'*
~ Karen Horney[2] ~

Inleiding

De geschiedenis van interculturele en interraciale huwelijken gaat
in elk geval terug tot Bijbelse tijden. De Joodse Boaz trouwde met
de Moabitische Ruth; koning Salomo had een relatie met de
koningin van Sheba, en Mozes trouwde met een Nubische vrouw.[3]
Tegenwoordig is onze bevolking qua etniciteit, cultuur en geloof
meer gemêleerd en zien we steeds meer interculturele huwelijken,
en dus is de kans groter dat mentors met gemengde stellen te
maken krijgen.

Hoewel een stabiel en duurzaam huwelijk een universeel verlangen
is, wordt de manier waarop mensen daar invulling aan geven sterk
beïnvloed door verschillende culturele normen. Dit geldt vooral
voor immigranten van de eerste generatie, en in mindere mate voor
die van de tweede generatie.

In het ideale geval hebben mentor en mentees dezelfde culturele
achtergrond, maar met het groeiende aantal
achtergrondcombinaties is dat vaak niet mogelijk. Om te begrijpen
met welke cultuurspecifieke problemen een mentee-paar te maken
kan krijgen, moet een mentor oog hebben voor zaken als sociaaleconomische status, geloof, leeftijd, de invloed van de cultuur en
het waardensysteem. Wanneer een mentor niet dezelfde culturele
achtergrond heeft als zijn mentees, zal hij/zij over voldoende
flexibiliteit en aanpassingsvermogen moeten beschikken om de
vertrouwensband te creëren die voor het slagen van de

mentorsessies noodzakelijk is.

Hoewel gemengde koppels in hun relatie misschien meer (gezonde) spanning en een ruimer wereldbeeld ervaren, staan ze ook voor grotere uitdagingen om een duurzaam en gelukkig huwelijk op te bouwen.

Veel voorkomende problemen bij cultuurverschillen

Alle paren zullen effectieve communicatieve en conflictoplossende vaardigheden moeten ontwikkelen om moeilijke periodes te kunnen doorstaan.

Problemen waarmee ze te maken kunnen krijgen zijn:

1) Communicatieproblemen die groter zijn vanwege taalverschillen.
2) Verschillen in de mate waarin partners naar saamhorigheid of nabijheid verlangen.
3) Verschillen in rolverwachtingen, ook in de bredere familie, en de manier waarop deze problemen worden opgelost.
4) Inmenging en verwachtingen van de bredere familie.
5) Verjaardagen, vieringen en feestdagen (welke feestdagen worden gevierd: die van hem, die van haar, of die van allebei).
6) Verschillende eetgewoonten, wat komt er thuis op tafel.
7) De keuze van het type woonwijk en de omgang met discriminatie.
8) Welke sociale en/of etnische vriendschappen wil je onderhouden (zowel samen als individueel).
9) Het behouden van de eigen culturele identiteit.

De mate waarin deze aspecten het huwelijk beïnvloeden hangt af van de mate van acculturatie (het proces waarin leden van een culturele groepering de overtuigingen en het gedrag van een andere groepering overnemen – doorgaans in de richting van de dominante groep).

> *'Het vermogen de wereld te zien zoals de partner haar ziet ...*
> *en deze dan halverwege tegemoet te komen is misschien het*
> *ware geheim om de barrières tot een geslaagd intercultureel*
> *huwelijk te overwinnen.'[4]*

Bereid je eigen verhaal voor en maak er gebruik van

Vertel over de cultuurverschillen die jullie als echtpaar hebben, hoe jullie met de problemen omgingen en hoe jullie er beter van zijn geworden.

Tips voor het bespreken van cultuurverschillen

Mogelijke voordelen van cultuurverschillen

1) Gelegenheid tot persoonlijke groei door het overwinnen van verschillen die partners met meer overeenkomstige achtergrond niet kennen.
2) Voortdurende ontdekkingstocht van jezelf en een andere cultuur door een blootstelling aan een andere manier van leven en problemen oplossen.
3) Sterker worden door het onderzoeken, beoordelen en vaststellen van je eigen waarden, ideeën en vooroordelen.
4) Meer variatie en vitaliteit door blootstelling aan andere gewoonten, ceremonies en landen.

Mogelijke uitdagingen als gevolg van cultuurverschillen

1) Wanneer je op verschillen stuit, kijk dan naar de bedoelingen van de ander, niet alleen naar het probleem aan de oppervlakte.
2) Laat je eigen identiteit niet helemaal verloren gaan.
3) Zorg dat je niet emotioneel wordt leeggezogen door jullie cultuurverschillen. Streef naar evenwicht.
4) Wees bereid om te experimenteren en nieuwe dingen uit te proberen. Misschien geniet je er wel van.
5) Behoud en ontwikkel een gevoel voor humor!
6) Pas op dat je in tijden van conflict niet de neiging krijgt de andere cultuur te wantrouwen. We hebben de neiging om

onszelf te verdedigen wanneer ons gevoel van 'gelijk hebben' in het gedrang komt.

Verschillen zijn vaak gebaseerd op veronderstellingen, verwachtingen en overtuigingen die mensen al sinds hun jeugd hebben, maar niet wisten dat ze ze hadden. Ze zijn onzichtbaar tot iemand er tegenin gaat. Wanneer mensen onder druk staan, hebben ze de neiging hun oude 'cultuurjas' weer aan te trekken.

Probeer veel over jezelf te weten te komen, niet alleen als individu, maar ook als lid van je eigen cultuur. En neem vervolgens de tijd om de cultuur van je partner te leren kennen. Alleen dan kun je begrijpen wat je met jullie verschillen aan moet en hoe je er als stel baat bij kunt hebben, in plaats van er last van te hebben.

Mogelijke aanleidingen voor cultuurgebonden conflicten

1) Verschillen in waarden (gelijk en ongelijk hebben, belangrijk en onbelangrijk, goed en kwaad).

2) Rolverwachtingen van man en vrouw (traditioneel, egalitair of flexibel; gedrag thuis en in cultuurgebonden omgeving; werk buitenshuis; kledingnormen).

3) Seksuele gebruiken en verwachtingen. Hier speelt de invloed van twee stel ouders en vier stel grootouders een rol!

4) Gevoelde verplichtingen tegenover de bredere familie. Denk aan relaties met ouders en schoonouders, aan wie ben je in de eerste plaats trouw, omgang met ziekte van ouders, privacykwesties tijdens bezoek, financiële hulp en zelfredzaamheid, reizen naar land van oorsprong, verwachtingen ten aanzien van loyaliteit en tegenstrijdige eisen ten aanzien van liefde en traditles.

5) Vriendschappen en wat een 'vriend' is. Denk aan de sociale kring van het nieuwe paar (van mij, van jou, van ons) en de verwachtingen ten aanzien van oude vrienden van het andere geslacht.

6) Demonstratief gedrag en meer reflectief cultureel gedrag (hoe je op een cultureel verantwoorde wijze je verdriet,

liefde, bezorgdheid laat zien en hoe je met andere gevoelens omgaat).

7) Eten en drinken (wat wordt er klaargemaakt en hoe, wie serveert het, wie ruimt af/wast af en wanneer wordt de hoofdmaaltijd genuttigd).

8) Opvoeding van kinderen. Denk aan cultuurgebonden naamgeving, wordt thuis de dominante cultuur gevolgd of een mix van beide, welke taal wordt thuis gesproken, toegang tot de gemengde erfenis, onderwijs, keuze van woonwijk, geloofsopvoeding van de kinderen en eventuele 'ondergesneeuwde overtuigingen' die weer boven komen, en opvoedingsstijl. Dit kan voor interculturele stellen het moeilijkste terrein zijn en het zal aan het licht brengen hoe goed de partners hebben geleerd om met hun verschillen om te gaan.

9) Welk geloof hangt men aan, welke feestdagen worden gevierd en welke verwachtingen gelden voor beide (één geloof of twee, of een combinatie, waar worden feestdagen doorgebracht, bekering tot geloof van partner, welke gebouw wordt bezocht).

10) Omgang met tijd (mate van activiteit, proactieve of reactieve houding).

11) De dood (verantwoordelijkheden tegenover overblijvende ouder en begrafenisgebruiken).

Ik-gerichte culturen

In deze culturen ligt de nadruk op autonomie, zelfverwezenlijking, persoonlijk initiatief en besluitvorming. Mensen hechten hoge waarde aan romantische liefde als basis voor het huwelijk. Mensen uit gemeenschapsculturen die aan de vrijheid van het westen worden blootgesteld kunnen zich plotseling beperkt voelen door tradities die voor die tijd vanzelfsprekend waren.

Wij-gerichte of gemeenschapsculturen

In deze culturen ligt de nadruk op loyaliteit aan de familie en hecht men hoge waarde aan banden met de familie, de gemeenschap en de maatschappij. Een huwelijk symboliseert de verbintenis tussen twee families, niet alleen tussen twee personen. De banden van loyaliteit en verplichting kunnen intens zijn, terwijl de grenzen tussen individuele personen eerder vaag zijn. Deze culturen benadrukken de zorg die de gemeenschap te bieden heeft. Leeftijd brengt respect en macht met zich mee. Westerlingen die aan deze culturen worden blootgesteld kunnen zich met hun zelfredzaamheid en individualisme heel eenzaam voelen. Dit type cultuur zien we veel in Zuid-Amerika, Afrika, Azië en delen van Europa.

Uiteindelijk wordt de kwaliteit van een huwelijk vooral bepaald door de twee huwelijkspartners, niet door de twee culturen.

Cultuurverschillen in het kort

Interculturele relaties kunnen een aantal unieke uitdagingen en voordelen met zich meebrengen.

1) Verschillen kunnen tot een grotere disharmonie leiden, vooral wanneer het talrijke of grote verschillen betreft en wanneer het stel om andere redenen onder druk staat.

2) Ga moeilijke kwesties niet uit de weg. Anders kunnen de gevolgen elk terrein van de relatie beïnvloeden. Problemen bespreken is minder riskant dan ze ontlopen.

3) Cultuurverschillen kunnen een gemakkelijk doelwit zijn. Tijdens een crisis richten de partners zich vaak op hun cultuurverschillen, die ze dan overdrijven. Geef verschillen de ruimte, verwacht ze, en oefen jezelf om er niet vanuit de visie van je eigen cultuur op te reageren.

4) Vraag regelmatig om verduidelijking in plaats van voorbarige conclusies te trekken.

5) Heb nooit kritiek op de cultuur of het land van de ander.

Het vormen van een geslaagd huwelijk vraagt niet alleen om zorgzaamheid en inlevingsvermogen, maar ook om een constructieve aanpak van conflicten. Als jullie voortdurend moeite hebben om een harmonieuze toestand te bereiken, is het goed om professionele hulp in te roepen.

Oefeningen voor het stel

Er zijn verschillende dingen die een intercultureel stel kan doen om hun relatie te verbeteren.

1) Ga indien mogelijk voor langere tijd op bezoek in het land van je partner en/of bezoek zijn/haar ouders. (Als dit niet kan, kijk dan naar films die in het land gemaakt zijn.) Bekijk de familiedynamiek die je partner (mede) gevormd heeft en bekijk hoe mensen van zijn/haar cultuur zich gedragen in hun natuurlijke omgeving. Dompel jezelf onder in de cultuur van de ander en ontdek:

   - hoe beslissingen worden genomen en wie ze neemt
   - welke rollen, taboes en taken er bestaan
   - hoe familieleden met elkaar omgaan
   - in hoeverre de bredere familie een rol speelt
   - hoe men uiting geeft aan liefde en zorg
   - waar en hoe mensen hun geloof belijden
   - hoe de huizen eruit zien en hoe ze zijn ingericht
   - wat mensen eten
   - hoe ze hun huis en zichzelf schoonhouden en verzorgen
   - hoe de beleefdheidsvormen zijn en
   - hoe men elkaar respect toont.

2) Vertel elkaar de geschiedenis van je familie. Noem vooral persoonlijke ervaringen die je hebben gevormd tot wie je nu bent. Wanneer je elkaar openhartig je persoonlijke verhaal vertelt, zullen jullie allebei meer begrip en waardering voor de ander krijgen.

3) Besluit van tevoren hoe elk van jullie zal reageren op mensen die staren, onbehoorlijke vragen stellen of zich lomp gedragen. Scherm je kinderen hier niet te veel voor af, want daardoor leren ze niet om zich te handhaven in situaties waarmee ze later worden geconfronteerd. Maar stel ze ook niet te vroeg aan te veel dingen bloot.

4) Onderhoud positieve relaties met beide families en betrek jullie kinderen bij zo veel mogelijk van hun culturele

activiteiten. Leer hen de culturele geschiedenis van jullie beiden.

5) Stel vast welke mate van verbondenheid elk van jullie culturen kenmerkt en praat erover. Wat zijn de pluspunten? En wat de uitdagingen?

6) Echtparen die hun eigen culturele identiteit willen smeden raden we aan de onderstaande tabel in te vullen. Beschrijf hoe je je eigen familie en die van je partner ziet en ervaart. Doe dit ieder afzonderlijk en bespreek dan de resultaten. Kijk welke gebieden je wilt behouden en welke je wil aanpassen. Wees fijngevoelig wanneer jullie elkaars culturele erfenis bespreken.[5]

	Zijn familie		Haar familie	
	Plus-punten / Voordelen	Min-punten	Plus-punten / Voordelen	Min-punten
Geloofs-overtuigingen				
Hechtheid van het gezin				
Omgang met gevoelens				
Man / vrouw Verwachtingen				
Gebruiken				

Aanknopingspunten voor een gesprek

1) Hoe goed ken je, begrijp je en waardeer je de culturele erfenis van je partner?

2) Hoe reageer je op mensen die tactloos met jullie (andere) cultuur omgaan?

3) Wat vind je het meest intrigerend aan de cultuur van je partner?

Bijbelteksten

Handelingen 17:26, *'Uit één mens heeft hij de hele mensheid gemaakt, die hij over de hele aarde heeft verspreid; voor elk volk heeft hij een tijdperk vastgesteld en hij heeft de grenzen van hun woongebied bepaald.'*

1 Korintiërs 12:12, *'Een lichaam is een eenheid die uit vele delen bestaat; ondanks hun veelheid vormen al die delen samen één lichaam. Zo is het ook met het lichaam van Christus.'*

Galaten 3:28, *'Er zijn geen Joden of Grieken meer, slaven of vrijen, mannen of vrouwen – u bent allen één in Christus Jezus.'*

Openbaring 7:9, *'... een onafzienbare menigte, die niet te tellen was, uit alle landen en volken, van elke stam en taal. In het wit gekleed en met palmtakken in hun hand stonden ze voor de troon en voor het lam.'*

Aanbevolen (Engelstalige) bronnen

Crohn, Joel. *Mixed Matches: How to Create Successful Interracial, Interethnic, and Interfaith Relationships.* New York: Fawcett Columbine, 1995.

Romano, Dugan. *Intercultural Marriage: Promise and Pitfalls.* 3e ed. Boston & London: Intercultural, a Division of Nicholas Brealy, 2008.

Shelling, Grete en J. Fraser-Smith. *In Love but Worlds Apart: Insights, Questions, and Tips for the Intercultural Couple.* Bloomington, IN: AuthorHouse, 2008.

Hoofdstuk 21

Uitdagingen van de bruiloftsvoorbereiding[1]

Inleiding

Bij een bruiloftsvoorbereiding zijn twee mensen en twee families betrokken die vaak verschillende waarden, verwachtingen en/of prioriteiten hebben. Het gevolg is dat deze voorbereiding bol staat van de potentiële conflicten. De partners doen er goed aan om vooraf te bespreken wat ze belangrijk vinden voor hun gezamenlijke leven en hoe ze die waarden tot uiting willen brengen in hun bruiloftsvoorbereiding.

Veel voorkomende problemen met betrekking tot bruiloftsvoor-bereiding

Op de volgende terreinen ervaren stellen doorgaans moeilijkheden:

1) Verschillende verwachtingen van de families ten aanzien van de trouwdag.
2) De bruid en bruidegom komen in de ongemakkelijke positie terecht waar ze tussen families en vrienden moeten bemiddelen.
3) Verschillen in cultuur en godsdienst en de manier waarop deze in de trouwplechtigheid en receptie tot uiting komen.

Bereid je eigen verhaal voor en maak er gebruik van

Vertel over je eigen ervaringen (of die van mensen die je kent) bij het voorbereiden van jullie huwelijk. Vertel hoe jullie dingen hebben opgelost, wat bij jullie trouwerij wel werkte en wat niet, en wat op de lange termijn belangrijk is.

Tips voor het bespreken van bruiloftsvoorbereiding

Een mijnenveld

Om het mijnenveld van potentiële problemen bij de bruiloftsvoorbereiding met succes te kunnen oversteken, volgen hier een paar aandachtspunten:

1) Baseer jullie beslissingen op de waarden en principes die jullie als stel belangrijk vinden en niet alleen op activiteiten en dingen.

   - Wat willen jullie door alles heen zeggen over jullie visie op het huwelijk, gezinsleven, geloof, tradities, vriendschap, geld en schoonheid?
   - Baseer je beslissingen op deze waarden en niet op wat anderen doen of hebben gedaan.

2) Houd rekening met alle betrokken partijen. Jazeker, het is jullie dag, maar het is niet alleen jullie dag. Ook jullie familie heeft veel hoop, dromen en gebeden in jullie en jullie toekomst geïnvesteerd.

3) Spreek af welke rol elk van jullie bij de bruiloftsvoorbereiding zal spelen. Wees duidelijk over de verwachtingen die jullie van elkaar hebben en werk met elkaar samen. Voor de rolverdeling bestaan verschillende mogelijkheden. Dit zijn er een paar:

   - Twee gelijkwaardige leiders (nemen de belangrijke beslissingen samen en hebben daarnaast duidelijk omschreven taken).
   - De leidende persoon (bruid of bruidegom) plant en de ondersteunende persoon (bruidegom of bruid) helpt.
   - De bruid plant alles.
   - De ouders werken bij de voorbereiding met het paar samen en besluiten:
     - wie wat betaalt
     - wie welke beslissingen voorbereid
     - wie de uiteindelijke keuzes maakt. Zorg dat verwachtingen kloppen en ga niet zomaar ergens vanuit.

Relationele vaardigheden tijdens de bruiloftsvoorbereiding

In de meeste culturen bestaat er tegenwoordig niet één bepaalde huwelijksetiquette. Zorg vooral dat mensen zich welkom en gerespecteerd voelen.

1) Maak onderscheid tussen hardop denken en vertellen wat je besloten hebt. Wees duidelijk tegen mensen om je heen.

2) Richt je op het grote geheel. Welke relaties zijn het belangrijkst? Wat is over tien jaar echt belangrijk?

3) Wanneer families verschillende verwachtingen hebben, realiseer je dan dat mensen vooral met mensen uit de eigen familie praten. Je wilt tussen jou en je schoonfamilie geen muren optrekken. Dat geldt ook voor ná de trouwdag.

4) Bereid jezelf en de wederzijdse familieleden voor op de grappen en vreemde gewoontes van de andere familie.

5) Laat je niet manipuleren door mensen die dreigen de bruiloft te boycotten of hun steun in te trekken; doe wat je van plan was en laat hen hun eigen beslissingen nemen.

6) Probeer de dingen in het juiste perspectief te blijven zien. Als jullie bruiloft tot in de puntjes is geregeld, hoe ga je dan straks om met de onvolmaaktheden die in elk huwelijk voorkomen?

Oefeningen voor het stel

1) Evalueer de aanpak die jullie op dit moment volgen en vraag je af of jullie er tevreden over zijn.
2) Praat met je verloofde over de rollen die jullie zullen hebben en bespreek jullie verwachtingen.

Aanknopingspunten voor een gesprek

1) Welke waarden spelen een rol bij de beslissingen die jullie ten aanzien van de trouwdag nemen?
2) Wat willen jullie de bruiloftsgasten via jullie trouwdag meegeven over God?
3) Als je één herinnering aan je bruiloft mocht bewaren die je over tien jaar nog zou koesteren, welke zou dat dan zijn?

Bijbelteksten

Efeziërs 5:31-32, *'Daarom zal een man zijn vader en moeder verlaten en zich hechten aan zijn vrouw, en die twee zullen één lichaam zijn. Dit mysterie is groot – en ik betrek het op Christus en de kerk.'*

Filippenzen 2:3-4, *'Handel niet uit geldingsdrang of eigenwaan, maar acht in alle bescheidenheid de ander belangrijker dan uzelf. Heb niet alleen uw eigen belangen voor ogen, maar ook die van de ander.'*

Hoofdstuk 22

De feestdagen als pasgetrouwd stel

Inleiding

De feestdagen kunnen voor pasgetrouwde stellen een hoop stress opleveren als gevolg van botsende verwachtingen van ouders, schoonouders, broers en zussen, de bredere familie, werkgevers en vrienden. Tel daarbij op dat sommigen weinig oog hebben voor de nieuwe grenzen van het pasgetrouwde paar en de ramp is compleet.

Veel voorkomende problemen met betrekking tot feestdagen

Op deze gebieden kunnen stellen problemen ervaren:

1) Druk, manipulatie of vijandigheid van familieleden.
2) Beïnvloeding en verwachtingen vanuit de bredere familie ten aanzien van het houden van tradities.
3) Botsende familietradities en -waarden.
4) Financiële druk als gevolg van verwachtingen en tradities op het gebied van cadeaus.
5) Waar en met wie worden de feestdagen doorgebracht.

Bereid je eigen verhaal voor en maak er gebruik van

Vertel hoe jullie als pasgetrouwd stel de verwachtingen rondom de feestdagen hebben ervaren en hoe jullie met strijdige verwachtingen omgingen.

Tips voor het omgaan met de feestdagen

1) Los problemen rondom de feestdagen snel op en breng jullie families ruim voor de volgende belangrijke feestdag(en) op de hoogte van jullie plannen. Laat zien dat

je compromissen wil sluiten om aan de wensen van beide families tegemoet te komen.

2) Zorg dat je tijdens de feestdagen genoeg tijd met elkaar doorbrengt.

3) Zet geld apart voor de extra uitgaven die de feestdagen met zich meebrengen. Wees realistisch en plan vooruit. Verlies de betekenis van de feestdag niet uit het oog.

4) Houd er rekening mee dat sommige mensen zich teleurgesteld kunnen voelen. Maak duidelijk dat je je best hebt gedaan om zowel praktisch en realistisch te zijn als om zo eerlijk mogelijk aan de wensen van alle betrokkenen tegemoet te komen.

5) Wees proactief en breng de bredere familie (afzonderlijk of gezamenlijk) op de hoogte van jullie plannen. Het is waarschijnlijk het beste als de man vooral met zijn familie en de vrouw vooral met haar familie praat.

6) Laat er niets tussen jullie in komen. Dit is misschien de eerste bedreiging van jullie eenheid als nieuw echtpaar. Probeer op een goede manier met deze familiegesprekken om te gaan zodat jullie verenigd blijven en een betere band krijgen.

7) Wees sterk. Het eerste jaar is het moeilijkst voor jullie en jullie families.

8) Zoek naar een evenwicht tussen het verlangen om iedereen tevreden te stellen en de uitvoerbaarheid vanwege de benodigde reistijd en/of kosten.

9) Ga indien nodig het weekend voor de feestdagen bij de andere familie op bezoek, zodat ze zich niet achtergesteld voelen.

10) Streef naar het creëren van nieuwe, plezierige herinneringen voor jullie nieuwe gezinseenheid.

11) Bespreek na afloop hoe het de eerste keer ging en pas eventueel dingen aan. Als er eenmaal kinderen zijn, moeten

jullie de reisplannen voor de feestdagen misschien bijstellen.

12) Vraag indien nodig advies aan anderen om een nieuwe kijk op de dingen te krijgen.

13) Zorg goed voor jezelf en je huwelijk om de stress van de feestdagen goed aan te kunnen.

14) Laat je niet door schuldgevoelens bewegen om met dingen mee te doen die je liever niet doet.

15) Laat je door de tradities van de feestdagen leiden, niet aan banden leggen.

16) Maak je niet druk over kleine dingen. De feestdagen gaan ook weer voorbij.

Oefeningen voor het stel

Maak een matrix voor de feestdagen. Doe dat nu, of zo snel mogelijk voordat jullie eerste feestdagen als pasgetrouwd paar zich aandienen.

1) Maak een lijstje van de feestdagen die elk van jullie viert.

2) Zet de feestdagen op volgorde van belangrijkheid. Doe dat ieder voor zich. Respecteer elkaars verschillen.

3) Bespreek in een sfeer van gebed hoe ieder van jullie deze feestdagen als echtpaar zou willen doorbrengen. Welke nieuwe familietradities zouden jullie willen invoeren?

4) Bekijk op welke manier jullie plannen zouden kunnen botsen met eventuele familietradities.

5) Gebruik de vaardigheden die jullie hebben geleerd in de hoofdstukken 6 en 7 (over communicatie en het oplossen van conflicten) om jullie eigen prioriteiten voor de komende jaren te bepalen.

6) Wissel de plannen volgend jaar om, als dit kan.

7) Laat ieder zijn eigen familie op de hoogte brengen van het aanvankelijke plan. Sta achter de besluiten die jullie als echtpaar hebben genomen.

8) Ga door met het vormen van jullie eigen tradities en het (selectief) deelnemen aan familietradities. Zorg dat die twee in evenwicht zijn en dat jullie er samen van genieten.

Planningsmatrix voor feestdagen					
Feestdag(en)	Zijn prioriteit (1=hoog, 2=minder hoog, enz.)	Haar prioriteit (1=hoog, 2=minder hoog, enz.)	Mogelijke familie conflicten? Wie?	Plan eerste jaar	Plan tweede jaar
1)					
2)					
3)					
4)					
5)					
6)					

Aanknopingspunten voor een gesprek

1) Hoe belangrijk is het voor jullie en voor elk van jullie families om feestdagen te vieren?
2) Welke feestdagen worden in de ene familie wel gevierd en in de andere niet?
3) Hoe belangrijk vindt je partner de feestdagen die voor jou nieuw of anders zijn?
4) Zijn er feestdagen die je partner viert, maar waar jij niet aan mee wilt doen? Waarom niet?

Bijbeltekst

Kolossenzen 2:16-17, *'Laat niemand u iets voorschrijven op het gebied van eten en drinken of het vieren van feestdagen, nieuwemaan en sabbat. Dit alles is slechts een schaduw van wat komt – de werkelijkheid is Christus.'*

Hoofdstuk 23

Het beschermen van je relatie – het internet, sociale media en vrienden

Inleiding

Nu er steeds meer gebruik wordt gemaakt van online sociale netwerken, sms-berichten en e-mail, zijn mensen met een veel grotere kring 'vrienden' verbonden dan ooit tevoren. Hoewel deze communicatievormen ons in staat stellen om eenvoudig contact te leggen en onderhouden met vrienden en bekenden, kunnen ze ons ook opnieuw in contact brengen met mensen uit ons verleden – en dus ook met degenen waar we vroeger 'iets romantisch' mee hadden.

Partners moeten met elkaar afspreken welke grenzen ze willen hanteren om de eenheid van hun huwelijk te beschermen. Als ze dat niet doen – zoals steeds meer stellen ontdekken – kan de verleiding om met anderen een emotionele of lichamelijke band aan te gaan een reëel probleem worden. Voor degenen die daarvoor openstaan, maken sociale media het ook gemakkelijker om vreemd te gaan. Uiteindelijk komt het hierop neer: sociale media zijn wat je er zelf van maakt. Wees op je hoede. Wat voelt als liefde, kan een zondige of beschamende angel hebben.

Veel voorkomende problemen met betrekking tot sociale media

De volgende aspecten zijn bij veel stellen voor verbetering vatbaar:

1) Grote hoeveelheden tijd die ten koste van het huwelijk aan internet worden besteed.
2) Chatten met personen van het andere geslacht over persoonlijke, emotionele en intieme details van iemands leven en huwelijk (zoals huwelijksproblemen of frustraties over de eigen partner).

3) Virtuele contacten die leiden tot persoonlijke ontmoetingen met vrienden van het andere geslacht zonder dat de eigen partner hiervan op de hoogte is.

In 2010 hield de American Academy of Matrimonial Lawyers een enquête onder scheidingsadvocaten. Meer dan 80 procent van de ondervraagden constateerde een toename van het aantal gevallen waarbij het gebruik van sociale netwerken als bewijsmateriaal diende om een scheiding te rechtvaardigen of af te dwingen.[1]

Bereid je eigen verhaal voor en maak er gebruik van

Vertel over de grenzen en beschermende maatregelen die jullie op dit gebied hanteren om jullie huwelijk te beschermen.

Tips met betrekking tot sociale media en het huwelijk

Adviseer de mentees die jullie begeleiden om elkaar zo veel mogelijk te beschermen tegen de potentiële gevaren voor hun huwelijk. Maak hen duidelijk dat ze die bescherming niet moeten zien als controle of 'spionage.'

'"Facebook' maakt het gemakkelijker om anonieme relaties te hebben die mensen als onecht beschouwen, maar die in echte relaties veranderen.'
~ Alan Edmunds, advocaat[2] ~

Gebieden die mentoren met hun mentees zouden kunnen bespreken:

1) Kijk voordat jullie trouwen jullie sociale mediaprofielen en -afbeeldingen na om ervoor te zorgen dat ze laten zien wie jullie als echtpaar worden, en niet wie jullie als individuele personen waren.

2) Het gebruik van elektronische apparatuur gaat altijd ten koste van iets (niet bij elkaar zijn, verschillende bezigheden hebben), enz. Hoeveel tijd vinden jullie aanvaardbaar?

3) Zorg dat de computer in een gemeenschappelijke ruimte en niet in een privéruimte wordt gebruikt.

4) Gaan jullie gebruik maken van *gezamenlijke* of van *persoonlijke* accounts voor e-mail en sociale media?

5) Geef elkaar de wachtwoorden voor alle apparaten en accounts, zodat jullie er op elk moment en zonder het te hoeven vragen toegang toe hebben.

6) Ga nooit in op 'vriendschapsverzoeken' van personen van het andere geslacht waar je ooit romantische gevoelens voor hebt gehad, of zij voor jou. (Denk aan oude verliefdheden, relatie op het werk, oude verkeringen, etc.).

7) Verwijder personen van het andere geslacht van je sociale media 'vriendenlijst' als ze ook maar het geringste gevaar voor je huwelijk kunnen opleveren. Dat geldt ook voor ex-vrienden/vriendinnen en iedereen waartoe je je sterk aangetrokken hebt gevoeld. Als die deur open staat, kan er heel snel een intens gevoel van intimiteit ontstaan.

8) Besef dat er plotseling een ongewilde en ongezonde seksuele spanning kan ontstaan door de geheimzinnigheid en nieuwsgierigheid die nu eenmaal om het contact met een oude bekende via sociale media heen hangt. Dit risico is nog groter wanneer je in je huwelijk een moeilijke periode doormaakt.

9) Door sociale media kun je een ander persoon gemakkelijk idealiseren. Je kunt je afvragen 'hoe het had kunnen zijn,' waardoor de grens tussen fantasie en werkelijkheid vervaagt.

10) Sta je partner toe om al je correspondentie te lezen als hij/zij dat wil. Het gaat er niet om dat je partner je misschien niet vertrouwt. Je doet dit omdat je niets te verbergen hebt en zo verstandig bent om je huwelijk te beschermen.

11) Maak op je homepage duidelijk dat je getrouwd bent. Gebruik foto's waar jullie samen op staan.

12) Als je partner een ongemakkelijk gevoel of zorgen heeft over je contacten met vrienden/vriendinnen, respecteer dit

dan volledig. Als hij/zij zich zorgen maakt, moet er iets veranderen.

13) Voel je niet aangevallen als je partner je vragen stelt over je activiteiten. Zie het als een poging om jullie relatie te beschermen. Help je partner – door je daden – te beseffen dat je huwelijk voor jou het allerbelangrijkst is.

14) In de beginstadia van je huwelijk (bijvoorbeeld tijdens de wittebroodsweken) lijken sociale media nog niet zo'n bedreiging te vormen. Maar wanneer jullie in een drukke of moeilijke periode komen wordt de verleiding steeds groter om sociale media verkeerd te gebruiken. Creëer nu een beschermende haag om jullie relatie zodat die zijn werk doet wanneer het nodig is.

15) Neem je voor om bij al je gebruik van sociale media, sms, en e-mail eerlijk, integer en volledig transparant te zijn.

Als je vermoedt dat je partner zich ongepast gedraagt, onderzoek dan eerst je relatie en daarna het gebruik van sociale media.

Mogelijke waarschuwingssignalen

1) Wanneer iemand meer aandacht besteedt aan zijn of haar sociale mediacontacten dan aan zijn/haar partner.
2) Wanneer iemand zijn/haar hart lucht bij een ander en niet met de eigen partner praat.
3) Wanneer iemand iets te verbergen heeft met betrekking tot zijn/haar gebruik van sociale media.
4) Wanneer iemands interesse in intimiteit met zijn/haar partner verandert of afneemt.

Als je nog steeds vermoedt dat er iets niet in orde is, bespreek je zorgen dan met je partner en als jullie niet tot een oplossing komen, schakel dan deskundige hulp in.

Oefeningen voor het stel

1) Noem alle communicatiemiddelen op die je gebruikt of zou kunnen gebruiken (zoals: mobiele telefoon, sms, e-mail, Facebook, Twitter, etc.).

2) Bepaal ieder voor zich welke grenzen je gepast vindt voor het gebruik van deze middelen. Leg jullie lijstjes naast elkaar en bespreek hoe jullie elkaar kunnen helpen om volledig aanspreekbaar en transparant te zijn.

3) Maak een specifieke afspraak met elkaar over jullie gebruik van communicatiemiddelen en de beschermende maatregelen die jullie willen nemen.

Aanknopingspunten voor een gesprek

1) Hoe goed kunnen jullie het vinden met elkaars sociale mediacontacten (zoals 'vrienden' en volgers)?

2) Verwacht je dat jouw sociale mediacontacten schadelijk zullen zijn voor jullie relatie? Indien ja, hoe?

3) Welke grenzen heeft je partner gesteld in zijn/haar relaties met personen van het andere geslacht op het werk, sociaal, on-line, enzovoorts? In hoeverre ben je tevreden over die grenzen?

4) Op welke manier zou je tevredenheid over de sociale contacten van je partner vergroot kunnen worden?

Bijbelteksten

1 Korintiërs 15:33, *'Maar vergis u niet: slecht gezelschap bederft goede zeden.'*

Hooglied 2:15, *'Vang voor ons de vossen, vang die kleine vossen. Ze vernielen de wijngaard, onze wijngaard vol bloeiende ranken.'*

Job 1:8-9, *'De HEER vroeg aan Satan: 'Heb je ook op mijn dienaar Job gelet? Zoals hij is er niemand op aarde: hij is rechtschapen en onberispelijk, hij heeft ontzag voor God en mijdt het kwaad.' Satan antwoordde de HEER: 'Zou Job werkelijk zonder reden zoveel ontzag voor God hebben? U beschermt hem immers, evenals zijn gezin en alles wat hem toebehoort.'*

Aanbevolen (Engelstalige) bronnen

Jenkins, Jerry B. *Hedges: Loving Your Marriage Enough to Protect It.* Wheaton, IL: Crossway, 2005.

Krafsky, K. Jason en Kelli Krafsky. *Facebook and Your Marriage.* Maple Valley, WA: Turn the Tide Resource Group, 2010.

Deel 6

Relatiedynamiek

Hoofdstuk 24

De Bijbelse rol van man en vrouw

Inleiding

Over het algemeen bestaat er veel verwarring over de door God ingestelde rollen in het huwelijk, net zoals er over Gods bedoeling met het huwelijk, seks, kerkelijk gezag en meer dingen veel afwijkende gedachten bestaan. Zelfs evangelische christenen leggen de Bijbelse richtlijnen over de rol van man en vrouw soms naast zich neer.

Met dit hoofdstuk kunnen mentors hun mentees helpen een op de Bijbel gebaseerde visie op hun relatie te ontwikkelen die hen zowel rationeel als emotioneel zal inspireren. Het doel is hen de gevolgen te besparen van de verkeerde – voor het huwelijk zo gevaarlijke – denkbeelden van onze cultuur. Achter de door God ingestelde rollen van man en vrouw gaat een rijke theologie schuil!

Bereid je eigen verhaal voor en maak er gebruik van

Hoe heb je als mentor de Bijbelse rollen in je eigen huwelijk weten toe te passen? Was dat gemakkelijk? Wat heb je in dit proces over de wijsheid van Gods Woord geleerd?

Tips voor het bespreken van de Bijbelse rollen van man en vrouw

De meeste christenen zien wel in dat egoïsme, passiviteit, misbruik en het negeren van Jezus' voorbeeld door de eeuwen heen vaak tot ongezonde man-vrouwrelaties hebben geleid. Maar ook, dat het huwelijk nog steeds is bedoeld als een getrouwe weergave van de liefdesrelatie tussen Christus en zijn kerk. Dit wordt het best afgeschilderd door de man die – met blijdschap en dankbaarheid – het voorbeeld volgt van Christus als dienstbaar leider (Matteüs

20:25-26) en de vrouw die het voorbeeld volgt van de kerk die zich in vertrouwen en geloof onderwerpt (2 Korintiërs 10:5b).

De Bijbelse rollen en verantwoordelijkheden in het huwelijk zijn ook geworteld in de scheppingsvolgorde van man en vrouw (Genesis 2), in de vraag wie er in de eerste plaats verantwoordelijk is voor beslissingen (Genesis 3:9, 17) en in de huwelijksconsequenties die in Genesis 3:16 worden genoemd. God zegt dat Adam in de hof op twee manieren heeft gezondigd: hij negeerde Gods verbod toen hij van de boom at die God hem verboden had (Genesis 3:17) en hij maakte geen gebruik van zijn leiderschap, want hij luisterde naar zijn vrouw (en niet naar God) en at (Genesis 3:17). God beschouwt Adams ongehoorzaamheid – niet die van Eva of die van hen samen – als de centrale factor in de zondeval van de mens.

Door de zondeval kwam Gods vloek over de primaire rollen van zowel de man als zijn vrouw (Genesis 3:17-19). Voor hem zou dit bestaan uit frustratie bij zijn primaire taak om voor zijn gezin te zorgen. En haar primaire rol als echtgenote en moeder zou worden gekenmerkt door pijnlijke bevallingen en een weerstand tegen het leiderschap van haar man.

Voor zowel mannen als vrouwen geldt dat ze door het volgen van hun roeping de Heer vereren en gehoorzamen. Waar ze de Bijbelse leer negeren leidt dit tot schade aan het gezin, het huwelijk en de kerk. Man en vrouw zijn kwetsbaarder voor de zonde wanneer ze de door God ingestelde rollen en orde negeren. God heeft een 'beschermende deken' over ons heen gelegd om ons huwelijk en ons gezin te beschermen en op te bouwen. Die kan zo worden weergegeven:

Christus ➡	*man* ➡	*vrouw* ➡	*kinderen*

Wanneer een kind van God zondigt of tegen het over hem gestelde gezag in opstand komt, maakt hij zich extra kwetsbaar voor geestelijke aanvallen. (Zie de voorbeelden in 1 Korintiërs 7:13-15, 11:3, Jakobus 5:15-20, 2 Samuël 12:10-11, 1 Samuël 8:6-10, Genesis 3:16.)

We willen mentors aanmoedigen om christelijke koppels een duidelijk beeld mee te geven van wat de Bijbel over de rollen in het huwelijk te zeggen heeft. Dankzij de verlossing van een gelovige kan het oorspronkelijke scheppingsplan hersteld worden, waarbij de man zijn door God gegeven leiderschap uitoefent en de vrouw zich – als zijn hulp – naar hem voegt.

God heeft man en vrouw opmerkelijk verschillend gemaakt, en toch geven ze elk op een onpeilbare wijze het beeld van God weer. Wij zijn allebei het verbluffende handwerk van onze liefhebbende God! Dit betekent dat als we de sterke en zwakke punten van de man in kaart zouden brengen en we hetzelfde voor de vrouw zouden doen, beide gelijkwaardig zouden zijn. Als we de twee lijsten zouden samenvoegen, zouden ze elkaar volmaakt aanvullen. Deze synergie zie je ook tussen ons hart en onze hersenen. Ze hebben verschillende taken, maar als een van beide niet goed functioneert, kan de ander dat ook niet. Ze hebben niet dezelfde functie of taak, maar zijn even belangrijk voor de instandhouding van het leven en het lichaam.

De Bijbel laat zien dat God degene is die bepaalt wat echte mannelijkheid en echte vrouwelijkheid is. Deze tijdloze, van elk verschillende en aanvullende rollen zijn geworteld in de schepping – niet in culturele gewoontes. Zijn bedoeling is dat man en vrouw elkaar aanvullen en completeren, waarbij de zwakheden van de een de kracht van de ander naar boven brengt.

> *'Onze verschillende seksuele identiteit is bepalend voor wie we zijn, waarom we hier zijn en hoe God ons roept om Hem te dienen.'*
> ~ John Piper en Wayne A. Grudem [1] ~

De maatschappelijke normen voor het huwelijk en de rollen en taken binnen het huwelijk veranderen voortdurend en vaak komen ze niet overeen met de Schrift. Sinds de jaren 1960 is er onder grote culturele druk seksegelijkheid gepropageerd door het verkleinen van de unieke verschillen tussen man en vrouw. Het resultaat was een wijdverspreide verwarring in de maatschappij en in de kerk over onze door God gegeven identiteit – wat het betekent om een man of een vrouw te zijn. Naast die verwarring is er een explosieve groei geweest van 'vrije' liefde, seksueel misbruik, uitgestelde volwassenheid, pogingen het huwelijk anders te definiëren en scheidingen.

Christenen worden opgeroepen om zich niet aan deze wereld aan te passen, maar te veranderen door hun gezindheid te vernieuwen. (Romeinen 12:1-2). Een aantal van die principes lijken misschien ouderwets, maar dat komt alleen omdat onze cultuur – niet God – ze dat stempel heeft gegeven. God verheugt zich over mannen en vrouwen die zijn volmaakte wil zoeken en volgen. Koppels moeten regelmatig de Bijbel lezen om leiding te ontvangen. Het Woord laat ons zien hoe God het huwelijk bedoeld heeft en leert ons om op een Bijbelse manier met elkaar om te gaan.

In de hele Bijbel vinden we voorbeelden van verschillende rollen voor man en vrouw:

1) Zie Genesis 2:18-25. God heeft man en vrouw – in geestelijke positie en belang voor de eeuwigheid – gelijkwaardig geschapen. God heeft ook zijn goddelijke orde ingesteld toen Hij de man het hoofd maakte en de vrouw de hulp, wat verwijst naar de relatie tussen de hemelse Vader en Christus in 1 Korintiërs 15:28.

2) In Spreuken 5:15-19 lezen we dat een man en zijn vrouw hun lichaam alleen aan elkaar mogen geven en dat de man zich alleen in haar moet verheugen (vers 19).

3) In Spreuken 31:10-31 wordt de gelovige vrouw beschreven als iemand van adel en iemand die haar man volkomen aanvult.

4) In Romeinen 5:12-21 wordt Adam, als het hoofd van Eva, door God rechtstreeks verantwoordelijk gehouden voor de zondeval.

5) In 1 Korintiërs 11:3-16 (met name in de verzen 8, 9 en 14) en in 1 Korintiërs 14:33-36 vinden we lessen over de man als hoofd (vers 3), gelijkwaardigheid (vers 3) en onderlinge afhankelijkheid (vers 11).

6) In Efeziërs 5:21-33* worden vrouwen opgeroepen het gezag van hun man te erkennen als dat van de Heer (vers 22) en mannen om hun vrouw lief te hebben zoals Jezus de kerk heeft liefgehad en zich voor haar heeft prijsgegeven (vers 25).

7) In Kolossenzen 3:18-19* krijgen vrouwen de opdracht om het gezag van hun man te erkennen, zoals past bij hun verbondenheid met de Heer. Mannen krijgen de opdracht hun vrouw lief te hebben en niet bitter tegen haar te zijn.

8) In 1 Timoteüs 2:8-15, 3:4, 12 staat dat vrouwen zich ingetogen moeten kleden, zodat de aandacht gaat naar de schoonheid van een leven vol goede daden. Ook dient ze het gezag van haar man met een zachtmoedige geest te erkennen.

9) In Titus 2:4-5* krijgen oudere vrouwen de taak om jongere vrouwen te leren dat ze hun man en kinderen moeten liefhebben, dat ze ingetogen, kuis, zorgzaam in het huishouden en vriendelijk moeten zijn, en dat ze het gezag van hun man moeten erkennen. De oudere mannen (mentors) moeten jongere mannen oproepen tot ingetogenheid en moeten een voorbeeld zijn van integriteit, ijver en een juiste manier van spreken.

10) In 1 Petrus 3:7* worden mannen opgeroepen om verstandig en respectvol met hun vrouw om te gaan – haar te koesteren – zodat hun geestelijke leven niet belemmerd wordt.

* Hoewel sommigen hebben geprobeerd om het Griekse woord 'hupatasso' een andere, vreemde betekenis mee te geven, wordt het in al deze verzen en in de hele Bijbel gebruikt in de betekenis van 'onderworpen zijn aan,' 'zich onderwerpen aan' of 'zich voegen onder.'

Hoewel elke cultuur secundaire rollen kent, gaat het in de Bijbel om duidelijk onderscheiden hoofdrollen die teruggaan tot de scheppingsorde van Genesis 2 en Adams verantwoordelijkheid voor het in de wereld brengen van de zonde.

Zijn belangrijkste rollen en verantwoordelijkheden

John Piper noemt de Bijbelse rol van de man 'volwassen mannelijkheid[2],' en hij verstaat daaronder: *'de bereidwillige verantwoordelijkheid om te leiden, in onderhoud te voorzien en te beschermen'*[3] Die Bijbelse rol van de man omvat:

1) Het groeien in zijn toewijding aan Jezus Christus als Heer van zijn leven en als Degene aan wie hij verantwoording schuldig is.

2) Het beoefenen van de geestelijke onderdelen van het leven (Bijbelstudie, gebed, aanbidding, belijdenis, bekering, etc.) zodat zijn wandel met Christus goed is en hij volledig in staat is om door de heilige Geest geleid te worden.

3) Zijn gezin moreel (Genesis 3:9) en geestelijk (Efeziërs 5:26-27, 29) leiden door hen uit Gods Woord te onderwijzen, hen te helpen volwassen in Christus te worden en hen door zijn toewijding aan Christus voor te leven.

4) Rechtvaardig te leven zodat zijn gezin baat heeft bij zijn gebeden (1 Petrus 3:12). In alles integer te zijn en rein van hart, gedachten, woord en daad. En verantwoordelijkheid te aanvaarden.

5) Zijn hart te behoeden voor elke ongepaste band met andere vrouwen (Spreuken 2:16-19, 5:1-8, 6:23-29, 7:25-27, 22:14).

6) Zijn vrouw en gezin te beschermen tegen Satan en geestelijke aanvallen en hen in een richting te leiden die God verheerlijkt om Zijn doelen te verwezenlijken, en niet die van hem.

7) Een duidelijke, Bijbelse visie op de volwassen vrouw te ontwikkelen en daar een diep respect voor hebben door zijn vrouw te eren en haar te behandelen als mede-erfgenaam van Christus (Romeinen 8:17, 1 Petrus 3:7) en als zijn levenspartner (Genesis 1:27). Man en vrouw dienen dezelfde geestelijke waarde te hebben (Galaten 3:28, Lucas 13:16).

8) Zijn bruid voor te bereiden op Christus. Hij is geroepen om in haar leven als Christus en ook voor Christus te zijn.

9) De eindverantwoording te dragen over zijn gezin (1 Timoteüs 3:4-5) en te voorzien in het onderwijs en de opvoeding van zijn kinderen zonder hen te verbitteren (Efeziërs 6:4, Kolossenzen 3:21).

10) De bereidheid te hebben om als dat nodig is (Efeziërs 5:25-27, hun behoeften belangrijker vinden dan de zijne) en met volhardende liefde (Titus 2:2) zijn leven voor zijn vrouw en gezin in te zetten.

11) Zich verantwoordelijk te voelen om een sfeer van actief luisteren en zorgvuldige afweging van ideeën te creëren, en niet zijn gezag over haar af te dwingen (2 Korintiërs 1:24). Dit zou hij moeten doen op een manier die zowel recht doet aan de man als aan de vrouw en met gebruikmaking van hun gezamenlijke wijsheid voor hun huwelijks- en gezinsleven.

12) Het initiatief te nemen, de kracht te hebben en de offers te brengen om in het onderhoud van zijn vrouw en kinderen te voorzien (zie Lucas 22:26, Efeziërs 5:23,25 en 1Timoteüs 5:8). Als leider is hij degene die dient. Een christelijke man hoort het voorbeeld van Jezus te volgen door bereid te zijn voor zijn vrouw te lijden en haar niet te laten lijden voor hem.

13) Op een tedere en gevoelige manier met zijn vrouw om te gaan, haar te respecteren als de (fysiek, emotioneel en/of qua gezag) zwakkere partner (1 Petrus 3:7, Kolossenzen 3:19) en zich te beheersen (Titus 2:2).

14) Voortdurend oog te hebben voor en alert te zijn op de diepere behoeften van zijn vrouw (emotioneel, lichamelijk en geestelijk) en haar te dienen met een combinatie van kracht en tederheid.

15) Het overwinnen van trots, angst, luiheid, zelfmedelijden en verwarring en het afwijzen van passiviteit in zijn taken en

gezinsactiviteiten. Vooruit plannen om zijn gezin als een herder door moeilijke tijden heen te loodsen.

16) De verantwoordelijkheid aanvaarden om een uiteindelijke beslissing te nemen wanneer er onenigheid bestaat.

17) De leiding te nemen bij het bestraffen van zijn kinderen wanneer hij en zijn vrouw beiden aanwezig zijn.

18) Gebruik maken van zijn geestelijke talenten om het lichaam van Christus en anderen in deze wereld te leiden en te dienen.

Gezag is voor de christenman een verantwoordelijkheid waarmee hij anderen dient zonder te kijken naar wat het hem kost. Op die manier draagt Christus gezag over de kerk en dragen mannen gezag over hun vrouw binnen het huwelijk.

Haar belangrijkste rollen en verantwoordelijkheden

'Volwassen vrouwelijkheid' is iets wat Piper beschrijft als '*een bevrijdende eigenschap om de kracht en het leiderschap van waardige mannen te bevestigen, te ontvangen en te voeden...*'[4] Het gaat om hoe God vrouwen heeft bedoeld – niet om de publieke opinie of om wat de zonde ervan gemaakt heeft.

'Onderwerping is de hartsgesteldheid die zegt: "Ik respecteer je als mijn man en erken het leiderschap waartoe God je in ons huwelijk geroepen heeft. Ik wil mezelf achter dat leiderschap stellen om je te volgen en je partner te zijn op ons gezamenlijke huwelijkspad. Ik onderwerp me in de eerste plaats aan God en Hij heeft me gevraagd me aan jou te onderwerpen. Ik doe dat vrijwillig en ongeveer op dezelfde manier zoals ik me op mijn geestelijke reis aan Jezus toevertrouw." '[5]

De Bijbelse rol van de vrouw omvat:

1) Een groeiende toewijding aan Jezus Christus als Heer van haar leven en haar ultieme ontwerper en beschermer.

2) Een duidelijke, Bijbelse visie op de volwassen mannelijkheid van haar man en een diep respect voor hem (Efeziërs 5:33).

3) Erkenning van de aanvullende rol van onderwerping in de man-vrouwrelatie (1 Petrus3:1, Efeziërs 5:24, Kolossenzen 3:18, Titus 2:5) zoals God die sinds het begin heeft bedoeld (Genesis 3:16).

4) Het omarmen (een kwestie van houding en handelen) van haar rol als 'geschikte helper' van haar man. Daarbij gebruikt ze haar talenten om – binnen de grenzen van gehoorzaamheid aan Christus – zijn leiderschap te ondersteunen, ze helpt hem zijn roeping van God te vervullen en ze verheerlijkt God (Genesis 2:18, Spreuken 12:4, Efeziërs 5:25-29).

5) Het op een niet sturende manier beïnvloeden en leiden van haar man. Een voorbeeld hiervan vinden we in 1 Samuël 25:23-35, waar Abigail op een respectvolle manier probeert haar man op andere gedachten te brengen.

6) Een innemende en bevestigende houding tegenover haar man en de erkenning dat door haar eigen zwakheid de kracht van haar man duidelijker naar voren komt. Het is de houding van '... *een zacht en stil gemoed. Dat is een onvergankelijk sieraad dat God kostbaar acht'* (1 Petrus 3:4). Wanneer ze zich niet op deze manier opstelt, leidt dit bij de man vaak tot passiviteit of boosheid (1 Petrus 3:4).

7) Het gebruik maken van haar geestelijke gaven om het lichaam van Christus te dienen, jongere vrouwen te onderwijzen (Titus 2:3-5) en anderen te dienen (Handelingen 18:26, Romeinen 16:1).

8) Een houding en een verlangen om zich door haar man te laten leiden vanuit eerbied voor Christus (Efeziërs 5:21, Titus 2:5), zoals past bij haar verbondenheid met de Heer (Kolossenzen 3:18), met 'ontzag' (Efeziërs 5:33) en 'in alles' (Efeziërs 5:24).

9) Het goed managen van haar huishouding (Spreuken 31, Titus 2:5, 1 Timoteüs 5:14).

10) Het liefhebben van haar man en kinderen (Titus 2:4-5).

11) Het – zowel thuis als buitenshuis – op verschillende manieren voorzien in de behoeften van haar gezin. Ze is in de eerste plaats trouw aan haar opdracht voor het gezin te zorgen (Titus 2:4-5) en zet daarnaast in de verschillende stadia van haar getrouwde leven haar gaven en talenten buitenshuis in (Spreuken 31).

12) Een bereidheid om te wachten op de beloning op haar werk die zichtbaar zal worden in het leven van haar kinderen wanneer ze ouder worden en die ze in de eeuwigheid van de Heer zal ontvangen.

Gedeelde rollen van man en vrouw

1) Elkaar in liefde dienen (Galaten 5:13).

2) Elkaar in seksueel opzicht niet tekort doen (1 Korintiërs 7:3-5).

3) Onderlinge afhankelijkheid (1 Korintiërs 11:11).

4) Streven naar oplossingen die voor beide bevredigend zijn na te hebben overlegd, gebeden en de leiding van Gods Woord te hebben gezocht.

5) Hun kinderen leren om God te respecteren en gehoorzamen (Efeziërs 6:4). In Spreuken 22:6 staat: *'Leer een kind van jongs af aan de juiste weg, en het zal er niet van afwijken wanneer het oud geworden is.'*

6) Als leden van de kerk zijn jullie geroepen om elkaars gezag te aanvaarden (Efeziërs 5:21), elkaar toegewijd te zijn en de ander hoger te achten dan jezelf (Romeinen 12:10). Dit helpt mee om orde en harmonie in de kerk te bewaren.

'Zo heeft God het bedoeld voordat de zonde in de wereld was: de zondeloze man, vol liefde, in zijn tedere, sterke leiderschap ten opzichte van de vrouw; en de zondeloze vrouw, vol liefde, in haar blijmoedige, spontane ondersteuning van het leiderschap van haar man. De man die niet kleineert, de vrouw die niet kruipt. Twee intelligente, nederige, van God vervulde wezens die in volmaakte harmonie invulling geven aan hun unieke en verschillende verantwoordelijkheden. De zonde heeft deze bedoeling op elk

terrein ontwricht. We zijn niet langer zondeloos. Maar we geloven dat de volwassen mannelijkheid en vrouwelijkheid hersteld kunnen worden door de kracht van Gods Geest, het geloof in zijn beloften en de gehoorzaamheid aan zijn Woord. In het huis waar de man leiding geeft als Christus en zijn vrouw reageert als de bruid van Christus, bestaat een harmonie en gemeenschappelijkheid die mooier en bevredigender is dan ieder door mensen gecreëerd huwelijksmodel.[6]

Laat van christelijke echtparen nooit gezegd worden: '*Mijn volk komt om doordat het met mij niet vertrouwd is. Jij wilde het niet met mij vertrouwd maken, daarom wil ik niets meer met jou te maken hebben: je zult mij niet meer als priester dienen. Jij hebt de wet van je God verwaarloosd, daarom zal ik jouw kinderen verwaarlozen.*' (Hosea 4:6).

Elke succesvolle groep heeft maar één persoon die de eindverantwoording draagt. Een land heeft maar één president en een bedrijf heeft maar één (hoofd)directeur. Om te kunnen slagen moet de hoogste leider ook het bijbehorende gezag hebben.

Als een vrouw zichzelf de verantwoordelijk van haar man toe-eigent, dus zonder dat God zijn gezag daaraan verbindt, zal de man geneigd zijn om passief te worden en zal iedereen eronder lijden. Het verlangen van een vrouw om over haar man te heersen komt van de vloek in Genesis 3:16 en is iets waar vrouwen alert op moeten zijn.

> Verantwoordelijkheid zonder gezag = mislukking, frustratie, een passieve man en uiteindelijk: emotionele en/of fysieke verlating.

De man heeft van God zowel de verantwoordelijkheid als het bijbehorende gezag gekregen om zijn huwelijk en gezinsleven tot een succes te maken.

De man heeft van God het gezag en de bijbehorende verantwoordelijkheid gekregen om leiding te geven en hij zal aan God rekenschap moeten afleggen voor de manier waarop hij die rol heeft vervuld. Als hij handelt zonder zich tegenover God verantwoordelijk te voelen, wordt hij thuis een onuitstaanbaar 'monster.' Als een man zijn relatie met God verwaarloost, is iedereen daar de dupe van.

Gezag zonder verantwoordelijkheid tegenover God = een 'monster'

Zorgen voor evenwicht

God heeft deze rollen zo ontworpen dat ze elkaar aanvullen en de ene rol is onvolledig zonder de andere. Er kunnen gemakkelijk problemen ontstaan als de rollen niet duidelijk gedefinieerd of te star zijn, of als een partner niet aanspreekbaar is op zijn of haar verantwoordelijkheden. Als een van de partners bijvoorbeeld alle beslissingen neemt en de volledige controle heeft, is het huwelijk niet in evenwicht. Anderzijds is het huwelijk net zo onevenwichtig als een van de partners zich aan zijn/haar taken onttrekt, taken voor zich uitschuift of geen dingen afmaakt.

Een vrouw zal zich gemakkelijker aan haar man onderwerpen wanneer hij haar liefheeft met de offervaardige liefde die Christus ons voorleefde. Op dezelfde manier zal een man zijn vrouw gemakkelijker zijn liefde en genegenheid tonen wanneer hij zich gerespecteerd en gewaardeerd voelt.

Om problemen op dit gebied te voorkomen, is het goed om regelmatig even met je partner bij te praten en te zien of de ander nog tevreden is met de manier waarop de taken in het huwelijk zijn verdeeld. Wanneer deze problemen optreden is het zaak om duidelijk en proactief met elkaar te communiceren.

Omgang met een ongelovige of ongeestelijke partner

Een vrouw die getrouwd is met een man die in een zondige toestand leeft, kan door haar houding laten zien dat ze zich niet tegen zijn leiding wil verzetten, maar dat ze biddend uitziet naar de dag waarop hij zich van zijn zonde bekeert, van zijn gebondenheid wordt bevrijd en haar zal leiden zoals Jezus dat doet.

Als een vrouw maximaal invloed wil hebben op het leven van haar ongelovige man, zou ze een onderdanige vrouw moeten zijn op terreinen die niet in strijd zijn met Gods Woord. De zachtmoedige erkenning van het gezag van haar ongelovige man is het krachtigste evangeliserende instrument dat een christenvrouw heeft. Zoals 1 Petrus 3:1-2 zegt: *'Voor u, vrouwen, geldt hetzelfde: erken het gezag van uw man. Dan zullen mannen die weigeren Gods boodschap te aanvaarden daarvoor gewonnen worden door het gedrag van hun vrouw, zonder dat zij iets hoeft te zeggen, omdat ze zien hoe zuiver u leeft uit ontzag voor God.'* Hoewel dit geen eenvoudige opgave is, kan ze deze weg volhouden door dicht bij de Heer te blijven en steun te vinden bij andere gelovige vrouwen.

En hoe staat het met de christenman die met een ongelovige vrouw getrouwd is? Welke houding zou hij moeten hebben? Zoals in 1 Petrus 3:7 staat: *'U, mannen, moet verstandig omgaan met uw vrouw ...'* Dat betekent dat hij oog moet hebben voor haar behoeften en gevoelens. Wees niet onverschillig tegen haar. Kom tegemoet aan haar diepste emotionele en lichamelijke behoeften. Wees voor haar een gevoelige, offervaardige leider, zelfs wanneer ze niets met Christus te maken wil hebben. Doe dit, zoals we in Efeziërs 5 lezen, door haar te koesteren, te beschermen en een intieme relatie met haar te onderhouden.

Gangbare visies op rollen thuis en in de kerk[7]

1) *Egalitair (feministisch):* Thuis of in de kerk bestaat er geen natuurlijke scheiding van rollen tussen man en vrouw.

2) *Complementair (gematigd):* Mannen en vrouwen zijn op elk terrein van hun leven en bediening partners. Hoewel ze gelijkwaardig zijn, hebben man en vrouw zowel thuis als in de kerk verschillende en elkaar aanvullende rollen.

3) *Hiërarchisch (mannelijk chauvinistisch):* Vrouwen hebben niet alleen de opdracht om de man als hun leider te volgen, er wordt ook van ze verwacht dat ze zich niet met het leiderschap bemoeien. Hier worden vrouwen vaak op een chauvinistische manier onder de duim gehouden, als tegenhanger van het egalitaire feminisme.

Na onze gezamenlijke 75 huwelijksjaren hebben we nog steeds de complementaire visie op de rollen van man en vrouw in het huwelijk. We stimuleren mentors om niet uit te dragen hoe wij – op grond van onze persoonlijke bevindingen, voorkeuren of tradities – naar het huwelijk en het gezin kijken, maar om zich te baseren op wat de Schrift zelf ons over deze instellingen vertelt.[8]

Oefeningen voor het stel

1) Bespreek het volgende:

   - Wat zijn jullie reacties op de Bijbelse rollen en verantwoordelijkheden die hierboven zijn genoemd?
   - Heb je hier goede voorbeelden van gezien? Of ook slechte?
   - Op welke gebieden zijn jullie het met elkaar eens waar het om rollen in het huwelijk gaat? Op welke gebieden moeten jullie het nog eens worden?

2) Lees de onderstaande punten uit Spreuken 31 over het gedrag en de reacties van een gelovig echtpaar in de verschillende stadia van het huwelijk. Welke vinden jullie gemakkelijk? Welke moeilijk?

De vrouw volgens Spreuken 31

   - Is een gewaardeerde partner (vers 10).
   - Geeft haar man meer zelfvertrouwen (vers 11).
   - Spreekt positief over haar man en behandelt hem goed (vers 12).
   - Is een harde werker met een goede houding (verzen 13, 17, 18, 24 en 27).
   - Koopt en bereidt goed eten voor haar gezin (vers 14-15).
   - Is innemend en productief (vers 15).
   - Gaat verstandig en succesvol met geld om (verzen 16 en 18).
   - Is energiek (verzen 17 en 25).
   - Is vriendelijk en gul voor arme mensen (vers 20).
   - Stelt haar man in staat een gerespecteerd leider te zijn (vers 23 en 27).

- Zorgt dat haar gezin op de toekomst is voorbereid (verzen 21 en 25).
- Is een sterke, waardige en verstandige leraar (vers 26).
- Heeft haar huishouden goed op orde (vers 27).
- Verdient alle complimenten (verzen 28, 29 en 31).
- Is niet gericht op uiterlijke schoonheid, maar cultiveert haar innerlijke (door God gegeven) schoonheid (vers 30).
- Eert de Heer (vers 30).
- Staat in hoog aanzien (vers 31).

De man volgens Spreuken 31

- Heeft vertrouwen in zijn vrouw (vers 11).
- Zet zich in voor een gezond huwelijk (vers 12).
- Wordt in de gemeenschap gerespecteerd en als een verstandig en eerlijk persoon beschouwd (vers 23).
- Is een goed voorbeeld voor zijn kinderen (vers 28).
- Bemoedigt zijn vrouw met complimenten (vers 28).

Aanknopingspunten voor een gesprek

1) Hoe zijn jullie van plan het werk in en buiten het huis te verdelen? Zowel voor de komst van kinderen als daarna.
2) Hoe denken jullie uiteindelijk tot een beslissing te komen wanneer er over jullie rollen en gezinstaken onenigheid bestaat?
3) Wanneer en hoe passen jullie de rollen en verantwoordelijkheden aan op het moment dat jullie omstandigheden veranderen?
4) Welke beslissingen maken jullie ieder voor zich en welke alleen na overleg?
5) Wat vinden jullie van de Bijbelse rollen die in dit hoofdstuk worden voorgesteld? Zijn er gebieden waar jullie moeite mee hebben?
6) Welke huishoudelijke taken zien jullie voor de man en de vrouw weggelegd?
7) Hoe gaan jullie om met het thema 'leiderschap en gezag' in het huwelijk?

Bijbelteksten

Matteüs 20:26-27, *'Wie van jullie de belangrijkste wil zijn, zal de anderen moeten dienen, en wie van jullie de eerste wil zijn, zal jullie dienaar moeten zijn.'*

Spreuken 12:15, *'Een dwaas denkt dat hij de juiste weg gaat, wie wijs is, luistert naar goede raad.'*

Spreuken 19:20, *'Luister naar raad, laat je onderwijzen, uiteindelijk maakt het je wijs.'*

Aanbevolen (Engelstalige) bronnen

Voor haar

Chervin, Ronda. *Feminine, Free, and Faithful.* San Francisco: Ignatius, 1986.

Voor hem/allebei

Köstenberger, Andreas J. en David W. Jones. *God, Marriage & Family: Rebuilding the Biblical Foundation.* Wheaton, IL: Crossway, 2004.

Piper, John en Wayne A. Grudem. *Recovering Biblical Manhood and Womanhood: A Response to Evangelical Feminism.* Wheaton, IL: Crossway, 1991.

Hoofdstuk 25

Besluitvorming in het huwelijk

Inleiding

Wanneer twee jonge mensen met elkaar trouwen, hebben ze vaak net het ouderlijk huis verlaten. Ze zijn gewend om bij hun ouders te wonen en gewend om moeilijke beslissingen ofwel zelf te nemen of die door hun ouders te laten nemen. Stellen met meer ervaring, en vooral zij die – om welke reden dan ook – langere tijd vrijgezel zijn geweest, zijn gewend om zelfstandig over dingen na te denken en beslissingen puur op basis van hun eigen wensen en behoeften te nemen.

Voor jonggehuwden betekent het 'losmaken van de ouders en hechten aan de partner' (Genesis 2:24) onder andere dat ze hun beslissingen zonder hun ouders gaan nemen. Dat is een nieuwe manier van doen en houdt in dat ouders of kamergenoten niet meer in de besluitvorming worden betrokken. Als je getrouwd bent, denk je bij een beslissing in de eerste plaats aan je huwelijkspartner. Je komt samen met hem/haar tot een besluit en houdt rekening met wat de ander van een beslissing vindt en hoe de ander erdoor wordt beïnvloed.

Een voorbeeld van een moeilijke beslissing waarmee een stel geconfronteerd wordt, is de vraag hoeveel tijd ze bij hun wederzijdse schoonouders zullen doorbrengen. Deze keus zal extra lastig zijn als de familieleden niet in de buurt wonen. En het wordt nog moeilijker wanneer één kant van de familie het stel onder druk zet om tijd bij hen door te brengen. Of die druk nu bewust of onbewust wordt uitgeoefend, het blijft een lastige kwestie voor het paar. De partners zullen flexibel en bereid tot het sluiten van compromissen moeten zijn.

Uiteindelijk moet elk koppel zelf beslissen wat ze doen.

Deze mentorsessie is bedoeld om:

1) stellen inzicht te geven in Gods definitie van besluitvorming.
2) stellen te helpen inzien waar hun verantwoordelijkheden liggen bij de besluitvorming.
3) een aantal stappen aan te reiken die ze kunnen gebruiken om tot een beslissing te komen.

Veel voorkomende problemen met betrekking tot besluitvorming

1) *Wees proactief als er een beslissing moet worden genomen.* Gebed is de sleutel tot een verstandige beslissing. Door te bidden laat je zien dat je je onderwerpt aan Gods wil en de leiding van de heilige Geest. Als paar zou je moeten afspreken hoe jullie samen beslissingen nemen en hoe jullie omgaan met gevallen waarin jullie het niet met elkaar eens zijn. Dit zijn een paar vragen om over na te denken:

   - Voor welke beslissingen is het nodig om met elkaar te overleggen?
   - Welke beslissingen zouden jullie kunnen nemen zonder met elkaar te overleggen?
   - Wat moet je doen en wie kan je om raad vragen als jullie het niet met elkaar eens zijn?

   Voor kleine, huishoudelijke aankopen zal het bijvoorbeeld niet nodig zijn dat man en vrouw met elkaar overleggen. Maar voor grotere uitgaven, zoals de aanschaf van een auto, is dit beslist wel nodig.

2) *Gebruik je gezonde verstand, logica en aanwijzingen bij je besluitvorming.* Soms is het gemakkelijk om een besluit te nemen, maar soms ook niet. Bestudeer en volg de principes die in Gods Woord staan; je mag erop rekenen dat God je zal leiden. Bij het nemen van een beslissing zul je de balans moeten vinden tussen bovennatuurlijke aanwijzingen en aardse wijsheid. Te veel van het een of het ander belemmert ons zicht op Gods wegen.

3) *Vraag om raad.* Voor verschillende soorten beslissingen kun je verschillende mensen raadplegen. Maar bedenk dat het altijd goed is om advies in te winnen bij mensen die 'wijs in de Heer' zijn en je kunnen adviseren op grond van Bijbelse principes – ook al is het niet altijd prettig om te horen.

4) *Vrijheid en verantwoordelijkheid.* We moeten onthouden dat God de Bijbel had kunnen schrijven op elke manier die Hij wilde. Hij had hem in een andere vorm – zoals een leerboek – kunnen gieten. Hij had alles in aparte hoofdstukken kunnen zetten, zoals: kinderen opvoeden, werk vinden, een opleiding kiezen of huishoudelijke apparatuur aanschaffen en vervangen. Maar zo heeft Hij het niet gedaan. In plaats daarvan heeft God ons in de Bijbel richtlijnen en principes gegeven die ons vertellen wat we wel en niet zouden moeten doen. God heeft de mens een vrije wil gegeven. We zijn noch ontworpen als robots die geen keuzes kunnen maken, noch als immorele wezens die geen idee van goed en kwaad hebben. Wanneer je ervoor kiest om naar Gods principes te leven, mag je erop vertrouwen dat hij de verzoeken die je in alle bescheidenheid hebt gedaan zal honoreren.

5) *Uitzoeken wat belangrijk is:* voorkeuren, culturele normen, organisatienormen en dingen die vaststaan. De grafiek hieronder laat de verschillende niveaus van besluitvorming zien waarmee je in je huwelijk te maken krijgt. Je zult situaties tegenkomen die elk van jullie op verschillende niveaus van deze piramide zullen zien. Voordat jullie tot een gezamenlijk besluit proberen te komen, moeten jullie het eens zijn over het niveau van belangrijkheid van de beslissing. Als een van jullie het heel belangrijk vindt en de ander vindt de beslissing niet zo belangrijk, zal jullie gesprek om het eens te worden niet goed verlopen. Als jullie het eerst eens worden over de belangrijkheid, zal dit de uitkomst ten goede komen.

```
          /        Voorkeuren        \
         /_____\
        /          Huisregels          \
       /_____\
      /       Organisatienormen       \
     /_____\
    /    Bijbelse (vaststaande) waarden    \
   /_____\
```

Bron: *Apostolic Christian Counseling and Family Services[1]*, aangepast

Hier volgen de beschrijvingen van de niveaus:

Voorkeuren – zijn persoonlijke opties, beslissingen en keuzes. Beslissingen op dit niveau zijn bijvoorbeeld: wat je het liefst in een restaurant eet en welke kleur of welk type auto je leuk vindt. Als jullie het over deze dingen niet eens zijn, betekent het niet dat een van jullie het verkeerd ziet.

Huisregels – zijn gedragsregels die echtparen, gezinnen of groepen mensen samen hebben afgesproken. In een gezin hebben de ouders het voorrecht en het recht om de regels van het huis vast te stellen. Andere ouders zijn het misschien niet eens met de regels die jullie hebben bepaald, maar elk stel ouders moet zelf beslissen wat ze voor hun huis en gezin het best vinden. Het ene ouderpaar vindt bijvoorbeeld dat de kinderen 's avonds om half tien thuis moeten zijn, terwijl een ander ouderpaar voor tien uur kiest. Wie neemt de juiste beslissing? Het is een persoonlijke keuze.

Organisatienormen – zijn gedragsnormen, kledingnormen en normen voor het wel of niet deelnemen aan activiteiten die door bedrijven, kerken en sociale instellingen zijn vastgelegd. Op dit niveau vinden we veel van de gebruiken, tradities en gewoonten van de kerk.

Bijbelse normen – zijn Gods morele wetten die we als principes en geboden in zijn Woord vinden. Deze gelden voor iedereen, overal en altijd! Het gebod 'Pleeg geen overspel' bijvoorbeeld, dat in de Tien Geboden staat, is een absolute Bijbelse norm. Overspel is in Gods ogen een zonde – punt uit. Dit gold toen het werd opgeschreven, het geldt vandaag en het blijft zo lang geldig als de wereld bestaat.

Elk niveau van de bovenstaande piramide heeft een ander gezag. Zo is Gods Woord het gezag van de Bijbelse normen, bepaalt een organisatie haar organisatienormen en bepalen ouders de huisregels. In een huwelijk moeten de huisregels door beide partners zijn vastgesteld, niet door één van de twee.

Elke partner zou biddend en met respect met de mening van de ander moeten omgaan.

Bereid je eigen verhaal voor en maak er gebruik van

Vertel het stel hoe het feit dat jullie God in jullie besluitvorming betrekken jullie huwelijk heeft beïnvloed. Wat was jullie moeilijkste beslissing? Voor welke geestelijke beslissingen hebben jullie samen gestaan? Hoe hebben jullie die genomen? Is er iets wat je anders had willen doen?

Oefeningen voor het stel[2]

Nu volgt een voorbeeld van hoe je de bovenstaande piramide kunt gebruiken om tot een besluit over de schoolkeuze van je kinderen te komen. Neem het met je mentees door en pas het proces dan toe op een situatie waar ze mee te maken hebben.

1) *Begin met 'Bijbelse normen.'* Vraag jezelf bijvoorbeeld af wat de Bijbel over het onderwijs van kinderen zegt. Enkele verzen die hierop betrekking hebben zijn:

   Leer een kind van jongs af aan de juiste weg, en het zal er niet van afwijken wanneer het oud geworden is. (Spreuken 22:6)

   Vaders, maak uw kinderen niet verbitterd, maar vorm en vermaan hen bij het opvoeden zoals de Heer dat wil. (Efeziërs 6:4).

De Bijbel geeft ons duidelijk de opdracht om kinderen zo op te voeden dat ze God leren kennen en met Hem wandelen. Maar de Bijbel gaat niet in op de vraag hoe je kinderen moeten leren rekenen of aardrijkskunde moet bijbrengen en ook niet hoe je moet omgaan met een kind dat een leerprobleem heeft. Op het niveau van de Bijbelse normen bestaan er dus wel duidelijke richtlijnen voor de geestelijke voeding van een kind, maar niet voor de vele andere aspecten van onderwijs.

2) *Ga een stap hoger in de piramide en kijk naar organisatienormen.* Vraag jezelf af of de kerk iets zegt over het onderwijs aan kinderen.

De organisatienorm van de kerk bevestigt de Bijbelse norm. De kerk stimuleert ouders om er biddend over na te denken en dan te kiezen wat het best bij hun gezin past.

3) *Ga verder met de huisregels.* Vraag je af wat jullie als koppel belangrijk vinden in het onderwijs aan kinderen.

Huisregels worden door het koppel ingesteld en/of aanvaard. Veel huisregels ontstaan vanzelf, zonder er veel over na te denken. Bijvoorbeeld: op welke stoel de gezinsleden gaan zitten tijdens het avondeten. In andere gevallen nemen ouders gewoon de huisregels over die ze van hun ouderlijk huis hebben meegekregen. Maar er zijn ook huisregels die tot stand komen na een bewust proces van informatie verzamelen, bidden, overleggen en advies vragen.

4) *Kijk ten slotte naar je eigen voorkeur.* Elk van de partners kan eigen ideeën hebben over de vragen hoe, wanneer en waar het kind onderwijs moet krijgen. Die voorkeuren zouden ondergeschikt moeten zijn aan de principes die we in de Bijbel vinden.

Zodra je de Bijbelse principes, organisatienormen, huisregels en je eigen voorkeuren hebt vastgesteld, heb je voldoende informatie om een goede beslissing te kunnen nemen.

Tips die kunnen helpen bij het besluitvormingsproces

1) Breng duidelijk in kaart welke beslissing je moet nemen. Vraag in gebed nederig om Gods leiding.

2) Bestudeer het Woord om te bepalen of je voor de beslissing rekening moet houden met Bijbelse normen. Als dat zo is, volg dan de principes die in de Bijbel staan.

3) Als er geen Bijbelse normen meespelen of als er geen Bijbels gebod of principe van toepassing is, kijk dan of de kerk – door onderwijs of leiding – duidelijk maakt hoe je verder kunt gaan.

4) Zoek de raad van een geestelijk volwassen persoon die volgens jou kennis of deskundigheid heeft op het betreffende gebied.

5) Realiseer je dat er soms meerdere voorkeuren en oplossingen bestaan die voor God allemaal aanvaardbaar zijn. Zoek in die gevallen naar een hoger gezag, zoals Bijbelse principes en Bijbelse wijsheid, om tot een besluit te kunnen komen.

6) Kijk naar de behoeften van degenen die door de beslissing worden beïnvloed. Vraag je af of de geestelijke en de emotionele gevolgen van het besluit met elkaar in evenwicht zijn.

7) Denk bij elke optie zowel over korte termijn als lange termijn gevolgen na.

8) Weeg voordelen en nadelen van de beslissing tegen elkaar af.

9) Bedenk dat iets niet per se goed is als alles van een leien dakje gaat. En iets is niet per se verkeerd als het moeilijk gaat.

10) Voer uit wat je besloten hebt.

11) Evalueer de gevolgen van je keuze.

Aanknopingspunten voor een gesprek

1) Op welke manier nemen jullie belangrijke beslissingen? Welke criteria hanteren jullie meestal?
2) Welke rol zie je weggelegd voor je partner wanneer je een belangrijke beslissing moet nemen?
3) Hoe denken jullie om te gaan met situaties waarin jullie allebei een duidelijke, maar tegengestelde mening hebben?

Bijbelteksten

Filippenzen 4:6-7, *'Wees over niets bezorgd, maar vraag God wat u nodig hebt en dank hem in al uw gebeden. Dan zal de vrede van God, die alle verstand te boven gaat, uw hart en gedachten in Christus Jezus bewaren.'*

Spreuken 13:10, *'Betweters maken ruzie, wie goede raad ter harte neemt, is wijs.'*

Jozua 24:15, *'Wanneer u daar niet toe bereid bent [alleen de Heer te dienen], kies dan nu wie u wel wilt dienen: de goden van uw voorouders ten oosten van de Eufraat of de goden van de Amorieten, van wie u nu het land bewoont. In ieder geval zullen ik en mijn familie de HEER dienen.'*

Filippenzen 2:3-4, *'Handel niet uit geldingsdrang of eigenwaan, maar acht in alle bescheidenheid de ander belangrijker dan uzelf. Heb niet alleen uw eigen belangen voor ogen, maar ook die van de ander.'*

Hoofdstuk 26

Geloofsovertuigingen en gemeenschappelijke geestelijke ontwikkeling

Inleiding

Een koppel zal alleen volledige blijdschap, voldoening en zegeningen ervaren wanneer de partners recht voor God staan en geestelijk met elkaar op één lijn zitten. In dit hoofdstuk kijken we naar de volgende geloofsonderwerpen:

1) Wat te doen bij verschillen in geloofsovertuiging?
2) Hoe je een persoonlijke relatie met Jezus Christus kunt krijgen en onderhouden.

Veel voorkomende problemen ten aanzien van geloofsovertuigingen

Op deze terreinen kunnen stellen problemen ervaren:

1) Onenigheid over kernzaken van het geloof.
2) Niet onderkennen van het belang van hun geloofsverschillen of van de geringe toewijding aan God van de andere partner.
3) Een bereidheid om elk een afzonderlijk geloofsleven te leiden zonder te beseffen welke invloed dit heeft op hun relatie en hun kinderen.

Bereid je eigen verhaal voor en maak er gebruik van

Vertel het stel over jullie geloofsachtergrond. Hoe zijn jullie tot geloof in Jezus Christus gekomen? Welke invloed heeft jullie persoonlijke relatie met Jezus op jullie huwelijk gehad?

Tips voor het bespreken van geloofsovertuigingen

Stellen zouden de negatieve invloed die hun verschillende geloofsovertuiging op hun leven en huwelijk kan hebben zo veel mogelijk moeten beperken. Het is verstandig om de volgende punten, voor zover van toepassing, met je mentees te bespreken voordat ze in het huwelijk treden.

1) Stel vast welke overtuigingen heel belangrijk voor je zijn. Zijn er kwesties die voor jou echt niet bespreekbaar zijn? Bij welke kwesties sta je open voor een compromis?

2) Welke geloofsovertuigingen en -praktijken wil je aan je kinderen doorgeven? Zal je partner daarachter staan? Wat gebeurt er als hij/zij van gedachten verandert?

3) Welke invloed hebben je overtuigingen op hoe elk van jullie kijkt naar het huwelijk, jullie rollen, prioriteiten, financiën, kinderen en opvoeding?

4) Zijn er waarden, overtuigingen of voorkeuren die je voor je huwelijk (gedeeltelijk) zou willen opgeven? Welke?

5) Staan jullie ouders (van beide kanten) achter jullie voorgenomen huwelijk? Hoe belangrijk vinden zij geloofsovertuigingen? Hoe groot is de kans dat zij zich zullen bemoeien met de geloofspraktijken die jullie wel of niet willen naleven?

Spreek met elkaar af dat jullie elkaar niet onder druk zetten, en geen dingen veranderen of beloven voordat jullie er allebei klaar voor zijn, ook als het betekent dat jullie het huwelijk moeten uitstellen.

Hoe je een persoonlijke relatie met Jezus Christus kunt hebben

Als een van de twee mentees (of allebei) geen persoonlijke relatie met Jezus Christus heeft, kun je de volgende tekst gebruiken om hen met die weg bekend te maken zodat die relatie in hun huwelijk centraal kan staan.

1) **Onze zonde heeft ons van God gescheiden.**

God houdt van je en heeft een speciaal plan voor je leven en je huwelijk. Maar we hebben allemaal een probleem in ons leven, en dat is de zonde.

We hebben allemaal gezondigd en zijn daarom gescheiden van een heilig en rechtvaardig God. Daarom kunnen we Gods liefde en plan voor ons leven – en voor het huwelijk – niet door eigen inspanningen kennen en ervaren.

'Iedereen heeft gezondigd en ontbeert de nabijheid van God.' (Romeinen 3:23)

'Jullie wangedrag is het dat jullie en je God uit elkaar heeft gedreven...' (Jesaja 59:2)

'Wie de hele wet onderhoudt maar op één punt struikelt, blijft ten aanzien van alle geboden in gebreke.' (Jakobus 2:10)

'Het loon van de zonde is de dood, maar het geschenk van God is het eeuwige leven in Christus Jezus, onze Heer.' (Romeinen 6:23)

Jezus Christus is Gods enige oplossing voor onze zonde. Door Hem kun je Gods liefde en plan voor je leven leren kennen en ervaren.

2) Jezus stierf in jouw plaats.

'Wij dwaalden rond als schapen, ieder zocht zijn eigen weg; maar de wandaden van ons allen liet de HEER op hem neerkomen.' (Jesaja 53:6)

'God heeft hem die de zonde niet kende voor ons één gemaakt met de zonde, zodat wij door hem rechtvaardig voor God konden worden.' (2 Korintiërs 5:21)

'Maar God bewees ons zijn liefde doordat Christus voor ons gestorven is toen wij nog zondaars waren.' (Romeinen 5:8)

3) Jezus is de enige weg (een brug) tot God.

'Jezus zei: 'Ik ben de weg, de waarheid en het leven. Niemand kan bij de Vader komen dan door mij.' (Johannes 14:6)

4) Zelfs onze 'goede werken' kunnen ons niet redden.

'Door zijn genade bent u nu immers gered, dankzij uw geloof. Maar dat dankt u niet aan uzelf; het is een geschenk van God en geen gevolg van uw daden, dus niemand kan zich erop laten voorstaan.' (Efeziërs 2:8-9)

5) We moeten onze zonden aan God belijden, ons ervan afkeren en Jezus Christus als persoonlijke Redder en Heer aannemen.

Dan kunnen we Gods liefde en plan voor ons leven leren kennen en ervaren.

'Belijden we onze zonden, dan zal hij, die trouw en rechtvaardig is, ons onze zonden vergeven en ons reinigen van alle kwaad.' (1 Johannes 1:9)

'Wie hem wel ontvingen en in zijn naam geloven, heeft hij het voorrecht gegeven om kinderen van God te worden.' (Johannes 1:12)

'Ik sta voor de deur en klop aan. Als iemand mijn stem hoort en de deur opent, zal ik binnenkomen, en we zullen samen eten, ik met hem en hij met mij.' (Openbaring 3:20)

6) De Bijbel belooft het eeuwige leven aan iedereen die Christus persoonlijk als Redder aanneemt en onder zijn heerschappij willen leven.

Je kunt dan aan een nieuw leven beginnen (geestelijk 'opnieuw geboren' worden) en weten dat je naar de hemel gaat.

'God heeft ons eeuwig leven geschonken en dat leven is in zijn Zoon. Wie de Zoon heeft, heeft het leven. Wie de Zoon van God niet heeft, heeft het leven niet. Dit alles schrijf ik u

omdat u moet weten dat u eeuwig leven hebt, u die gelooft in de naam van de Zoon van God.' (1 Johannes 5:11-13)

Moedig je mentees aan om vandaag te besluiten Christus te volgen.

'God zegt: 'Wanneer de tijd daarvoor gekomen is, luister ik naar je, op de dag van de redding help ik je.' Nu is de tijd daarvoor gekomen, nu is de dag van de redding.' (2 Korintiërs 6:2)

7) Als je Jezus wilt aannemen als je persoonlijke Heer en Redder, bid dan dit (of een soortgelijk) gebed:

'Lieve God, ik besef dat ik tegen U gezondigd heb en dat ik mezelf niet door eigen inspanning kan redden. Ik erken dat Jezus Christus aan het kruis is gestorven om de straf die ik verdien te dragen en dat Hij daarna uit de dood is opgestaan zoals de Bijbel al had aangekondigd. Ik wil dat Jezus mijn Redder is. Ik bekeer me nu van mijn zonde, nodig Hem uit om in mijn leven de leiding te nemen en mijn Heer en Redder te worden. Ik stel nu mijn vertrouwen op Jezus en vraag U mij te helpen om elke dag voor U te leven. Amen.'

Oefeningen voor het stel

Maak een lijstje van de geestelijke doelen die elk van jullie persoonlijk en als paar willen nastreven. Bespreek ze met elkaar.

1) Laat de mentees hun christelijke getuigenis geven en vertellen welke invloed dit volgens hun op hun huwelijk zal hebben.
2) Bespreek op welk gebied jullie samen dienstbaar zouden kunnen zijn zodra jullie getrouwd zijn.
3) Zitten jullie geestelijk op één lijn? Worden jullie door elkaars prioriteiten opgebouwd of juist belemmerd?

Aanknopingspunten voor een gesprek

1) Hoe goed kennen jullie elkaars geloofsovertuigingen en -standpunten?
2) Waar bevind je je nu – in geestelijk opzicht – en waar kom je vandaan?

3) Hoe zie je Gods reddingsplan in het licht van wat je vroeger geleerd hebt?
4) Op grond waarvan kan iemand een relatie met God hebben?
5) Zijn jullie ervan overtuigd dat jullie allebei een vurig en levend geloof in Jezus Christus hebben?

Aanbevolen (Engelstalige) bronnen

Graham, Billy. *How to Be Born Again.* Dallas, Tex.: Word Pub., 1989.

Diverse christelijke organisaties bieden in meer dan 150 talen een soortgelijke presentatie van het evangelie aan.[1]

Hoofdstuk 27

Geestelijke intimiteit in het huwelijk

'Een koord dat uit drie strengen is gevlochten, is niet snel stuk te trekken.'

(Prediker 4:12b)

Inleiding

Het stuk touw in het hierboven genoemde vers symboliseert de kracht en verbondenheid van een huwelijk (man, vrouw en God) waarin God en zijn Woord centraal staan.

> *'Wat is er opwindender dan twee mensen die elkaar vinden en die – verbonden door een gemeenschappelijke liefde voor Gods Zoon – hun onzekere toekomst aan God toevertrouwen? Dat noem ik nou echte romantiek.'*
>
> ~ Beth Moore[1] ~

Intimiteit in het huwelijk begint met een geestelijke relatie met God. De apostel Johannes schrijft: *'Geliefde broeders en zusters, als God ons zo heeft liefgehad, moeten ook wij elkaar liefhebben. Niemand heeft God ooit gezien. Maar als we elkaar liefhebben, blijft God in ons en is zijn liefde in ons ten volle werkelijkheid geworden.'* (1 Johannes 4:11-12)

In dit hoofdstuk richten we ons op twee geloofskwesties:

1) Het ontwikkelen van geestelijke intimiteit in het huwelijk.
2) Het vinden van een kerk waar het paar samen de diensten bijwoont, onderwijs ontvangt en dienstbaar is.

Een goede huwelijksrelatie begint met de keuze om door Jezus

Christus een goede relatie met God op te bouwen. Naarmate we door gehoorzaamheid aan Gods Woord en het samen eren van God naar geestelijke volwassenheid groeien, zal de heilige Geest steeds meer geestelijke volwassenheid en intimiteit in het huwelijk brengen.

'Ik ben ervan overtuigd dat hij die dit goede werk bij u begonnen is, het ook zal voltooien op de dag van Christus Jezus.' (Filippenzen 1:6)

Veel voorkomende problemen ten aanzien van geestelijke intimiteit

Op deze gebieden kunnen paren problemen ervaren:

1) Verschillen in de manier waarop de partners in hun leven en huwelijk uiting geven aan hun geloofsovertuigingen.
2) Verschillen in kerkvoorkeur.
3) De vraag welke geloofsovertuigingen de partners aan hun kinderen willen meegeven.

Bereid je eigen verhaal voor en maak er gebruik van

Vertel wat jullie als stel hebben gedaan om in jullie huwelijk geestelijke intimiteit te ontwikkelen. Hoe houden jullie – zowel persoonlijk als gezamenlijk – jullie geestelijke leven op peil? Als je terugkijkt, zijn er dan dingen die je liever anders had gedaan?

Tips voor het bespreken van geestelijke intimiteit

Geestelijke intimiteit in het huwelijk gaat over het partnerschap met God: het omarmen van zijn liefde, kracht en leiderschap en het toepassen van die kracht in je huwelijk.

1) Geestelijke intimiteit bouwt voort op een besluit om dicht bij God te blijven, Hem te gehoorzamen, te bidden, zijn Woord te overdenken, met andere gelovigen op te trekken en anderen te dienen. (Handelingen 2:42)
2) Het is de bereidheid om Jezus Christus de Heer van ons leven (en dus ook ons huwelijk) te laten zijn en Hem bij al onze beslissingen om leiding te vragen (zoals welk huis je zult kopen, welke baan je moet nemen, waar je je vakantie

doorbrengt of welke school het best is voor je kinderen). (Matteüs 7:21)

3) Het is de bereidheid om met God over je schroom heen te stappen om met elkaar over geestelijke dingen te praten en je huwelijk als een geestelijk avontuur te leren zien.

4) Het is het besef dat God meestal liever het echtpaar leidt en probeert om de partners op één lijn te krijgen dan dat Hij door één van hen spreekt.

Wanneer we God toestaan om in ons huwelijk te komen en daar de leiding te nemen, verandert de menselijke relatie in een levenslange verbondsrelatie met God. Ons huwelijk verandert in een avontuur van blijvende liefde en blijdschap, een geschenk van onze liefhebbende, hemelse Vader.

Opstarten en ontwikkelen van geestelijke intimiteit

Geestelijke intimiteit ontwikkelen gaat niet altijd vanzelf, maar het is de moeite waard want het:

1) zorgt voor vertrouwen, eenheid en nabijheid.
2) vermindert conflict.
3) schept een veilige geestelijke basis voor je huis.
4) helpt je de uitdagingen van het leven aan te kunnen.
5) verbetert je huwelijk door een gezamenlijke geestelijke focus.
6) vervult je huwelijk met hoop en blijdschap.
7) zorgt voor een thuissituatie waar veiligheid, vrede, liefde en vergeving heersen.
8) legt de basis voor een geweldige geestelijke erfenis in je familie.
9) haalt de ik-gerichtheid weg.
10) stelt je in staat te ervaren wat God voor je huwelijk in gedachten had!

Geestelijke intimiteit is niet iets wat zomaar tot stand komt. Paren zullen een aantal specifieke beslissingen moeten nemen en open moeten staan voor wat God in hun huwelijk wil doen.

Waar je begint: het partnerschap met God aangaan

De eerste en belangrijkste stap naar geestelijke intimiteit is het aangaan van persoonlijke relatie met Jezus Christus. Het is heel belangrijk dat beide personen geestelijk op één lijn zitten. Dat betekent dat de mentees allebei iets 'te regelen' hebben met God: ze moeten zich aan Hem onderwerpen en Hem volgen.

Denk aan een driehoek. Als het goed is, bevindt God zich bovenin en bevinden man en vrouw zich links en rechts aan de onderkant. Naarmate je geestelijk groeit, kom je dichter bij God en ook dichter bij je partner.

Als de mentees hier verschillend over denken of als ze zich in verschillende richtingen ontwikkelen, groeien ze niet alleen uit elkaar, maar zal hun geestelijke groei waarschijnlijk ook stagneren.

De Heer wacht tot wij Hem in ons leven en ons huwelijk uitnodigen. Hij wil de derde streng in het koord van Prediker 4:12 zijn. God heeft ieder van ons geschapen naar zijn beeld en met een geest die contact kan maken met de Geest van de levende God.

Zodra je een persoonlijke relatie met Christus hebt, ben je klaar om je geestelijke reis met je partner te delen. Samen zullen jullie alles ontdekken wat God voor jullie binnen het mooie verbond van het christelijke huwelijk in petto heeft.

Samen bidden

Samen bidden, als echtpaar, is een wezenlijk onderdeel van een toegewijd, christelijk huwelijk. Het is het intiemste wat een echtpaar samen kan doen. Wanneer partners met elkaar bidden, laten ze er geen twijfel over bestaan wie de Heer over hun huwelijk is.

Volgens statistieken eindigt slechts 1 op de 1500 huwelijken waarvan de partners regelmatig bidden in een echtscheiding. En toch wordt er in slechts 4 procent van de christelijke huwelijken regelmatig gebeden.[2]

Wanneer partners het gezamenlijke gebed verwaarlozen, missen ze een enorme gelegenheid om Gods bescherming, leiding en zegen in hun huwelijk te ontvangen! Samen bidden is zowel een oplosmiddel als lijm.[3] Het lost wrok en bitterheid op en bindt harten samen.

De Zwitserse psychiater Paul Tournier zegt: 'Alleen wanneer een man en vrouw samen tot God bidden, vinden ze het geheim van echte harmonie: dat hun verschillen in temperament, ideeën en smaak hun huishouden niet in gevaar brengen, maar juist verrijken... Wanneer elk van de huwelijkspartners zich voor God buigt en probeert zijn eigen fouten te zien, zijn zonde te erkennen en de ander om vergeving te vragen, bestaan er geen huwelijksproblemen meer... Ze leren om volkomen eerlijk tegen elkaar te zijn... Dit is de prijs die betaald moet worden als twee zeer verschillende partners hun talenten willen samenvoegen in plaats van ze tegen elkaar in te zetten.'[4]

Samen bidden kan in het begin ongemakkelijk voelen omdat het zo persoonlijk en riskant lijkt. Samen bidden kan je een gevoel van kwetsbaarheid en ontoereikendheid geven. Bidden is misschien wel je moeilijkste stap naar geestelijke intimiteit.

En toch heeft elk huwelijk behoefte aan een plaats waar twee mensen voor enkele rustige momenten bij elkaar kunnen komen – een plaats waar ze op hetzelfde gericht zijn: God. Stellen die dit deel van hun gezamenlijke geestelijke leven met succes ontwikkelen, reserveren meestal een vast tijdstip van de dag (bijvoorbeeld na het avondeten of voordat ze naar bed gaan) om Bijbel te lezen en te bidden. Door er een gewoonte van te maken, zullen ze die stille plaats ook vinden.

Samen geestelijk groeien

Om de groei te bevorderen die God voor hun leven en huwelijk bedoelt, is het goed als stellen aan bepaalde activiteiten deelnemen. Dit zijn onder andere:

1) Het bezoeken van kerkdiensten, actief deelnemen en dienstbaar zijn door de inzet van geestelijke gaven en talenten.
2) Zich aansluiten bij een kring of Bijbelstudiegroep.
3) Persoonlijk en gezamenlijk bidden.

Waar was Adam toen Eva zondigde?

Echte intimiteit in het huwelijk begint met een gezonde relatie met God. Toen Adam en Eva door hun zonde de gemeenschap met God kwijtraakten, verloren ze ook de eenheid met elkaar. Hun intimiteit werd bedorven, ze waren beiden naakt en schaamden zich voor elkaar. Toen er een breuk kwam in hun intieme relatie met God, gebeurde hetzelfde met hun intieme relatie met elkaar.

Adams onvermogen om zijn vrouw te leiden en Eva's onvermogen haar man om raad te vragen waren een geestelijk probleem. Was Eva bang dat Adam de dingen anders zou zien dan zij? Was Adam wel aanwezig, maar te passief om in te grijpen of haar te beschermen? Had hij zich geestelijk buiten spel gezet en zag hij niet welke bedreiging Satan voor zijn vrouw vormde?

Belemmeringen voor geestelijke groei

Vergeet niet dat Satan zijn uiterste best doet om te voorkomen dat je diepste behoeften aan intimiteit vervuld worden. Hij probeert ons voortdurend tegen te werken door ons bang te maken voor transparantie en de man bij zijn leidersrol vandaan te houden. Hij wil dat we onze diepste behoeften verbergen voor degenen waar we het meest van houden, waardoor we kwetsbaar worden voor geestelijke aanvallen. Satan wil absoluut niet dat stellen een transparant en betrokken leven leiden.

Niets schept zo veel intimiteit als transparantie en vergeving. Een vergevende houding is het enige wat helpt om oude conflicten op te lossen. Koppels zouden hun angsten en mislukkingen met open vizier tegemoet moeten treden. Ze moeten God vragen om geestelijke kracht zodat ze pijnlijke ervaringen uit het verleden kunnen verwerken.

Wanneer partners ten volle beseffen hoe groot Gods liefde voor hen is, zullen ze de eenheid gaan ervaren die God met hun huwelijk voor ogen heeft. Dan kunnen ze iets van datgene wat in de Hof van Eden verloren is gegaan terugwinnen en binnen hun huwelijksband hun liefde, transparantie en vertrouwen laten blijken.

Door Gods liefde kunnen huwelijkspartners hun geestelijke

intimiteit ontwikkelen en Gods wil voor hun huwelijk realiseren. Jezus zei: *'Zoek liever eerst het koninkrijk van God en zijn gerechtigheid, dan zullen al die andere dingen je erbij gegeven worden.'* (Matteüs 6:33)

Vraag of de Heer jullie beiden wil helpen om al Christus' plannen en verlangens voor jullie huwelijk te vervullen. Vertrouw erop dat de heilige Geest jullie in dat proces dichter bij elkaar zal brengen.

Een kerk vinden waar jullie samen God kunnen eren en anderen kunnen dienen

Probeer een kerk te vinden waar niet alleen het goede nieuws – of evangelie – van de verlossing wordt onderwezen (zie hoofdstuk 26), maar waar ook de volgende overtuigingen en gebruiken centraal staan:

1) De Schriften (het Oude en Nieuwe Testament) vormen het volledige, door God geïnspireerde, onfeilbare Woord van God. De Bijbel is het hoogste gezag en de leidraad voor het christelijke geloof en de christelijke levenswandel.
2) Er is één God die eeuwig aanwezig is in drie personen: de Vader, de Zoon en de heilige Geest.
3) Jezus Christus is het hoofd van de kerk.
4) Hemel en hel zijn echt bestaande plaatsen. Zij die Christus volgen, zullen voor altijd met Hem leven en zij die Christus als Redder en Heer afwijzen, zullen voor altijd van Hem gescheiden zijn.
5) Het ontwikkelen van volledig toegewijde volgelingen van Christus.
6) Zorgen dat gelovigen gemeenschap met elkaar kunnen hebben en rekenschap aan elkaar kunnen afleggen.
7) Een gerichtheid op zending en dienstbaarheid die in de eigen omgeving en in andere landen de liefde van Christus laat zien.
8) Goed onderwijs voor zowel volwassenen als kinderen.
9) Een eredienst die relevant, geestelijk stimulerend en Bijbels is.

De kerk zou niet te ver weg moeten zijn zodat jullie kunnen deelnemen en dienen.

Oefeningen voor het stel

1) Bespreek de specifieke stappen die jullie zetten en willen zetten om de geestelijke intimiteit in jullie huwelijk te vergroten.

2) Noem een aantal manieren waarop jullie – na een periode van aanpassing aan het getrouwde leven – jullie geestelijke intimiteit zouden kunnen vergroten door dienstbaarheid aan anderen.

Aanknopingspunten voor een gesprek

1) Merken jullie iets van spanning in jullie relatie als gevolg van verschillende geloofsovertuigingen?

2) In welke opzichten komen jullie nader tot elkaar door jullie geloofsovertuigingen en in welke opzichten juist niet?

3) Hoe zouden jullie geloofsovertuigingen jullie relatie kunnen verstevigen zodat jullie beter opgewassen zijn tegen de beproevingen van het leven?

4) Hebben jullie erover nagedacht wat het betekent om ook in moeilijke tijden van God afhankelijk te zijn?

5) Spelen jullie geloofsovertuigingen een grote rol in jullie toewijding aan elkaar?

6) In hoeverre worden jullie grote beslissingen beïnvloed door jullie geloofsovertuigingen?

Bijbelteksten

Romeinen 12:6, *'We hebben verschillende gaven, onderscheiden naar de genade die ons geschonken is. Wie de gave heeft te profeteren, moet die in overeenstemming met het geloof gebruiken.'*

1 Korintiërs 14:12, *'Dit geldt ook voor u: als u zo graag geestelijke gaven bezit, moet u ernaar streven uit te blinken in de opbouw van de gemeente.'*

2 Korintiërs 6:14, *'Loop niet in een en hetzelfde span met ongelovigen. Wat is de verwantschap tussen gerechtigheid en wetteloosheid? Wat heeft licht met duisternis te maken?'*

Aanbevolen (Engelstalige) bronnen

Kennedy, Nancy. *When He Doesn't Believe: Help and Encouragement for Women Who Feel Alone in Their Faith.* Colorado Springs, CO: WaterBrook, 2001.

Strobel, Lee en Leslie Strobel. *Surviving a Spiritual Mismatch in Marriage.* Grand Rapids, MI: Zondervan, 2002.

Hoofdstuk 28

Verwachtingen van het huwelijk

Inleiding

Iedereen die trouwt doet dit met verwachtingen die van tevoren zijn gevormd door een breed scala aan ervaringen en input van familie, de cultuur en de media. Verwachtingen ten aanzien van liefde en het huwelijk hebben een grote invloed op een relatie.

Of een stel gelukkig of teleurgesteld zal zijn in het leven, wordt voor een groot deel bepaald door de mate waarin gebeurtenissen overeenkomen met wat men verwacht dat er zal gebeuren. Alle getrouwde stellen beginnen vol hoop en vertrouwen dat hen het allerbeste te wachten staat. De problemen ontstaan wanneer die hoop en overtuigingen niet op de realiteit zijn gebaseerd.

Zo lang iemand vindt dat zijn/haar partner aan een oneerlijke of onredelijke norm moet voldoen, zal hij/zij zich teleurgesteld voelen. De ander kan nu eenmaal niet gedachten lezen, jeugdwonden genezen of zorgen dat het huwelijk 'volmaakt' is.

Veel voorkomende problemen met betrekking tot verwachtingen

Op deze terreinen is bij veel stellen ruimte voor verbetering:

1) Denken dat de euforie van de nieuwe liefde nooit zal veranderen of afnemen.

2) Lage verwachtingen van het huwelijk (achterdocht), als gevolg van wat ze bij anderen hebben gezien (onvoldoende voorbeelden van goede huwelijken).

3) Niet beseffen dat hun verwachtingen in verschillende stadia van het getrouwde leven (zoals de aanschaf en inrichting

van het eerste huis, kinderen krijgen, ziekte, kinderen die het huis verlaten, enz.) zullen veranderen.

4) Genoegen nemen met lagere verwachtingen voor het huwelijk dan God bedoeld heeft.

5) Angst om de eigen identiteit te verliezen zodra men getrouwd is.

6) Bang zijn voor een scheiding vanwege eigen ervaring of de ervaringen van anderen.

'Wanneer twee mensen nog verliefd op elkaar zijn, hebben ze niet veel nodig omdat ze nog steeds in een roes verkeren. Je verwacht heel weinig, voelt je fantastisch en doet erg je best om het elkaar naar de zin te maken. Maar naarmate de relatie zich verdiept, veranderen de verwachtingen. En wanneer die behoeften niet vervuld worden, kan je partner opeens weinig goeds doen – je lijkt je overal aan te ergeren... Jullie kunnen onenigheid krijgen, maar praten niet over de dingen die jullie echt dwars zitten.'[1]

Bereid je eigen verhaal voor en maak er gebruik van

Vertel hoe jullie verwachtingen als paar sinds jullie verlovingstijd en in de verschillende stadia van jullie huwelijk (pas getrouwd, jonge ouders, verhuizingen, enz.) zijn veranderd.

Tips voor het bespreken van huwelijksverwachtingen

Bespreek deze dingen met je mentees:

1) Jullie zullen allebei moeten aanvaarden dat jullie verwachtingen van het huwelijk niet hetzelfde zijn. Het is belangrijk dat je zowel kunt geven als nemen.

2) Het kan zijn dat een van de twee zich verder moet ontwikkelen, terwijl hij/zij de verantwoordelijkheid daarvoor bij de ander legt.

3) Erken dat er onoplosbare kwesties kunnen bestaan die jullie gewoon moeten loslaten. Geen van jullie is met een volmaakt persoon getrouwd.

4) Gebruik teleurstelling als een signaal. Zie het als een teken dat er een onbewuste, onuitgesproken of onvervulde behoefte bestaat. In elk huwelijk is er ruimte voor verbetering.

5) Weersta de verleiding om jouw situatie met die van anderen te vergelijken. Iedereen krijgt op zijn/haar trouwdag een 'compleet persoon' aan zijn/haar zijde – niet een steriele versie van iemand waar je misschien over gehoord hebt.

6) Zie onvervulde verwachtingen als een herinnering aan het feit dat je alleen in Christus je ware volkomenheid zult bereiken.

7) Richt je meer op dankbaarheid om onvervulde verwachtingen in hun juiste perspectief te zien.

8) Omarm Gods visie op het huwelijk en vecht ervoor om het op te bouwen en te beschermen. Merk op dat de Bijbel begint met een huwelijk (tussen Adam en Eva), het huwelijk gebruikt om Gods liefde voor zijn volk te illustreren (Christus en de kerk) en eindigt met een huwelijksbanket in de hemel (van God en zijn volk). Dit laat duidelijk zien hoe belangrijk God de unieke huwelijksrelatie vindt!

9) Het huwelijk zou iets prachtigs moeten zijn. God heeft je geschapen voor gezelschap (Genesis).

10) Het huwelijk is belangrijk voor de heerlijkheid van God. Van alle dingen die Hij had kunnen uitkiezen om zijn liefde voor ons te illustreren, koos Hij het huwelijk. Zorg dat jouw huwelijk een duidelijk beeld schildert van Gods liefde voor een toekijkende en noodlijdende wereld.

11) We leren van anderen. Omring jezelf met (echt)paren die dezelfde geloofswaarden hebben als jij en een goed huwelijk hebben.

Oefeningen voor het stel

Kies een of twee van de onderstaande oefeningen uit die aansluiten bij wat het stel op het gebied van verwachtingen nodig heeft.

1) Vraag de mentees om 3 tot 5 verwachtingen op te noemen die ze voor hun huwelijk (niet alleen voor hun partner) hebben. Bespreek hoe realistisch die verwachtingen zijn.

2) Help de mentees om de verwachtingen op te noemen die ze daadwerkelijk voor elkaar kunnen vervullen.

3) Help elk van de mentees te begrijpen waar hun verwachtingen vandaan komen door vast te stellen wat hun belangrijkste bronnen van input waren. Hoe betrouwbaar waren die bronnen?

4) Bespreek hoe we kunnen weten wat God van het huwelijk vindt. Benoem 5 tot 10 verwachtingen die God voor hun huwelijk heeft. Laat hen hun lijstjes vergelijken en bespreken.

5) Bespreek enkele van de volgende onredelijke verwachtingen met je mentees. Laat hen redelijke alternatieven bedenken.

Onredelijke/onjuiste verwachtingen	Redelijke verwachtingen (Discussie punten zijn voor de mentoren)
Mijn partner zal in al mijn sociale en emotionele behoeften voorzien.	• Er zullen momenten zijn dat je partner je zal teleurstellen en frustreren. • Je zult ieder een paar eigen vrienden moeten hebben, maar ook vriendschappen met andere stellen moeten aanknopen.

Onredelijke/onjuiste verwachtingen	Redelijke verwachtingen (Discussie punten zijn voor de mentoren)
Als we zorgen dat we net zo verliefd op elkaar blijven als in het begin, zal ons huwelijk slagen.	• Hoe partners hun liefde tonen en hoe de ander erop reageert zal van tijd tot tijd variëren. Soms zal het opwindend zijn. Soms troostend. Soms is het er gewoon. Het doel is je huwelijk te koesteren, zodat jullie liefde steeds dieper wordt.
Ik weet alles wat er te weten is over mijn partner en mijn partner weet alles over mij.	• Voor een geslaagd huwelijk moet je regelmatig investeren in de vraag hoe je in elk stadium van jullie gezamenlijke leven gelukkig getrouwd kunt zijn. • Met het ouder worden verander je. De man of vrouw waarmee je tien jaar geleden trouwde is niet de man of vrouw waarmee je nu getrouwd bent. Je moet je partner blijvend leren kennen.
Wij zullen nooit ruzie krijgen.	• Conflictvermijding leidt vaak tot een scheiding. • Het is onrealistisch om aan te nemen dat jullie unieke verschillen door het huwelijk automatisch worden opgelost of dat je in je huwelijk eenzijdig voor je partner kunt beslissen.
Wat we tot nu toe samen hebben beleefd kan alleen maar beter worden wanneer we getrouwd zijn.	• Elk huwelijk gaat door tijden van grote blijdschap en groot verdriet en teleurstelling. We zijn allemaal mensen.

Onredelijke/onjuiste verwachtingen	Redelijke verwachtingen (Discussie punten zijn voor de mentoren)
Als we voor elkaar bedoeld zijn, zal dit gevoel van liefde nooit afnemen.	• Liefde is in beweging en heeft veel facetten. Liefde is aan verandering onderhevig en groeit als gevolg van onze inzet.
Door het huwelijk worden problemen die we tot nu toe hebben gehad vanzelf opgelost.	• Het huwelijk lost geen problemen op. Het maakt ze alleen maar groter. • Het huwelijk brengt allerlei nieuwe problemen met zich mee waarmee we moeten omgaan en die we moeten oplossen.
Het huwelijk helpt ons 'volwassen' en onafhankelijker te worden.	• In bepaalde opzichten kan het huwelijk je 'dwingen' om volwassen te worden. In andere opzichten zal blijken dat je nog lang niet volwassen genoeg bent. • Onafhankelijkheid van je ouders zal voor zowel jou als je ouders een leerproces zijn. • Je zult altijd een gezagspersoon boven je hebben. Zo is het leven nu eenmaal. • Je mag het huwelijk niet gebruiken om aan je ouders te ontsnappen.
Ons huwelijk wordt net als (of niet als) het huwelijk van mijn ouders.	• Geen twee huwelijken zijn hetzelfde. Het integreren van onze achtergronden en verwachtingen zal een uniek proces zijn. • Rolverwachtingen moeten worden besproken, uitgekozen, aangepast en nageleefd.

Onredelijke/onjuiste verwachtingen	Redelijke verwachtingen (Discussie punten zijn voor de mentoren)
We zijn verliefd en we kennen elkaar goed. Trouwen zal geen grote verandering voor ons zijn.	• Wanneer je verkering hebt, zie je meestal alleen iemands beste kanten. Zodra je getrouwd bent, zie je alles – elk uur, elke dag en elk jaar.
Aangezien hij of zij mijn soulmate is, zullen we altijd hetzelfde denken.	• Als jullie altijd hetzelfde denken, is één van jullie overbodig. • Als je leert hoe je op een eerlijke en doeltreffende manier onenigheid moet oplossen, kan dit je huwelijk juist sterker maken.
Het huwelijk is een riskante onderneming. De kans dat we erin slagen is fiftyfifty.	• Hoewel alle echtparen een risico lopen op echtscheiding, kunnen jullie allebei leren een succes van het huwelijk te maken door Bijbelse en andere goede relatie-instrumenten te gebruiken.
Zodra we voortdurend bij elkaar kunnen zijn, zal onze relatie beter worden.	• Wanneer je elke dag bij elkaar bent, krijg je met nieuwe uitdagingen te maken, vooral in tijden van conflicten en irritaties.
Mijn partner en ik zullen het over de meeste dingen met elkaar eens zijn.	• God heeft jullie mannelijk en vrouwelijk en naar zijn beeld geschapen. Jullie hebben verschillende vaardigheden, gevoelens, rollen, enzovoort, maar zijn wel gelijkwaardig.
Als hij van me houdt, weet hij wat ik denk en voel.	• Man en vrouw zijn verschillend, en geen van beiden kan gedachten lezen.

Onredelijke/onjuiste verwachtingen	Redelijke verwachtingen (Discussie punten zijn voor de mentoren)
Het huwelijk zal mij van mijn gevoelens van eenzaamheid bevrijden.	• Als de wortel van de eenzaamheid niet wordt aangepakt, zullen eenzame ongetrouwde mensen ook in het huwelijk eenzaam zijn.
Kinderen krijgen zal ons huwelijk verbeteren.	• De komst van kinderen zorgt voor nieuwe uitdagingen. Als je je huwelijk goed wilt houden, kunnen je kinderen niet altijd op de eerste plaats komen – die plaats is voor je partner. • Het beste geschenk dat je je kinderen kunt geven, is een gezond huwelijk.
Als mijn verwachtingen niet vervuld worden, ben ik vast met de verkeerde persoon getrouwd.	• Als je een volmaakte partner verwacht, zul je teleurgesteld raken. En je partner ook. • Ontwikkel je huwelijksvaardigheden. Een huwelijk is op zijn best, wanneer de huwelijksverwachtingen overeenkomen met de huwelijksvaardigheden!
Als we eenmaal getrouwd zijn, zorg ik wel dat hij/zij naar de kerk gaat.	• Vaak is het moeilijker om je partners gedrag te beïnvloeden als jullie al getrouwd zijn. Als iemand voor het huwelijk iets niet wil, is de kans eerder kleiner dat hij/zij het daarna wel wil. • Bid voor je partner en laat hem/haar zien welke invloed je geloof heeft op de manier waarop je met hem/haar omgaat.

Onredelijke/onjuiste verwachtingen	Redelijke verwachtingen (Discussie punten zijn voor de mentoren)
Wanneer we getrouwd zijn, kan ik net zo veel aandacht, genegenheid en aan mij besteed geld verwachten als toen we verkering hadden.	• In de loop van een mensenleven veranderen onze prioriteiten. Succesvolle stellen leren zich aan te passen aan de veranderingen van het leven.
Mijn vrouw (of man) zal de dingen net zo doen als mijn moeder (of vader) ze deed (denk aan koken, dingen repareren, het huishouden doen).	• Je bent niet met je vader of moeder getrouwd; je bent getrouwd met een uniek persoon die uit een ander gezin kwam.

Aanknopingspunten voor een gesprek

1) Denk je dat je in je huwelijk ooit voor grote problemen of uitdagingen komt te staan?
2) Kunnen de meeste problemen waar echtparen mee geconfronteerd worden alleen door tijd worden opgelost?
3) Is liefde het enige wat een stel nodig heeft om een geweldig huwelijk te kunnen hebben?
4) Is er iets waardoor je zou kunnen twijfelen aan jullie liefde voor elkaar?
5) Verwacht je dat de moeilijkheden die jullie nu ervaren na jullie bruiloft vanzelf zullen verdwijnen? Zo ja, waarom?
6) Kan je partner volledig in je behoefte aan gezelschap voorzien? Waarom niet?
7) In hoeverre denk je dat de romantische gevoelens die je nu hebt op den duur zullen veranderen?

Bijbelteksten

Redelijke huwelijksverwachtingen zijn gebaseerd op kernwaarden als:

1) Trouw

'Velen roemen hun eigen trouw, maar wie vindt een mens die werkelijk betrouwbaar is?' (Spreuken 20:6)

'Ze spreekt wijze woorden, wat ze zegt, zijn liefdevolle lessen.' (Spreuken 31:26)

2) *Respect*

'Maar ook voor elk van u geldt dat ieder zijn vrouw moet liefhebben als zichzelf, en dat een vrouw ontzag moet hebben voor haar man.' (Efeziërs 5:33)

'Oudere mannen moeten sober, waardig en bezonnen zijn, en gezond in het geloof, de liefde en de volharding.' (Titus 2:2)

3) *Vriendschap*

'Een vriend is je altijd toegedaan...' (Spreuken 17:17a)

'Wanneer twee vrienden samen zijn en een van beiden valt, helpt de ander hem weer overeind, maar wie alleen is en ten val komt is beklagenswaardig, want hij heeft niemand die hem op de been helpt.' (Prediker 4:10)

4) *Romantiek*

'Neem mij met je mee. Laten we rennen! Mijn koning brengt mij in zijn kamers.' (Hooglied 1:4)

'Mijn lief moet in zijn hof komen, laat hij daar zijn zoete vruchten proeven.' (Hooglied 4:16b)

5) *Vergeving*

> *'Vergeef ons onze schulden, zoals ook wij hebben vergeven wie ons iets schuldig was... Want als jullie anderen hun misstappen vergeven, zal jullie hemelse Vader ook jullie vergeven.'* (Matteüs 6:12, 14)

> *'Verdraag elkaar en vergeef elkaar als iemand een ander iets te verwijten heeft; zoals de Heer u vergeven heeft, moet u elkaar vergeven.'* (Kolossenzen 3:13)

Hoofdstuk 29

Relationele vaardigheden

Of je nu verkering hebt, verloofd bent of getrouwd ... het bouwen aan je relatie is de basis voor succes.

Inleiding

Relationele vaardigheid is het vermogen om goede relaties met anderen aan te gaan en te onderhouden. Helaas gaat het niet vanzelf om thuis of in de gemeenschap goede en bevredigende relaties te onderhouden, of we nu gelovig zijn of niet. Het is zelfs zo dat de combinatie van onze menselijke manier van doen en de eisen van onze maatschappij onze relaties vaak tot een zeer problematische en pijnlijke ervaring maken. Onze persoonlijke lijdensweg is voor een groot deel te wijten aan de moeilijkheden die we ervaren bij het aanknopen of onderhouden van relaties.

Deze mentorsessie is bedoeld om:

1) van gedachten te wisselen over realistische en onrealistische verwachtingen ten aanzien van liefde, relaties en de uitdagingen waarmee iedereen in een relatie wordt geconfronteerd.
2) het stel te helpen relationele vaardigheden te herkennen die ze kunnen gebruiken.
3) de mentees een stappenplan aan te reiken waarmee ze goede, gezonde relaties kunnen aangaan.

Veel voorkomende problemen met betrekking tot relationele vaardigheden

1) *Kwetsbaarheid.* Veel mensen denken dat kwetsbaarheid een teken van zwakte is. Die mening is vooral populair onder mensen met persoonlijkheidstype A. Ze geven liever

de indruk dat ze altijd sterk zijn en alles onder controle hebben. Maar dat is niet hoe God naar kwetsbaarheid kijkt. Hij ziet ons zoals we werkelijk zijn. Bij God heeft het geen enkele zin om ons anders voor te doen. Wat Hij wel ziet en waardeert is onze nederigheid.

Bij relaties zou je het zo kunnen zien: als je bereid bent om je kwetsbaarheid te tonen, zul je ontdekken dat anderen op een betere manier met je omgaan. Dan hoor je dingen als: 'Ik dacht dat ik de enige was met dat probleem.' Dat opent de deur voor een goed gesprek. En als je jezelf tegenover God kwetsbaarder opstelt, zul je merken dat die houding vanzelf vrucht oplevert. Realiseer je ook dat je in deze wereld nooit helemaal kwetsbaar bent. God is onze ultieme beschermer – dat was Hij altijd al en Hij zal het altijd blijven.

2) *Ongezonde relaties.* Scheikunde-experts zullen je vertellen dat je bepaalde chemische stoffen nooit bij elkaar moet doen. Een schijnbaar onschuldig mengsel kan plotseling explosief en gevaarlijk worden. Dezelfde waarschuwing geldt voor relaties. Sommige mensen vormen een gevaarlijke combinatie als je ze bij elkaar zet. Voor jou kan dat een getrouwde man of vrouw op het werk zijn die graag een beetje flirt. Of het is een vriend die weet hoe hij je moet ompraten om dingen te doen die je beter niet kunt doen. Wat je je moet afvragen is: hoe kan ik uit de problemen blijven en zorgen dat ik niet in gevaar kom?

3) *Kernzaken.* Kernzaken hebben te maken met iemands ware identiteit, eigenwaarde en behoeften. Al zijn andere zaken nog zo belangrijk, vergeleken met kernzaken als een gezonde identiteit en een echt besef van eigenwaarde zijn ze maar oppervlakkig. Die andere zaken zijn zelfs afhankelijk van identiteit, eigenwaarde en persoonlijke behoeften.

Zo maken mannen zich vaak schuldig aan een 'logische' manier van communiceren met hun vrouw, in plaats van rekening te houden met haar behoefte aan geborgenheid (liefde, acceptatie en vergeving). Door te willen bewijzen dat we 'gelijk hebben' gaan we volledig voorbij aan de kernzaken: de persoonlijke behoeften en ware identiteit van onze partner. Het is mogelijk om helemaal gelijk te hebben en op hetzelfde moment in relationeel opzicht de plank mis te slaan.

Vrouwen kunnen ten prooi vallen aan de verleiding om te 'zeuren' tot hun man doet wat ze willen, in plaats van te communiceren vanuit de erkenning dat hij behoefte heeft aan betekenis (belangrijkheid, betekenis en geschiktheid) en respect.

Als we geen oog hebben voor persoonlijke basisbehoeften en de manier waarop die vervuld kunnen worden, zal de communicatie alleen maar oppervlakkig zijn. Dit betekent niet dat de behoeften van mannen en vrouwen volledig verschillend zijn. Ook mannen hebben behoefte aan geborgenheid (liefde, acceptatie en vergeving) en streven daarnaar. En ook vrouwen hebben, net als mannen, behoefte aan betekenis (belangrijkheid, betekenis en geschiktheid). Maar mannen en vrouwen gaan hier verschillend mee om.

De drie stappen tot een betere relatie met je partner: vertrouwen – geven en zegenen – vergeven

1) De Bijbel spreekt ervan en de ervaring bewijst het: God is betrouwbaar. Hij is het toonbeeld van rotsvaste betrouwbaarheid. Met zijn eeuwige toewijding laat Hij ons nooit in de steek. Omdat we kinderen van God zijn, zouden ook onze relaties van die eigenschap doordrongen moeten zijn. Maar is dat ook zo? Zijn we er voor onze vrienden, ook als het slecht uitkomt? Houden we onze beloften aan partner en kinderen? Steunen we familieleden en blijven we hen toegewijd, ook al doen ze vervelende dingen of zijn we niet graag bij hen in de buurt? Neem je voor om het vandaag beter te doen en Gods voortdurende zorg en aandacht door je heen te laten stromen.

2) Bedenk hoe God in de Bijbel wordt voorgesteld als iemand die mensen vol liefde opzoekt. Van de Hof van Eden, waar

de Schepper aan Adam vraagt: 'Waar ben je?' tot Jezus' verhalen over het verloren schaap, een zoek geraakte munt en een afgedwaalde zoon, worden we gewezen op een zorgzame Vader die alle moeite doet om zijn kinderen te vinden. Stel je voor hoe anders het zou zijn als we ons even vurig zouden inzetten voor de relaties met onze partner, onze kinderen en onze vrienden, niet om iets van hen te *krijgen*, maar om hen iets te *geven* en hen te zegenen.

3) Heb je wel eens gezien hoe een vriendschap wordt verscheurd door bedrog of een onopgelost conflict? Heb je je wel eens afgevraagd wat jij kon doen om zo'n ernstige kloof te overbruggen? In het boek Filemon reikt Paulus een methode aan om gebroken relaties te herstellen. Als volgeling van Christus moest Filemon Onesimus vergeven, net zoals hij zelf door God vergeven was. Paulus roept Filemon op om hem een dienst te bewijzen en Onesimus een tweede kans te geven. Wat zou er gebeuren als jij ook zoiets zou doen wanneer je de gelegenheid krijgt om tussen twee mensen als vredestichter te fungeren?

Bereid je eigen verhaal voor en maak er gebruik van

Vertel over een situatie waarbij je volledig op God moest vertrouwen en je partner om vergeving moest vragen. Vertel hoe je omging met je gevoel van kwetsbaarheid en de uitkomst van de kernzaken die het betrof.

Tips voor het ontwikkelen van goede relationele vaardigheden

1) Geef jullie relatie regelmatig aandacht: minstens 15 minuten zinnige dialoog per dag. Richt je in die dialoog op wat jullie van elkaar en jullie gezamenlijke leven vinden.

2) Wees nieuwsgierig naar elkaar en geef jullie relatie dezelfde prioriteit en aandacht die je eraan gaf toen jullie net verkering hadden – stel veel vragen.

3) Spreek in liefde 'de waarheid.' In liefde de waarheid spreken is een Bijbelse beschrijving van effectieve communicatie. Om anderen als Christus te kunnen

liefhebben, moeten we zo goed worden in die manier van communiceren dat het een tweede natuur voor ons wordt.

4) Maak aantekeningen. Sommige mensen vinden het zinvol om aantekeningen te maken wanneer ze proberen Gods stem te verstaan. Het betekent gewoon dat je biddend tijd met God doorbrengt en opschrijft wat Hij volgens jou tegen je zegt. Vraag God eens wat Hij van je vindt en wie je voor Hem mag zijn en schrijf dan de antwoorden op die je ontvangt.

5) Heb de mensen om je heen lief. Nadat God je van zijn liefde heeft verzekerd, kun je Hem vragen je te helpen van anderen te houden. (Je zult merken dat je gevoel van persoonlijke geborgenheid zal toenemen wanneer God je gebruikt om anderen lief te hebben.)

Hoe meer energie een stel in hun relatie steekt, hoe groter het effect zal zijn. Hoe constructiever hun inspanningen zijn, hoe groter de kans op succes.

Oefeningen voor het stel

Hier volgen twee oefeningen die je met je mentees kunt doen.

Oefening 1: belangrijke gespreksonderwerpen

Beschrijf een recente situatie waarin je bent gekwetst door wat iemand zei of deed. Wat voelde je precies op dat moment (boosheid, afwijzing, angst)? Merk op dat je van nature geneigd bent om die persoon verantwoordelijk te stellen voor hoe je je voelde en om je eigen reactie te rechtvaardigen of goed te praten. Probeer nu jouw verkeerde veronderstellingen van dat moment boven water te krijgen. Merk op hoeveel gemakkelijker het is om anderen de schuld te geven dan om je eigen verkeerde veronderstellingen te benoemen.

Oefening 2: scenariocommunicatie

Wees eerlijk tegenover God over de afkeer die je koestert voor degene die je gekwetst heeft. Vertel Hem niet alleen over je afkeer tegenover die persoon, maar ook over alle redenen waarom je die afkeer gerechtvaardigd vindt. Belijd de eerder ontdekte verkeerde veronderstellingen (als deze persoon dit of dat niet had gezegd of gedaan, had ik nu niet zo'n probleem met mijn zelfbeeld gehad, etc.). Vraag God om je te vergeven voor je ongeloof met betrekking tot je eigenwaarde, het oordeel dat je koestert en je gebrek aan vergevingsgezindheid, en om je te reinigen van eventuele haatgevoelens. Laat God je waarde bevestigen en laat je door Hem overtuigen dat je in zijn liefde geborgen en van betekenis voor zijn plan bent.

Aanknopingspunten voor een gesprek

1) Welk terrein van je relatie vind je het moeilijkst om met je partner te bespreken?
2) Heb je soms het idee dat je partner te weinig respect voor jou en je waardigheid heeft?
3) Als je je partner iets over jezelf kon vertellen wat hij of zij nog niet weet, wat zou dat dan zijn?

Bijbelteksten

Numeri 30:2-4, *'Mozes zei tegen de stamhoofden van de Israëlieten: 'De HEER heeft het volgende bepaald: Wanneer een man de HEER belooft iets te zullen doen of onder ede de verplichting op zich neemt zich van iets te onthouden, mag hij zijn woord niet breken; aan alles wat hij met zoveel woorden zegt, moet hij zich houden. Wanneer een vrouw de HEER belooft iets te zullen doen of de verplichting aangaat zich van iets te onthouden terwijl ze nog als meisje bij haar vader woont ...'*

Efeziërs 5:31-33, *'Daarom zal een man zijn vader en moeder verlaten en zich hechten aan zijn vrouw, en die twee zullen één lichaam zijn.' Dit mysterie is groot – en ik betrek het op Christus en de kerk. Maar ook voor elk van u geldt dat ieder zijn vrouw moet liefhebben als zichzelf, en dat een vrouw ontzag moet hebben voor haar man.'*

2 Korintiërs 6:14, *'Loop niet in een en hetzelfde span met ongelovigen. Wat is de verwantschap tussen gerechtigheid en wetteloosheid? Wat heeft licht met duisternis te maken?'*

Aanbevolen (Engelstalige) bronnen

Stanley, Scott. *A Lasting Promise: a Christian Guide to Fighting for Your Marriage*. San Francisco: Jossey-Bass, 1998.

Townsend, John Sims. *Who's Pushing Your Buttons?: Handling the Difficult People in Your Life*. Nashville, TN: Integrity, 2004.

Wright, H. Norman. *Communication: Key to Your Marriage : a Practical Guide to Creating a Happy, Fulfilling Relationship*. Ventura, CA: Regal, 2000.

Burke, H. Dale. *Different by Design: God's Master Plan for Harmony between Men and Women in Marriage*. Chicago: Moody, 2000.

Parrott, Les en Leslie L. Parrott. *Saving Your Marriage before It Starts: Seven Questions to Ask Before—and After—You Marry*. Grand Rapids, MI: Zondervan, 2006.

McNulty, James K. en Benjamin R. Karney. "Positive Expectations in the Early Years of Marriage: Should Couples Expect the Best or Brace for the Worst?" *Journal of Personality and Social Psychology* 86.5 (2004): 729-43.

Van, Epp John. en Epp John. Van. *How to Avoid Falling in Love with a Jerk: the Foolproof Way to Follow Your Heart without Losing Your Mind*. New York: McGraw-Hill, 2008.

Hoofdstuk 30

Vertrouwen kweken

Inleiding

Zonder vertrouwen zal er zich in de relatie geen blijvende intimiteit ontwikkelen. De relatie van een nieuw stel bevindt zich in een kwetsbaar stadium omdat de partners nog maar een korte geschiedenis van betrouwbaar gedrag met elkaar hebben. Vertrouwen is niet een gevoel; het is aangeleerd gedrag dat door tijd en gedeelde ervaringen wordt opgebouwd.

Zelfs wanneer er een vertrouwensband bestaat, moeten partners zich realiseren dat vertrouwen binnen een relatie ook weer kan verdwijnen. Het moet voortdurend bewaakt en onderhouden worden.

Veel voorkomende problemen met betrekking tot vertrouwen

1) Een gebrek aan bereidheid om zich open te stellen en transparant te zijn.
2) Eerdere ervaringen met bedrog tussen partners.
3) Angst om gekwetst te worden wanneer men de ander vertrouwt.

Bereid je eigen verhaal voor en maak er gebruik van

Vertel wat jullie doen om in jullie huwelijk het vertrouwen in elkaar te bewaren. Als dat vertrouwen ooit op een laag pitje heeft gestaan, vertel dan wat jullie hebben gedaan om het vertrouwen terug te krijgen.

Tips voor het bespreken van vertrouwen kweken

Dit zijn manieren waarop jullie vertrouwen in jullie relatie kunnen kweken of herstellen:

1) Wees betrouwbaar

- Leef op elk terrein van je leven volgens het Woord van God. Leef onberispelijk.

- Ontwikkel een gezonde dosis zelfrespect. Baseer die op wat God over je zegt en de waarde die Hij aan je toekent, en niet op wat anderen misschien zeggen. (Zie hoofdstuk 9: Omgaan met de unieke kenmerken van je partner – eigenschappen en gewoontes.)

- Wees een man of vrouw van je woord. Creëer een reputatie van betrouwbaarheid en altijd doen wat je zegt. Als je overweegt om van richting te veranderen, laat dan zien dat je betrouwbaar bent door er eerst over te praten.

- Lieg nooit tegen je partner of anderen. Als je dat wel doet, zullen ze zich afvragen waar je nog meer over gelogen hebt. Pas op voor 'leugentjes om bestwil.' Een leugentje bestaat niet in een huwelijk en het blijft een zonde.

- Wanneer er beproevingen komen, ga er dan op een rechtstreekse en assertieve manier mee om. Door in moeilijke tijden door te pakken, kweek je toewijding en vertrouwen. (Zie hoofdstuk 6 over communicatie.) Uitstelgedrag en het vermijden van moeilijke gesprekken doen het vertrouwen in de relatie alleen maar afnemen.

- Wees een open boek voor elkaar als het gaat om je agenda, activiteiten en plannen. Zorg dat je de ander direct informeert over dingen die hij/zij misschien wil weten. Praat meer met elkaar en bewaar geen geheimen.

- Neem de volle verantwoordelijkheid voor je daden, ontwikkel samen met een mentor je leiderschapskwaliteiten en ga proactief om met wat je partner en je gezin nodig hebben.

- Stel duidelijke grenzen vast ten aanzien van vrienden van het andere geslacht en elke vriend/vriendin waar je partner bedenkingen bij heeft. De bescherming van je huwelijk is van het grootste belang. Gary en Mona Shriver hebben het in hun boek *Unfaithful – Rebuilding Trust After Infidelity*[1] over beschermende 'hagen' voor je ogen (waar je jezelf naar laat kijken), je daden (complimenten en knuffels) en je verstand (dagdromen over iemand anders dan je partner). Bereken de kosten van seksuele immoraliteit voordat de mist van de verleiding je omhult.

- Bied je excuses aan voor wat je verkeerd hebt gedaan; maak het goed (dat kan letterlijk uit een vergoeding bestaan) en laat zien dat het je spijt. Gun je partner vervolgens voldoende tijd om te zien dat je veranderd bent en laat hem/haar in eigen tempo het vertrouwen in jou terugkrijgen. Je kunt vertrouwen niet afdwingen.

2) *Wees bereid om vertrouwen te schenken*

- Wees een goede luisteraar.

- Toon je liefde in woorden en daden en vertel je partner dat je huwelijk je alles waard is.

- Als je echt gelooft dat je partner het goed bedoelt, geef hem/haar dan het 'voordeel van de twijfel.' Begin met de ander te vertrouwen en blijf dat doen, tenzij of totdat de ander door zijn/haar daden laat zien dat hij/zij zich onbetrouwbaar gedraagt. Vertrouwen schenken is in eerste instantie een geloofsstap.

- Nadat je partner voor een overtreding op de juiste manier spijt heeft betuigt, kan het proces van vergeving beginnen (zie hoofdstuk 8 over vergeving schenken). Haal geen ouwe koeien uit de sloot.

- Laat je huidige relatie niet bederven door pijn uit eerdere relaties. Je hebt nu met iemand anders te maken die het verdient om te worden behandeld om wie hij/zij is, en niet te worden veroordeeld om wat een ander heeft gedaan.

- Wees bereid om problemen in je relatie op te lossen. Zorg voor een atmosfeer waarin jullie je allebei vrij voelen om dingen ter sprake te brengen zonder bang te hoeven zijn voor de reactie van de ander.

- Wees – waar dat gepast is – bereid om je angsten onder ogen te zien en enig risico te nemen. Wanneer je dat een bepaalde tijd hebt geprobeerd en je ervaart nog steeds veel pijn omdat je bedrogen bent en je kunt je partner nog steeds niet vertrouwen, zoek dan hulp die jullie kan helpen om deze problemen samen te verwerken.

- Wees bereid om elkaar genadig te zijn.

Luister naar de vragen die je partner stelt (bijvoorbeeld 'Waar ben je geweest?' of 'Waarom heb je mijn telefoontje niet beantwoord?'). Ze kunnen wijzen op enige bezorgdheid over de mate van vertrouwen in jullie relatie.

Als je je partner niet vertrouwt, leidt dit tot een twijfelachtige sfeer waardoor je partner ook aan jou kan gaan twijfelen.

Oefeningen voor het stel

1) Noem vijf dingen die je partner zou kunnen doen om in jullie relatie een vertrouwensbasis te leggen. Praat er samen over.

2) Vertel je partner welke verwachtingen je hebt ten aanzien van vertrouwen. Wat betekent vertrouwen voor je?

3) Op welke terreinen van je leven betekent vertrouwen het meest voor je?

Aanknopingspunten voor een gesprek

1) Beschrijf een situatie waarin je het gevoel had dat iemand je vertrouwen beschaamde. Hoe voelde dat? Hoe ben je dat te boven gekomen?

2) Hoe werd er in jouw (ouderlijk) gezin vertrouwen gekweekt?

3) Is er op dit moment enig wantrouwen waar je last van hebt? Waarom is dat?

Bijbelteksten

Matteüs 5:37, *'Laat jullie ja ja zijn, en jullie nee nee; wat je daaraan toevoegt komt voort uit het kwaad.'*

Jakobus 5:16a, *'Beken elkaar uw zonden en bid voor elkaar, dan zult u genezen.'*

1 Timoteüs 3:8-9, *'Ook een diaken moet zich waardig gedragen. Hij moet oprecht zijn, mag niet overmatig veel wijn drinken en niet hebzuchtig zijn; hij moet vasthouden aan het mysterie van het geloof, met een zuiver geweten.'*

1 Timoteüs 3:11, *'Dit geldt ook voor de vrouwen: ook zij moeten zich waardig gedragen, ze mogen niet kwaadspreken en moeten sober en in alles betrouwbaar zijn.'*

Aanbevolen (Engelstalige) bronnen

Jenkins, Jerry B. *Hedges: Loving Your Marriage Enough to Protect It.* Wheaton, IL: Crossway, 2005.

Deel 7

Hertrouwen en schoonfamilie

Hoofdstuk 31

Hertrouwen

Inleiding

Voor echtparen in Amerika in hun eerste huwelijk is de kans op een scheiding 45 tot 50 procent. Bij hertrouwde stellen – en zeker als er kinderen bij betrokken zijn – is het scheidingspercentage zelfs nog groter: ongeveer 60 procent. Waarom is dat?

Bij tweede en volgende huwelijken:

1) betreft het vaker mensen met karaktereigenschappen die een geslaagd huwelijk in de weg staan (zoals egoïsme, impulsiviteit en neurotisch gedrag).
2) hebben de partners minder moeite met de scheidingsoptie wanneer er huwelijksproblemen zijn.
3) is er vaak minder steun uit de omgeving dan bij eerste huwelijken.
4) ligt er meer druk op de relatie en is er bagage uit eerdere huwelijken (zoals emotionele pijn, juridische problemen, kinderalimentatie, kinderbezoekregeling, etc.).

Bovendien hebben veel hertrouwde mensen niet geleerd om op een goede manier met onenigheid om te gaan, waardoor ze eerder in gedrag vervallen dat in hun eerste huwelijk tot problemen leidde. De kans is groot dat dit van alle betrokkenen in het mentorproces meer tijd zal vragen.

Als mentor zul je het stel eerst moeten helpen vaststellen of er Bijbelse gronden waren voor de scheiding en of hertrouwen een Bijbelse optie is. Daarvoor kunnen Bijbelteksten worden geraadpleegd die aan het eind van dit hoofdstuk staan.

Veel voorkomende problemen met betrekking tot hertrouwen

1) Te weinig tijd om een eerdere scheiding te verwerken.
2) Onopgeloste problemen of een voortdurend conflict met een eerdere partner.
3) Gebrek aan onderwijs over belangrijke huwelijksvaardigheden, zoals communicatie, conflicthantering, financiën, enzovoorts.
4) Haast om te trouwen vanwege eenzaamheid, seksuele verleiding, enzovoorts.
5) Als dit voor een van de partners het eerste huwelijk is, is hij/zij misschien niet op de hoogte van problemen uit het verleden of vindt hij/zij ze niet relevant voor hun huidige relatie.
6) Te weinig Bijbelse onderbouwing om te hertrouwen en het huwelijk toch doorzetten.

Bereid je eigen verhaal voor en maak er gebruik van

Als een van jullie eerder getrouwd is geweest, deel dan algemene lessen vanuit eigen ervaring die voor jullie mentees relevant kunnen zijn.

Tips voor het bespreken van hertrouwen

Geslaagde tweede huwelijken hebben een aantal kenmerken gemeen. Deze stellen:

1) hebben hun eerdere verlies verwerkt en zijn emotioneel klaar voor dit huwelijk. (Als er nog vijandigheid tegenover een eerdere partner bestaat, wijst dit op een probleem op dit gebied.)
2) hebben huwelijksgesprekken of –mentoraat gehad en maken deel uit van een groep waar ze bemoediging en steun ontvangen en verantwoording afleggen.
3) hebben geleerd van eerdere fouten en hebben een duidelijk beeld van hun sterke en zwakke kanten als stel.
4) hebben een realistische kijk op de uitdagingen die hen te wachten staan en hebben redelijke verwachtingen (zoals de aanpassing aan nieuwe familieleden en het besef hoe lastig het huwelijk kan zijn).

5) koesteren hun band door een hoge prioriteit te geven aan de tijd die ze samen doorbrengen.

6) maken een nieuwe start in een ander huis en een andere omgeving.

7) vergelijken het nieuwe huwelijk niet met hun vorige huwelijk.

8) staan open voor persoonlijke verandering, sluiten compromissen voor de relatie en passen zich aan.

9) laten zich financieel adviseren, vooral wanneer er alimentatieproblemen of andere geldzorgen zijn.

10) vormen nieuwe gewoontes en familietradities, waarbij ze op een flexibele manier gebruik maken van elkaars beste ervaringen.

11) doen hun best om in hun huwelijk transparant en kwetsbaar te zijn, waarbij ze openlijk voor hun hoop en vrees uitkomen.

12) laten de negativiteit van hun vorige huwelijk achter zich.

Oefeningen voor het stel

Download de 'Questions Before Considering Remarriage' van www.thesolutionformarriages.com en laat het stel de vragen samen bespreken. Kies er een aantal uit om samen met hen te bespreken.

Aanknopingspunten voor een gesprek

1) Hebben jullie de echtscheidingsafspraken van de eerdere huwelijken met elkaar besproken?

2) Welke invloed denken jullie dat die afspraken op jullie relatie, jullie kinderen en jullie financiën zullen hebben?

3) Denken jullie dat het nodig is om voor jullie relatie/huwelijk voorwaarden vast te laten leggen? Waarom wel of niet?

Bijbelteksten

Zijn er Bijbelse gronden voor dit tweede (of volgende) huwelijk? Dit zijn enkele teksten die daarop betrekking hebben:

1) Matteüs 5:31-32
2) Matteüs 19:1-12
3) Marcus 10:1-12
4) Lucas 16:18
5) 1 Korintiërs 7:10-16

Aanbevolen (Engelstalige) bron

Rosberg, Gary en Barbara Rosberg. *Divorce Proof Your Marriage.* Wheaton, IL: Tyndale House, 2004.

Hoofdstuk 32

Het stiefgezin[1]

Inleiding

Veel deskundigen zijn het erover eens dat een echtpaar flink teleurgesteld kan raken als ze onrealistische verwachtingen hebben ten aanzien van hun leven als nieuw gezin met een of meer kinderen uit een vorig huwelijk. Bij een nieuw huwelijk komen er allerlei verschillende personen met elkaar in aanraking en het is niet ongewoon – vooral in stressvolle situaties als het samengaan van gezinnen – dat mensen in hun oude patronen en gewoontes terugvallen (zoals het vermijden van conflicten).

Onze maatschappij kent steeds meer christelijke, gemengde gezinnen (dus met kinderen uit een eerder huwelijk). In dit hoofdstuk kijken we naar de unieke uitdagingen waar deze stiefgezinnen mee te maken krijgen en helpen we het mentee-paar zich daarop voor te bereiden.

Veel voorkomende problemen met betrekking tot het stiefgezin

1) Omgaan met rollen en verwachtingen van vader en stiefvader, cq. moeder en stiefmoeder.
2) Stellen die zich niet realiseren hoe lastig het is om twee gezinnen te integreren.
3) Kinderen die ouder en stiefouder tegen elkaar uitspelen op het gebied van huisregels, straffen, enzovoorts.

Tips voor het bespreken van stieffamilie

Wanneer twee gezinnen zich samenvoegen tot een nieuw gezin, leidt dit vaak tot problemen omdat de gezinsleden uit verschillende huishoudens met verschillende regels komen. Om als nieuw gezin te kunnen slagen, is het belangrijk dat er duidelijke regels (en consequenties bij overtreding) worden vastgelegd en dat deze regels voor alle kinderen gelden. Zorg dat de regels niet 'losjes' worden gehanteerd en dat kinderen geen ouders tegen elkaar kunnen uitspelen.

De kinderen in het nieuw gevormde gezin zullen regelmatig bij 'de andere ouder' zijn. Als stiefouders moeten we proberen een goed voorbeeld van christelijke levenswandel te geven en integer zijn.

Hieronder staat voor beide ouders en de kinderen een lijst van veel voorkomende onrealistische en realistische verwachtingen.

Veel voorkomende verwachtingen	
Onrealistisch	**Realistisch**
Alle familieleden zullen onmiddellijk van elkaar houden.	Misschien gaan stieffamilieleden van elkaar houden, misschien ook niet. Relaties hebben tijd nodig; sommige ontwikkelen zich snel, andere langzaam.
Deze keer zullen we een beter huwelijk hebben.	Mensen die een scheiding hebben meegemaakt, hebben vaak pittige lessen geleerd. Maar je kunt een nieuw huwelijk niet met een vorig huwelijk vergelijken. Het betreft andere mensen en een andere huwelijksdynamiek.
Ons doel met dit gezin is dat alle leden zich thuis voelen.	Je 'thuis voelen' betekent dat je je gelijkwaardig aan de ander en verbonden met de ander weet. Nieuwe huwelijkspartners willen meestal graag dat dit proces snel verloopt. Maar de waarheid is dat sommige stiefgezinsleden zich nooit thuis zullen voelen, terwijl andere hechte banden vormen.

Veel voorkomende verwachtingen	
Onrealistisch	**Realistisch**
De verwachting van een kind: mijn stiefouder zal niet proberen kinderen te behandelen alsof ze hun biologische ouder zijn.	Soms willen stiefouders zo graag geaccepteerd worden dat ze proberen de kinderen te behandelen alsof ze hun biologische ouder zijn. Helaas merken kinderen altijd het verschil.
Onze kinderen zullen net zo blij zijn met dit nieuwe gezin als wij.	De werkelijkheid is dat kinderen zich in het beste geval verward voelen over het nieuwe huwelijk en zich er in het slechtste geval tegen verzetten. Hertrouwen is winst voor volwassenen, maar – in elk geval in het begin – verlies voor kinderen. Over het algemeen ging het bij het hertrouwen om de nieuwe partner, niet om de kinderen die de partner meebracht. Voor veel mensen zijn stiefkinderen een noodzakelijk kwaad.
De verwachting van een kind: wanneer mijn stiefouder me straft, zal hij/zij dat net zo doen als mijn ouder dat deed.	Kinderen zijn vertrouwd met de opvoedingsstijl van hun biologische ouder. Ze kunnen het moeilijk vinden om zich aan te passen aan een andere opvoedingsstijl en andere regels. Probeer voor het huwelijk de regels van de huishoudens (zoals bedtijd, tijd van thuiskomen, enz.) met elkaar in overeenstemming te brengen. Zodra het huwelijk gesloten is, zou elke ouder het gezag over zijn/haar eigen kinderen moeten hebben en voor iedereen dezelfde regels moeten hanteren.

Oefeningen voor het stel

Dit is wat een stiefmoeder twee jaar nadat ze hertrouwde vertelde:

1) Ik dacht dat mijn man wel zou begrijpen hoe overweldigend en moeilijk het voor me zou zijn om voor zijn kinderen te zorgen.
2) Ik dacht dat het opvoeden van zijn kinderen mijn moederlijke behoeften zou vervullen.
3) Ik dacht dat ik meer inspraak zou hebben in de bezoekregeling van de kinderen (zoals wanneer we op hen passen voor hun moeder, wanneer ze bij een vriendje/vriendinnetje zouden spelen, etc.).
4) Ik had verwacht dat ik erbij zou passen, door zijn kinderen verwelkomd zou worden en goed behandeld zou worden.
5) Ik had verwacht dat ik voor hem gelijk de belangrijkste persoon – zelfs belangrijker dan zijn kinderen – zou zijn.

In hoeverre kun je je in haar verlangens verplaatsen? Hoe realistisch vind je ze? Bespreek dit als stel.

Aanknopingspunten voor een gesprek

1) Wat heeft ieder van jullie gedaan om een goed beeld te krijgen van het echte leven als gemengd gezin en jezelf erop voor te bereiden?
2) Wat zijn volgens jou/jullie de grootste uitdagingen als het gaat om de aanpassing aan een gemengd gezin?
3) In hoeverre ben je je bewust van de druk waaronder jullie huwelijksrelatie waarschijnlijk zal staan?
4) In hoeverre hebben jullie het gehad over de nieuwe en unieke opvoedingstaken die jullie te wachten staan?
5) Over welke mogelijke strafmaatregelen hebben jullie het gehad? Zitten jullie op één lijn als het om het bestraffen van jouw kinderen gaat? Of om die van je partner?

In hoofdstuk 31 (over hertrouwen) staan nog enkele gespreksonderwerpen.

Bijbelteksten

1 Timoteüs 3:4, *'Hij moet zijn huisgezin goed leiden en op een waardige manier gezag over zijn kinderen uitoefenen.'*

Titus 2:3-5, *'Ook oudere vrouwen moeten zich ingetogen gedragen, ze mogen niet kwaadspreken of verslaafd zijn aan wijn. Ze moeten goede raad weten te geven, en de jonge vrouwen voorhouden dat ze hun man en kinderen moeten liefhebben, dat ze ingetogen, kuis, zorgzaam in het huishouden en vriendelijk moeten zijn, en dat ze het gezag van hun man moeten erkennen. Dan wordt het woord van God in ere gehouden.'*

Aanbevolen (Engelstalige) bron

Deal, Ron L. *The Smart Stepfamily.* Minneapolis, MN: Bethany House, 2006.

Deel 8

Bijlagen voor mentors

Mentorbrief aan de ouders van nog ongetrouwde mentees[1]

Op de volgende bladzijde staat een voorbeeld van een brief die wij naar de ouders van de mentees sturen met de bedoeling:

1) een ander perspectief op de relatie tussen ouders en kind te krijgen, mogelijk aangevuld met inzichten in het gezin waaruit de mentee afkomstig is.

2) de ouders te helpen hun zoon of dochter los te laten en de nieuwe gezinseenheid te erkennen.

3) terreinen te benadrukken die tijdens de mentorsessies misschien om aandacht vragen.

4) de ouders te vragen voor hun kind te bidden.

5) de ouders de gelegenheid te geven een woord van bemoediging uit te spreken of op te schrijven, dat jij aan het stel kunt doorgeven.

De brief is te downloaden van www.thesolutionformarriages.com.

Namen van de mentors

Adres

Beste ouders van *Jan Smit,*

We hebben het voorrecht om Jan en Marie in de aanloop naar hun huwelijk te begeleiden en geloven dat het belangrijk is om ook hun ouders daarbij te betrekken. Met onze huwelijksgesprekken willen we hen helpen bij de voorbereiding op een vervuld huwelijk tot eer van Christus.

U heeft veel liefde, tijd, energie en geld in Jans opvoeding en onderwijs geïnvesteerd waardoor hij op dit punt in zijn leven is aangekomen. Waarschijnlijk kent niemand Jan zo goed als u en we zouden graag van uw inzichten gebruik maken wanneer we de komende maanden met hen praten.

Zou u de volgende vragen per e-mail willen beantwoorden *(mentors@emailadres.nl)* of de antwoorden aan Jan willen doorgeven zodat we uw opmerkingen in onze toekomstige huwelijksgesprekken kunnen meenemen.

1. Beschrijf de huidige en de vroegere relatie met uw zoon.
2. Beschrijf de huidige relatie met uw aanstaande schoondochter.
3. Welke rol is er voor u weggelegd, denkt u, om uw zoon te helpen een nieuw, zelfstandig huishouden te beginnen zoals God hem dat in Genesis 2:24 opdraagt?
4. Op welke manier zouden uw zoon en schoondochter na hun trouwen hun respect voor u kunnen laten blijken?
5. Hoe vaak zou u met het pasgetrouwde paar willen praten en/of hen willen zien?
6. Hoe zouden de wederzijdse families met de feestdagen moeten omgaan, vind u?

7. Wat is uw hoop en gebed voor dit stel nu ze met elkaar in het huwelijksbootje stappen?

Dank u wel voor uw bijdrage aan dit mentorproces. We zouden het waarderen als u bij onze begeleiding van Jan en Marie voor elk van ons zou willen bidden.

Gods zegen,

Kees en Janneke Mentor

Nabespreking, 3 tot 6 maanden na de trouwdag

Inleiding

Het is belangrijk dat het paar ook na de trouwdag nog deskundige begeleiding ontvangt zodat de partners zich de nodige vaardigheden voor een geslaagd huwelijk kunnen eigen maken. Overweeg om nog één mentorsessie in het leven van jullie mentees te investeren, nadat je hen de tijd hebt gegeven de fase van de 'wittebroodsweken' achter zich te laten.

We raden aan om 3 tot 6 maanden na de trouwdag een ontmoeting met jullie mentees te hebben. Kijk hoe het met hun gaat, verheug je met hen over wat ze bereikt hebben en bied aan om hen te helpen bij vragen of problemen die er misschien in hun relatie zijn ontstaan.

Tips voor het houden van een vervolggesprek

De volgende vragen kunnen als richtlijn dienen. Kies de vragen uit die je als mentor het meest relevant vindt.

1. In hoeverre verschilt jullie huwelijk, zoals het nu is, van een zogenaamd ideaal huwelijk?

2. Nu je je partner beter kent, kom je misschien in de verleiding om dingen te zeggen of te doen die je tijdens je verloving niet zei of deed. Hoe ga je met die verleiding om?

3. Matteüs 7:24-27 gaat over een verstandige en een onnadenkende bouwer. Welke specifieke onderdelen van je huwelijk bouw je op een stevig fundament?

4. Heb je bij je partner eigenschappen en gewoontes – zowel plezierige als onplezierige – ontdekt die je voor jullie huwelijk nog niet had opgemerkt?

5. Hebben jullie problemen ontdekt die voor jullie trouwen al bestonden, maar die zich nu pas in jullie relatie manifesteren?

6. Welke moeilijke situaties hebben jullie meegemaakt die jullie dichter bij elkaar hebben gebracht?

7. Hoe ging het met het 'verlaten' van jullie ouders? Hoe verliepen de feestdagen? Hebben jullie allebei het gevoel dat je familie eerlijk behandeld is?

8. Hoe is de relatie met je schoonfamilie? Met je ouders? Zijn alle partijen erin geslaagd of hebben ze de kans gekregen om het 'verlaten en aanhangen' – voor zover van toepassing – in praktijk te brengen?

9. Hoe gaat het op jullie werk? Hoe beïnvloedt dit jullie relatie?

10. Hoe staat het met jullie financiën? Zijn dingen anders dan jullie van tevoren hadden gedacht?

11. Heeft een van jullie (of allebei) geprobeerd om iets aan je partner te veranderen? Op welke manier?

12. Zijn er activiteiten in het leven van je partner die volgens jou te veel beslag op zijn/haar tijd leggen?

13. Zijn jullie in staat geweest om advies van anderen aan te nemen en te waarderen?

14. Wat is tot nu toe jullie grootste ruzie of punt van onenigheid geweest? Hebben jullie allebei het gevoel dat het probleem/de problemen volledig en eerlijk is/zijn opgelost?

15. In hoeverre is je relatie met God veranderd nu je getrouwd bent? Op welke terreinen hebben jij en je partner geestelijk naar elkaar toe kunnen groeien?

16. Welke aspecten van het geloof (bidden, Bijbelstudie, gehoorzaamheid, betrokkenheid bij de kerk) waren gemakkelijk te doen sinds jullie getrouwd zijn? En welke waren lastig om te onderhouden? Heb je erover nagedacht hoe je leemtes kan opvullen?

17. Wat kunnen we doen om te zorgen dat onze mentorgesprekken met jullie optimaal vrucht afwerpen?

18. In welke opzichten voelde je je onvoldoende voorbereid op het huwelijk? En in welke opzichten wel voldoende?

Mentors, maak aantekeningen van elke constructieve suggestie die je mentees hebben en neem ze mee in jullie volgende mentorsessies.

Oefeningen voor het stel

1. Laat het paar een aantal plezierige en gedenkwaardige herinneringen uit de eerste drie maanden van hun huwelijk ophalen.

2. Welke specifieke seminars of huwelijkscursussen wil het stel het komende jaar bijwonen?

3. Welke specifieke activiteiten wil het paar de komende 2 tot 5 jaar ondernemen om hun relatie levendig te houden of om zich voor te bereiden op het ouderschap?

Moedig het paar aan om hun huwelijk op het fundament van Gods Woord te blijven baseren. Herinner hen aan Prediker 4:9-12. Daar komt hun ware zekerheid vandaan.

We horen graag jullie tips voor het verrijken van het huwelijk via info@thesolutionformarriages.com.

Bezoek www.thesolutionformarriages.com, waar van tijd tot tijd nieuwe aanbevelingen zullen worden geplaatst.

Evaluatie van het mentorprogramma[1]

Inleiding

In een streven naar voortdurende verbetering is het goed als mentors hun mentees om feedback vragen. Op die manier kan een individueel of door de kerk opgezet mentorprogramma worden bijgesteld zodat het optimaal vrucht oplevert. Daarvoor kan het onderstaande formulier worden gebruikt.

Dit formulier is te downloaden van www.thesolutionformarriages.com.

Evaluatie van het mentoraat door het ongetrouwde stel

(in te vullen zodra het voorhuwelijkse deel van het mentoraat is afgerond)

Namen van het ongetrouwde stel:

_____   _____
Voornaam   Achternaam

_____   _____
Voornaam   Achternaam

Namen van het mentorpaar:

_____   _____
Voornaam   Achternaam

_____   _____
Voornaam   Achternaam

Hoeveel sessies hebben jullie met jullie huwelijksmentors gehad?

_____

Hebben jullie de begeleiding over het algemeen als positief ervaren?

Ja _____   Nee _____   Enigszins _____

Welke onderwerpen vonden jullie het nuttigst?

_____

Welke onderwerpen hadden jullie graag besproken, maar zijn niet aan bod gekomen?

Welke gebieden vonden jullie het moeilijkst om over te praten? Waarom?

Is jullie relatie in de loop van het mentorproces verbeterd? Zo ja, in welke zin?

Hebben jullie het idee dat jullie klaar zijn voor het huwelijk?

Hoe zou het mentorproces volgens jullie nog verbeterd kunnen worden?

Zijn er nog dingen die jullie met de voorganger / dominee / huwelijkspastor zouden willen bespreken?

Handtekening van het ongetrouwde stel:

Partner 1: _____ Datum: _____

Partner 2: _____ Datum: _____

De invloed van (ongetrouwd) samenwonen op de relatie

Inleiding

Heb je ooit wel eens stiekem gekeken naar iets wat je op een later moment cadeau zou krijgen (zoals een verjaardagscadeau dat je bekeek voordat je jarig was)? Vond je het niet jammer dat de verrassing er al af was op het moment dat je het kreeg? Samenwonen is als het uitpakken van een prachtig cadeau voordat het daar tijd voor is. Je hebt het al gezien voordat het de bedoeling was en moet de gevolgen daarvan onder ogen zien.

Sinds de jaren 1960, toen in westerse landen de traditionele seksuele normen steeds meer werden afgeschud, is het aantal mensen dat ongehuwd samenwoont explosief gestegen. Maar in dezelfde periode zien we ook een – daarmee samenhangende – drastische toename van het aantal echtscheidingen. In dit hoofdstuk kijken we naar de achtergronden waarom een stel besluit om te gaan samenwonen, de problemen die ermee gepaard gaan en de invloed die ongehuwd samenwonen op hun relatie heeft.

Tips voor het bespreken van samenwonen

Hoewel vrijwel alle onderzoeken aantonen dat samenwonen schadelijk is voor de huwelijksrelatie, heeft tweederde van de getrouwde mensen in Amerika eerst samengewoond. Hieronder staan een aantal aspecten van de relatie die volgens onderzoekers door het samenwonen worden beïnvloed.

Het is wel zo dat een aantal recente onderzoeken[1] tegenstrijdige resultaten hebben opgeleverd voor *verloofde* stellen die samenwonen maar een specifieke trouwdatum hebben vastgelegd. We adviseren mentors om dit onderwerp altijd zowel vanuit geloofsperspectief als vanuit relationeel perspectief te benaderen. Ook als samenwonen geen negatieve invloed op een stel zou hebben, is het nog steeds moreel verkeerd.

Meer echtscheidingen en relatiebeëindiging – de mythe van het 'uittesten van de relatie'

Tegenwoordig gelooft de meerderheid van de jonge mensen dat eerst samenwonen een goede manier is om te ontdekken of een huwelijk kans van slagen heeft. Hoewel het verstandig lijkt om 'de schoenen eerst te passen voordat je ze koopt,' is het onmogelijk om iets definitiefs 'uit te proberen.' Een huwelijk is geen paar schoenen. Schoenen kun je weggooien zonder iemand te kwetsen.

Het uitproberen van een relatie door samenwonen leidt automatisch tot een ik-gerichte, op prestaties gebaseerde relatie. Dat is heel wat anders dan de op toewijding gebaseerde, verbondsrelatie van een echt huwelijk. Wanneer twee mensen samenwonen zijn ze meestal gericht op de voldoening die ze van de ander *ontvangen*. Het huwelijk vraagt van de partners dat ze de ander voldoening geven. Het ontvangen van voldoening is dan een bijproduct.

1. Door samen te wonen snijden partners zichzelf in de vingers. Samenwonenden die uiteindelijk trouwen hebben een 65 procent grotere kans op echtscheiding.[2] Anderen schatten de grotere kans op scheiding na samenwonen op 50 tot 100 procent.[3] Dit effect werd geconstateerd bij onderzoeken die in Amerika, Canada, Nieuw-Zeeland en een aantal Europese landen zijn gedaan.[4] Waarom is dat zo? Samenwonende stellen vergeten dat er één ding is wat ze niet (kunnen) uittesten: toewijding – en dat is precies de lijm die het huwelijk bij elkaar houdt.

2. Afro-Amerikaanse stellen lopen zelfs een nog groter risico. Zoals we in de *Journal of Marriage and the Family* kunnen lezen, geloofde 70 procent van zowel de blanke als de zwarte samenwonenden dat ze uiteindelijk met hun partner zouden trouwen. In werkelijkheid trouwde uiteindelijk slechts 60 procent van de blanke en 20 procent van de zwarte samenwonenden.[5]

3. Voor samenwonende stellen is de vraag niet of ze bij elkaar zullen blijven, maar hoe lang het zal duren voor ze uit elkaar gaan. Van de honderd samenwonende stellen gaan er

veertig uit elkaar voor ze trouwen en (met de stijgende scheidingscijfers) gaan 45 van de 60 paren die wel trouwen weer scheiden. Daardoor zijn er na tien jaar nog slechts 15 van de 100 stellen bij elkaar. Samenwonen is meer een 'oefenscheiding' dan een 'oefenhuwelijk.'[6]

4. Uit een onderzoek van de *Universiteit van Western Ontario* onder 8.000 eens getrouwde mannen en vrouwen bleek dat er een rechtstreeks verband bestaat tussen samenwonen en echtscheiding. De conclusie was dat samenwonen een 'rechtstreekse, negatieve invloed heeft op de stabiliteit van het daarna voltrokken huwelijk' en dat het 'de toewijding aan het huwelijk vermindert.'[7]

5. Dr. Scott Stanley van de Universiteit van Denver verklaarde in zijn boek *The Power of Commitment* dat mannen in hun huwelijk minder toegewijd waren als ze voor hun huwelijk met hun partner hadden samengewoond.[8] Als partners voor hun huwelijk met elkaar hebben samengewoond, is de kans groter dat elk van hen de ander binnen het huwelijk bedriegt.

6. Hoe langer twee mensen hebben samengewoond, hoe meer ze de waarde van een duurzaam huwelijk in twijfel trekken. Partners die niet eerst hebben samengewoond zullen juist gemakkelijker accepteren dat allerlei kleine stressfactoren nu eenmaal bij de toewijding aan een duurzaam huwelijk horen.[9]

Nadelige psychologische invloed

1) Onder samenwonende vrouwen komt drie keer zo veel depressiviteit voor als onder getrouwde vrouwen (National Institute for Mental Health).[10] Hoe langer een stel samenwoont, hoe groter de kans op depressiviteit.[11]

2) Volgens een onderzoek door de National Council on Family Relations (n= 309 pasgetrouwde stellen) waren degenen die eerder hadden samengewoond minder gelukkig in hun huwelijk.[12]

3) In onze gesprekken met samenwonende stellen bleek dat vrouwen het samenwonen doorgaans zien als een opstapje naar het huwelijk, terwijl hun mannelijke partners vooral de voordelen van de beschikbare seks en de gedeelde kosten noemden. Dit verschil in zienswijze leidt bij samenwonende vrouwen vaak tot grote teleurstelling.

Verminderde communicatie

1) Dr. Catherine Cohan en Stacey Kleinbaum van de Pennsylvania State University interviewden 92 echtparen die minder dan twee jaar getrouwd waren. Ze ontdekten dat degenen die voor het huwelijk *slechts één maand* hadden samengewoond over minder communicatieve en probleemoplossende vaardigheden beschikten dan degenen die niet hadden samengewoond. In het algemeen ontdekten ze dat degenen die voor het huwelijk hadden samengewoond verbaal agressiever, vijandiger en minder ondersteunend waren dan zij die met samenwonen hadden gewacht tot ze getrouwd waren. Het probleem kon zijn, aldus de schrijvers, dat mensen die samenwonen – en dus niet de voordelen van het huwelijk kennen – elkaar minder zijn toegewijd en zich dus minder voor het huwelijk inzetten. Ze vatten hun onderzoek samen met de woorden: *'We weten gewoon dat mensen die eerst hebben samengewoond communicatief minder vaardig zijn.'*[13]

2) De 60 procent die voor het huwelijk had samengewoond was verbaal agressiever en steunde de ander minder dan de 40 procent die niet had samengewoond.[14]

3) Mensen die voor hun huwelijk hebben samengewoond hebben in hun huwelijk meer negatieve communicatie dan zij die dat niet hebben gedaan.[15]

Verminderde relatiekwaliteit

1) Samenwonen wordt in verband gebracht met lagere niveaus van relatievoldoening.[16]

2) Samenwonen wordt in verband gebracht met een hoger gevoel van relatie-instabiliteit.[17]

3) Samenwonen wordt voor zowel mannen als vrouwen in verband gebracht met lagere niveaus van toewijding aan de partner.[18]

4) Volgens de gebruikelijke manier van denken is het acceptabel om een auto eerst uit te proberen voordat je hem koopt. Maar bij een huwelijk werkt het juist andersom! Twee pasgetrouwde mensen doen juist beter hun best om het elkaar naar de zin te maken omdat ze weten dat hun relatie voor het leven is. Ze willen hun compatibiliteit versterken, niet uittesten.[19] Zoals we in Spreuken 14:12 kunnen lezen: *'Een mens denkt de juiste weg te gaan, terwijl die eindigt bij de dood.'*

5) Hoe langer een stel voor het huwelijk heeft samengewoond, hoe eerder in het huwelijk een gevoel van desillusie ontstaat en hoe lager de kwaliteit van het huwelijk en de toewijding eraan.[20]

Toegenomen agressie

1) Samenwonen wordt in verband gebracht met een grotere kans op huiselijke agressie.[21]

2) Een vrouw die met een man samenwoont heeft een drie keer zo grote kans om fysiek mishandeld te worden dan een getrouwde vrouw. En als het samenwonende stel uit elkaar gaat loopt de vrouw 18 keer zo veel gevaar als een getrouwde vrouw.[22]

3) Met lichamelijke intimiteit proberen partners versneld emotionele bruggen te slaan, maar relaties die op een dergelijk wankel fundament zijn gebaseerd houden uiteindelijk geen stand. In een onderzoek van Penn State University werd de relatiekwaliteit van 682 samenwonende stellen vergeleken met die van 6.881 echtparen (allen tussen de 19 en 48 jaar oud). Het bleek dat samenwonenden vaker ruzie maken, schreeuwen en slaan dan getrouwde mensen.[23]

4) Zestig procent van de onderzochte personen die voor het huwelijk hadden samengewoond waren verbaal agressiever,

steunden elkaar minder en waren vijandiger dan de 40 procent die niet eerder had samengewoond.[24]

Omgaan met bezittingen

Bij de keuze om te gaan samenwonen spelen vaak economische factoren mee.

1) 'Twee mensen krijgen verkering, gaan met elkaar naar bed en brengen veel tijd – waaronder vele nachten – met elkaar door. Vroeg of laat komen ze tot de conclusie dat ze veel goedkoper kunnen doen wat ze doen door een woonruimte en andere kosten van levensonderhoud met elkaar te delen. Door hun manier van denken worden seks en het huwelijk van elkaar gescheiden en is het economische aspect van hun relatie de belangrijkste factor geworden.'[25]

2) Bij de meeste samenwonende stellen zijn geld en bezittingen ofwel 'van hem' ofwel 'van haar' en niet van hen samen. Het gevolg is dat de partners weinig gezamenlijke financiële doelen en plannen hebben en dat ze minder letten op hoe de ander zijn/haar eigen geld besteedt. Deze denkwijze mist de economische samenhang die in de meeste huwelijken aanwezig is.

Nadelige invloed op kinderen

1) 'Vergeleken met kinderen in stiefgezinnen (met getrouwde partners) lopen kinderen van samenwonende partners meer risico op slechte schoolresultaten, problemen met justitie, depressiviteit, drugsgebruik en – het ergste van alles – mishandeling. (Kinderen van getrouwde ouders die nog bij elkaar zijn scoren op al deze punten het best.) Zoals een onderzoek van *Urban Institute* het verwoordde: 'Samenwonende gezinnen zijn niet simpelweg een variant op traditioneel getrouwde, biologische of gemengde gezinnen. Uit een recent, landelijk onderzoek over kindermishandeling is zelfs gebleken dat kinderen in samenwonende gezinnen veel grotere risico's lopen dan kinderen in getrouwde stiefgezinnen, namelijk 98 procent meer risico op lichamelijke mishandeling, 130 procent

meer risico op seksueel misbruik en 64 procent meer risico op psychische mishandeling.'[26]

2) Op een website voor getrouwde mannen en vaders[27] staan de volgende onderzoeksresultaten:

- Aangezien samenwonende stellen meestal eerder uit elkaar gaan dan getrouwde paren, hebben hun kinderen vijf keer zo veel kans op het doormaken van die traumatische ervaring (Journal of Marriage and Family).
- Wanneer kinderen niet bij hun biologische of adoptieouders wonen, is de kans dat ze mishandeld worden 50 keer zo groot (Volksonderzoek VS).
- Nog afgezien van verschillen in sociaaleconomische situatie en psychische gezondheid, hebben kinderen van samenwonende partners twee keer zo veel kans op psychische stoornissen, ziekte, zelfmoordpogingen, alcoholisme en drugsmisbruik.
- Vooral kinderen zijn de dupe van de negatieve gevolgen van armoede en een lage sociaaleconomische status.
- Vooral kinderen hebben moeite met het aangaan van gezonde relaties.

3) Ouders die hebben samengewoond hebben meer moeite met het instellen van morele richtlijnen voor hun kinderen, vooral wanneer ze de verkeringsleeftijd bereiken.

Geloofsproblemen

Niet in de laatste plaats lezen we wat er in Hebreeën 13:4 staat: *'Houd het huwelijk in ere, in alle omstandigheden, en houd het echtelijk bed zuiver, want overspeligen en echtbrekers zal God veroordelen.'* God heeft zo veel meer in petto voor de partners die hun aardse relatie zuiver houden. Hij wil hen ook graag vergeven als ze zich van hun zonde willen afkeren en hun relatie opnieuw beginnen.

God wil dat we seksueel zuiver blijven. Het is een Bijbelse opdracht. Dominee Jeff VanGoethem zegt: *'De eenvoudige waarheid is dat onze praktijk van samenwonen niet overeenkomt met Gods wijsheid ten aanzien van het opbouwen van duurzame liefdesrelaties. Het is geen wonder dat die relaties zo massaal mislukken.'[28]*

Bij stellen die we begeleid hebben is er wat geestelijke en relationele vitaliteit betreft een enorm verschil tussen degenen die buitenechtelijke seks hebben gehad en degenen die als maagd in het huwelijk treden.

Of je nu vanuit een Bijbels perspectief of vanuit een werelds perspectief naar samenwonen kijkt, er is meer dan genoeg bewijs dat samenwonen niet verstandig is.

Samenwonen zonder seks[29]

De meeste stellen die voor het huwelijk samenwonen zijn seksueel actief, maar hoe zit het met samenwonende stellen die dat niet zijn? Hoe begeleid je bijvoorbeeld een stel dat om financiële redenen samenwoont, maar ervoor kiest om tot hun huwelijk niet met elkaar naar bed te gaan?

Hoewel we het toejuichen wanneer een stel heeft besloten om geen seks voor het huwelijk te hebben, zijn er toch een aantal goede redenen waarom geliefden voor hun trouwen niet onder één dak zouden moeten wonen.

1) *Het eerste probleem is verleiding.* Laten we eerlijk zijn; samenwonen, het huis delen of het bed delen is niet de beste manier om verleiding te weerstaan. Als je echt elke seksuele activiteit tot het huwelijk wilt bewaren, is intrekken bij degene van wie je houdt en tot wie je je aangetrokken voelt het laatste wat je zou moeten doen. Wanneer je voor het huwelijk samenwoont, stel je jezelf bloot aan verleiding en maak je jezelf kwetsbaar. *'Als een man vuur in een plooi van zijn mantel steekt, vat zijn mantel dan geen vlam?'* (Spreuken 6:27). Vraag jezelf af of je in een situatie van samenwonen echt in alle zuiverheid als broer en zus met elkaar om kunt gaan. *'Je [moet] jonge mannen als broers zien ... en jonge vrouwen als zusters – en dit in alle zuiverheid.'* (1 Timoteüs 5:1-2).

2) *Het volgende punt is je getuigenis.* Volgens de Bijbel moeten we zelfs *de schijn* van kwaad vermijden (Efeziërs 5:3; 1 Tessalonicenzen 5:22). Welk voorbeeld geef je met samenwonen aan anderen die toekijken? Wat zullen anderen – die niet weten dat je hebt besloten om geen seks te hebben – denken van jullie relatie met elkaar en met Christus? Onze manier van leven heeft invloed op hoe mensen Christus, de kerk en Gods plan voor het huwelijk zien. Velen wijzen het christelijke geloof af omdat ze niet zien dat degenen die zich christen noemen er zelf naar leven. Samenwonen is een slecht getuigenis voor Christus en zijn kerk. *'Ik vraag u dan ook dringend de weg te gaan die past bij de roeping die u hebt ontvangen.'* (Efeziërs 4:1b). Je vormt ook een struikelblok voor anderen die misschien je voorbeeld willen volgen, maar zonder zich van seks te onthouden. *'Neem u voor, uw broeder en zuster geen aanstoot te geven.'* (Romeinen 14:13b)

3) *Het derde is het omlaag halen van het huwelijk.* Door samen te wonen haal je het huwelijk naar beneden omdat je afbreuk doet aan de heiligheid die God alleen voor het huwelijk heeft gereserveerd. Met samenwonen maak je voortijdig aanspraak op de sociale en een aantal relationele aspecten van het huwelijk en daarmee beschaam je het. Het gaat in tegen de woorden van Hebreeën 13:4, waar staat: *'Houd het huwelijk in ere.'* Het is verdrietig wanneer je een stel dat eerst samenwoonde en daarna trouwt hoort zeggen: 'Het maakt eigenlijk weinig uit.' Daarmee missen ze een belangrijk deel van de blijdschap en de unieke ervaring die God hen had willen geven.

Dit omlaag halen van het huwelijk heeft ook een nadelig effect op verschillende aspecten van de relatie van het stel.

4) *Wanneer je gaat trouwen is de kans groot dat je meer moeite hebt met de veranderde situatie.* Hoewel het altijd verstandig is om voor het huwelijk geen seks te hebben, kan het kleine verschil in de woonsituatie (tussen voor en na de trouwdag) het moeilijker maken om je seksualiteit plotseling de ruimte te geven.

Als je onverhoopt zou besluiten om de verloving te verbreken, zullen de emotionele pijn, de financiële gevolgen en zelfs de juridische complicaties des te groter zijn omdat jullie emotionele en fysieke band sterker is dan wanneer jullie niet hadden samengewoond.

Aanknopingspunten voor een gesprek

1) Hoe gaan jullie om met de uitdagingen van het samenwonen?
2) Wat weten jullie van de onderzoeken die er zijn gedaan naar de invloed van samenwonen op de (lange termijn) relatie van een stel?
3) In hoeverre heeft het samenwonen invloed gehad op jullie mate van toewijding voor de lange termijn?
4) Is jullie vertrouwen in jullie relatie veranderd sinds jullie samenwonen?
5) Was de stap die jullie hebben gezet om te gaan samenwonen iets wat jullie specifiek gepland hebben, of zijn jullie min of meer automatisch op dat spoor gekomen?
6) Hoe hebben jullie het besluit om te gaan samenwonen in overeenstemming gebracht met jullie geloofsovertuigingen en wat jullie op dat gebied geleerd is?
7) Hoe reageerde jullie familie op jullie besluit om te gaan samenwonen?

Aanbevolen (Engelstalige) bronnen

McManus, Michael J. en Harriett McManus. *Living Together: Myths, Risks & Answers*. New York: Howard, 2008.

Whitehead, Barbara Dafoe, and David Popenoe. "Publications - Special Reports, The National Marriage Project, U.Va." *University of Virginia*. University of Virginia, 28 april 2004. http://www.virginia.edu/marriageproject/pdfs/print_whitehead_testimonial.pdf.

Institute for American Values, and National Center for African American Marriages and Parenting. *The Marriage Index: A*

Proposal to Establish Leading Marriage Indicators. 1st ed. Poulsbo, WA: Broadway Pubns, 2009.

Aanvullende informatie voor mentors over pornografie

De porno-industrie

Pornografie is in feite prostitutie. Hoe je het ook beschouwt, de gebruiker betaalt een vreemde om seks te hebben zodat hij of zij ernaar kan kijken. Hoe meer porno er wordt geconsumeerd, hoe meer porno er wordt gemaakt. Alle 'afnemers' hebben een aandeel in de groei van deze industrie. Geen enkele man wil dat zijn zus of zijn dochter een pornoactrice is of wordt, dus waarom is het dan wel oké als het om de zus of dochter van een ander gaat?

Van voormalige werknemers in de porno-industrie weten we dat er in deze industrie allerlei sociale wantoestanden – zoals drugsgebruik (zowel gedwongen als vrijwillig), verkrachting, seksueel misbruik, vernedering, kleinering en onderdrukking – voorkomen. De grote meerderheid van de deelneemsters grijpt naar drugs om de emotionele en lichamelijke pijn te verdoven waaraan ze als vrouw worden blootgesteld. Dit is een zeer extreme vorm van vrouwenmishandeling!

De porno-industrie is zich bewust van de 'wet van de afnemende meeropbrengst,' ook als gebruikers het niet in de gaten hebben. Wanneer je ziet hoe de pornografie zich in de afgelopen tientallen jaren heeft ontwikkeld, valt op dat wat vroeger als 'hard core' werd bestempeld nu 'soft' wordt genoemd en volledig is opgenomen en geaccepteerd in onze van porno verzadigde media en cultuur.

Nog niet zo lang geleden verstond men onder pornografie: het openlijk tonen van seksuele gemeenschap tussen twee opgewonden partners waarbij hun geslachtsdelen zichtbaar waren. Onder 'softcore' werd verstaan: afbeeldingen van vrouwen ... min of meer uitgekleed, met blote borsten.

'De huidige hardcore is harder geworden en bevat steeds meer vermenging van seks met haat en vernedering. Hardcore begeeft zich nu op het terrein van de perverse seks, terwijl softcore is wat enkele tientallen jaren geleden nog hardcore was, namelijk openlijke seksuele gemeenschap tussen volwassenen en nu

beschikbaar via kabel-tv. De tamelijk 'verhulde' softcorebeelden van vroeger verschijnen nu overal in de media, waaronder televisie, muziekvideo's en soapseries.'[1]

Veel voorkomende oorzaken en excuses voor het gebruik van pornografie

In een onderzoek van het Kinsey Institute[2] werd deze vraag gesteld: 'Waarom maakt u gebruik van pornografie?' Dit waren de antwoorden van de ondervraagden:

1) Om te masturberen/als een lichamelijke uitlaatklep (72 procent).
2) Om mezelf en/of anderen seksueel op te winden (69 procent).
3) Uit nieuwsgierigheid (54 procent).
4) Omdat ik dan kan fantaseren over dingen die ik in het echte leven niet per se wil (43 procent).
5) Voor de afleiding (38 procent).

Maar net als bij high worden (van drugs), komt ook hier de werkelijkheid om de hoek kijken. Bijna zonder uitzondering komen na het hoogtepunt de gevoelens van schaamte, schuld en falen terug en probeert de persoon in kwestie zijn of haar sporen uit te wissen.

De biochemische achtergrond van een seksverslaving

Wanneer een man een seksueel getinte afbeelding bekijkt, komen er hormonen vrij waardoor hij zijn aandacht erbij houdt. Deze hormonen beïnvloeden nog lang nadat de beelden zijn verdwenen zijn gedachten. De meeste mannen weten zich de eerste keer dat ze een naakte vrouw of pornografisch materiaal zagen nog precies te herinneren.

'Porno is een gefluisterde belofte ... een belofte van meer seks, betere seks, eindeloze seks, seks op afroep, intensere orgasmes en buitengewone ervaringen.'
~ William M. Struthers[3] ~

'Frequente pornogebruikers ontwikkelen een nieuwe 'wegenkaart' in hun hersenen die is gebaseerd op de beelden die ze zien. Die nieuwe wegenkaart creëert een honger om gestimuleerd te worden. Dit gaat zo ver dat de mannen aan hun computer lijken op laboratoriumratten: ze drukken op een knop om een dosis dopamine of iets gelijkwaardigs toegediend te krijgen.'[4]

Door pornografie wordt de man zo gevoelloos gemaakt dat beelden die hij ooit walgelijk vond steeds aantrekkelijker worden. Voor dezelfde sensatie moet hij naar nieuwe dingen op zoek.

'Porno lijkt veel op drugsgebruik ... Het wordt dan wel via de ogen en de oren 'ingenomen,' maar stimuleert op dezelfde manier, onmiddellijk en drastisch, de belonings- en genotscentra in de hersenen waardoor de productie van dopamine – een neurotransmitter die zowel met seksuele opwinding als een drugsroes wordt geassocieerd – toeneemt. Bovendien is aangetoond dat het gebruik van porno om seksueel gestimuleerd te worden ook leidt tot een verhoogde productie van andere 'feelgood'-stoffen, zoals adrenaline, endorfine, testosteron en serotine; tijdens het seksuele hoogtepunt komen er krachtige, aan verliefdheid en hechting gerelateerde hormonen vrij, zoals oxytocine en vasopressine.

Porno werkte niet alleen als drugs – het werkte als designerdrugs: in staat om de gebruiker iets nieuws, opwinding, een ontsnapping, controle en (tijdens het orgasme) ontspanning te geven.

Door mijn nieuwe kennis over de 'drugs-achtige' effecten van pornografie heb ik meer compassie gekregen voor de problemen waar pornogebruikers mee geconfronteerd werden. Ik ging cliënten adviseren om naast hun persoonlijke en relatietherapie deel te namen aan twaalfstappen afkickprogramma's voor seksverslaafden, zoals Sex Addicts Anonymous, Sexaholics Anonymous en Recovering Couples Anonymous. Ik begon de intieme partners van deze mensen aan te moedigen om bijeenkomsten van Codependents of Sex Addicts bij te wonen en ondersteunende websites (zoals www.pornaddicthubby.com) te bezoeken. Steungroepen kunnen bij het herstel een grote rol spelen. Ze helpen mensen om niet in een sociaal isolement komen, hun schaamte te overwinnen, verantwoording af te leggen en hun overwinningen te vieren.'5

'In het seksuele proces gaan de hersenen zich op een smaller gebied concentreren en produceren ze een vloedgolf aan endorfines en andere neurochemicaliën als dopamine, norepinefrine, oxytocine en serotonine. Deze 'natuurlijke drugs' creëren een enorm gevoel van welbevinden. Wanneer deze chemicaliën vrijkomen tijdens de normale intimiteit in het huwelijk noemen we ze 'de fantastische vier,' vanwege de talloze voordelen die ze de man en zijn vrouw bieden. Wanneer ze vrijkomen tijdens het kijken naar pornografie en andere vormen van seksverslaving noemen we ze 'de vreselijke vier,' vanwege de ernstige verslaving en de vele negatieve effecten die ze op de hersenen en het zenuwstelsel hebben. De neurochemische stoffen die bij pornografie vrijkomen zijn zo krachtig, dat veel wetenschappers er de naam 'erototoxine' aan geven: de krachtigste drugs in de geschiedenis.

Stel je voor dat je de krachtigste drugs in de geschiedenis gebruikt en dat ze onmiddellijk, door een druk op de knop en vrijwel kosteloos, beschikbaar zijn. Je drugsgebruik is geheim en de drugsdealers komen naar jou toe! Dat is precies wat het internet met pornografie heeft gedaan. Het is beschikbaar, betaalbaar, anoniem en agressief.'6

Mary Anne Layden, mededirecteur van het *Sexual Trauma and Psychopathology Program* bij het *Center of Cognitive Therapy* van de universiteit van Pennsylvania, noemde pornografie *'de meest zorgwekkende bedreiging van psychische gezondheid die ik op dit moment ken.*'7

'Het internet is een perfect drugsdistributiesysteem omdat je anoniem en opgewonden bent en rolmodellen voor dit gedrag hebt. Je krijgt 24/7 drugs je huis in gepompt, het is gratis en kinderen weten beter hoe je het moet gebruiken dan volwassen – het is een perfect distributiesysteem als je een hele generatie jonge verslaafden wil die de drugs nooit meer uit hun gedachten krijgen.'8

329

Benodigde tijd om te herstellen

De tijd die het een pornoverslaafde kost om te herstellen, hangt van veel factoren af. Onder andere:

1) Ernst van de reeds toegebrachte schade (persoonlijke, relationele, financiële, etc.).
2) Het karakter.
3) De motivatie om te veranderen.
4) Hoeveelheid, soort en frequentie van de toegepaste therapie.
5) Aanwezige en gebruikte mogelijkheden om verantwoording af te leggen.

Mate waarin de herstellende verslaafde verantwoording aflegt bij zijn of haar aansprakelijkheidspartners.

[deelnamecertificaat:]

CERTIFICAAT

'HUWELIJKSVOORBEREIDING'

Uitgerijkt Aan

Wegens hun succesvolle deelname aan het
mentorprogramma voor huwelijksvoorbereiding, bestaande
uit het volgen van minimaal 12 uur begeleiding door een
mentorpaar, het verrichten van persoonlijk en gezamenlijk
huiswerk en het blijk geven van toewijding in het zoeken
naar Gods leiding en het volgen van zijn heilige plan voor

het huwelijk volgens zijn Woord.

Datum

Naam van mentor(en)

Dit certificaat is te downloaden van
www.thesolutionformarriages.com.

Eindnoten

Hoofdstuk 1. De kunst van huwelijksmentorschap

1. Wages, S. A. & Darling, C. A. (2004) Evaluation of a Marriage Preparation Program (PREPARE) Using Marriage Mentors. Marriage & Family Journal 7(2), 103-121.
2. Robert Oglesby, directeur van het Center for Youth & Family Ministry, Abilene Christian University, Abilene, Texas.
3. McClurkan, J. S., The Effect of Couple-to-couple Mentoring on Weak Marriage Relationships, 2003. http://www.marriageteam.org/Coaching_studies.html.
4. McManus, Mike en Harriet, Living Together, Myths, Risks & Answers, Howard Books, New York, 2008, blz. XVIII.

Hoofdstuk 2. De eerste ontmoeting met je mentees

1. Knutson, Luke en Dr. David H. Olsen. *A Christian Journal* 6.4 (2003): 529-46. *Prepare-Enrich*. Life Innovations, Inc., Minneapolis, MN. https://www.prepare-enrich.com/pe_main_site_content/pdf/research/aacc_study_2003.pdf.
2. Voor meer informatie, zie: www.marriageteam.org en www.marriagesavers.org.

Hoofdstuk 3. Mogelijke problemen vanuit de voorgeschiedenis

1. Aspecten in de linker kolom van deze tabel zijn gebaseerd op de aangepaste versie van het Life Innovations PREPARE/ENRICH Facilitator Report. Sommige gebieden zijn misschien niet van toepassing op het specifieke paar dat door jullie begeleid wordt.

Hoofdstuk 4. Omgaan met stress – het persoonlijke stressprofiel

1. Schermerhorn, John R., Richard Osborn en James G. Hunt. *Organizational Behavior*. 9de ed. New York: Wiley, 2005.

2. Holmes TH, Rahe RH (1967). "The Social Readjustment Rating Scale". J Psychosom Res 11 (2): 213–8. Doorgaans bekend als de Holmes and Rahe Stress Scale. Door de auteurs aangepast voor gebruik in mentoraat.

Hoofdstuk 5. Emotionele stabiliteit

1. We kunnen onszelf hardop of in stilte dingen 'vertellen.' Deze dingen kunnen positief zijn (ter bemoediging of motivatie) of negatief (als uiting van kritiek of pessimisme).
2. http://stresscourse.tripod.com/id97.html.ChristianityToday.com, Magazines, News, Church Leadership & Bible Study. http://www.christianitytoday.com/ct/2008/march/18.28.html.

Hoofdstuk 6. Communicatie

1. Voor meer informatie over de Imago Dialoog, ga naar http://gettingtheloveyouwant.com/articles/imago-dialogue-101.
2. Aangepast schema van Paterson, Randy, Ph.D., The Assertiveness Workbook, MJF Books, New York, NY, 2000, Blz. 33.
3. Hiermee wordt bedoeld: het geven van persoonlijke informatie die bij anderen waarschijnlijk niet bekend is of bekend zal worden. Dit creëert een sfeer van wederzijds vertrouwen waar beiden van profiteren. Wanneer we anderen iets toevertrouwen, zullen ze ons ook steeds meer toevertrouwen.
4. Olson, David H. L. en Amy K. Olson. *Empowering Couples: Building on Your Strengths*. Minneapolis, MN: Life Innovations, 2000. Blz. 31.

Hoofdstuk 7. Oplossen van conflicten

1. Bevat aangepaste gedeelten uit Apostolic Christian Counseling and Family Services, Conflict Resolution Skills in Marriage, 2008.

2. Nicholson, David. *What You Need to Know before You Fall in Love*. Nashville, Tenn.: Thomas Nelson, 1995.

3. Gottman, John en Nan Silver. *The Seven Principles for Making Marriage Work*. New York, NY: Three Rivers, 1999.27

4. Anderson, Kerby. "Abuse and Domestic Violence." Abuse and Domestic Violence-Probe Ministries. Probe Ministries, 2003. http://www.probe.org/site/c.fdKEIMNsEoG/b.4219479/k.7 FEF/Abuse_and_Domestic_Violence.htm.

5. Hegstrom, Paul. *Angry Men and the Women Who Love Them: Breaking the Cycle of Physical and Emotional Abuse*. Kansas City, MO: Beacon Hill of Kansas City, 1999.

6. Gottman, John Mordechai en Nan Silver. *The Seven Principles for Making Marriage Work*. New York: Three Rivers, 1999.

Hoofdstuk 8. Vergeving schenken – wat het is, wat het niet is en de juiste manier

1. Bevat aangepaste gedeelten uit Apostolic Christian Counseling and Family Services, Forgiveness; What It Is, What It Isn't, & How To Do It, 2008.

2. Jeffress, Robert. "Chapter 2." *When Forgiveness Doesn't Make Sense*. Colorado Springs, CO: WaterBrook, 2000. 102.

3. www.*gettingtheloveyouwant.com/articles/imago-dialogue-101*.

4. Worthington, Everett L. en Everett L. Worthington. *Forgiving and Reconciling: Bridges to Wholeness and Hope*. Downers Grove, IL: InterVarsity, 2003.

5. Idem, 102.

6. Idem, 224-226.

Hoofdstuk 9. Omgaan met de unieke kenmerken van je partner – eigenschappen en gewoontes

1. Rogers, Carl R. *Client-Centered Therapy: Its Current Practice, Implications, and Theory.* Boston: Houghton Mifflin, 1965
2. Glenn, John. *The Alpha Series: the Gift of Recovery.* Bloomington, IN: Author House, 2006.
3. Cornwell, Erin York en Linda J. Waite. "Social Disconnectedness, Perceived Isolation, and Health among Older Adults." *Journal of Health Social Behavior* March.50(1) (2009): 31-48. http://www.ncbi.nlm.nih.gov/pmc/articles/PMC2756979/.
4. Het Salomo-syndroom heeft te maken met onze behoefte aan en ons verlangen naar 'waardigheid.' Een voorbeeld is: denken dat je pas iets waard bent, *als* ... Salomo probeerde de leegte in zijn leven met allerlei 'alsen' te vullen, zoals materiële zaken, vrouwen en paleizen, maar niets hielp. Pas toen hij zich tot God wendde, werd zijn leven compleet.

Hoofdstuk 10. Omgaan met financiën

1. Blue, Ron en Jeremy White. *Faith-based Family Finances.* Carol Stream, IL: Tyndale House, 2008.
2. Peterson, Karen S. "Adults Should Know Status of Parents." *USA Today* [Franklin, TN] 12 maart 1992.
3. Rockefeller, Sr., John D. *Give Him the First Part.* Campus Crusade for Christ International, 25 mei 2011. http://www.ccci.org/training-and-growth/devotional-life/todays-promise/tp0525.htm.

Hoofdstuk 11. Gemeenschappelijke interesses – vrijetijdsbesteding

1. Jaynes, Sharon. *Becoming the Woman of His Dreams: Seven Qualities Every Man Longs For.* Eugene, OR: Harvest House, 2005. 11.

Hoofdstuk 12. Seksuele vervulling en intimiteit in het huwelijk

1. Rainey, Dennis en Barbara Rainey. "November 9." Moments Together for Couples. Ventura, CA: Regal, 1995.
2. *Sex, A Study of the Good Bits of Song of Solomon.* Door Mark Driscoll. Edinburgh, Scotland. Lezing.

3. Gardner, Tim Alan, *Sacred Sex*, WaterBrook Press, Colorado Springs, CO, 2002. 15.
4. Idem, blz. 17.
5. Aangepaste versie uit Family Life, *Weekend to Remember* Conferentiehandleiding (1985): 86.
6. "Dissatisfied, Ladies? Tips to Reach the Big O." MSNBC, 02 Nov. 2007.
7. House, H. Wayne. "Should Christians Use Birth Control?" *Christian Research Institute and the Bible Answer Man, Hank Hanegraaff.* Christian Research Institute. Internet. 30 aug. 2011. http://www.equip.org/articles/should-christians-use-birth-control-.
8. Zie Mayo Clinic website http://www.mayoclinic.com.
9. Rainey, Dennis, Barbara Rainey en Robert G. DeMoss. *Rekindling the Romance: Loving the Love of Your Life*. Nashville, TN: Thomas Nelson, 2004.

Hoofdstuk 13. Seksuele vervulling en intimiteit (een hoofdstuk voor de man)

1. Masters, William H., Virginia E. Johnson en Robert J. Levin. *The Pleasure Bond: a New Look at Sexuality and Commitment*. Toronto, NY: Bantam, 1976. 113-14.

Hoofdstuk 14. Seksuele vervulling en intimiteit (een hoofdstuk voor de vrouw)

1. Dennis Rainey, Affair Proof Your Marriage, Family Life, http://www.familylife.com/site/apps/nlnet/content3.aspx?c=dnJHKLNnFoG&b=3781253&ct=4638395.
2. Barbara Rainey, Why Sex is so Important to Your Husband, Family Life, http://www.familylife.com/site/apps/nl/content3.asp?c=dnJHKLNnFoG&b=3584679&ct=4638039.

Hoofdstuk 15. De gevaren van pornografie

1. Aangepaste versie uit "Danger Ahead! Avoiding Pornography's Trap." *The New Era Magazine*, deel 10, nummer 10, okt. 2002: 36.

2. "The Social Costs of Pornography." *The Witherspoon Institute*: 13. Princeton, NJ. 2010.
3. Internet Pornography Statistics, 2008. Geldt ook voor het volgende punt in de tekst.
4. Idem, 2006.
5. Volgens een onderzoek van MSNBC.com (2000), geleid door dr. Alvin Cooper, San Jose Marital Services and Sexuality Center, San Jose, CA.
6. "Facts." Communicating With Women - News. Every Man's Battle. 19 juli 2011. http://www.everymansbattle.com/gethelp/pastors/facts.html .
7. Kuchment, Anna. "The Tangled Web of Porn in the Office." Newsweek - National News, World News, Business, Health, Technology, Entertainment, and More - Newsweek. The Newsweek/Daily Beast Company LLC, 29 nov. 2008. http://www.newsweek.com/2008/11/28/the-tangled-web-of-porn-in-the-office.html.
8. Ropelato, Jerry. "Internet Pornography Statistics." Top Ten Reviews. Net Nanny. http://internet-filter-review.toptenreviews.com/internet-pornography-statistics.html.
9. "Relationships in Focus, Sexual Addiction: Real problem or Convenient Excuse?" *Today in Dixie*, 31 maart 2010.
10. Maltz, Wendy. "Out of the Shadows." *Psychotherapy Networker Magazine* 2009:7.
11. LaRue, Jan. "Senate Subcommittee Hears Experts on Pornography Toxicity." Dr. Judith Reisman. 2 Dec. 2004. http://www.drjudithreisman.com/archives/2005/12/senate_subcommi.html.
12. Satinover, Dr. Jeffrey. "Statement on Pornography to the US Congress." Diss. Princeton University, 2004. *Pornography|Citizens for Community Values.* Citizens for Community Values, nov. 2004. http://www.ccv.org/wp-content/uploads/2010/04/Jeffrey_Satinover_Senate_Testimony-2004.11.17.pdf.
13. "Pornography: Society at Risk." LDS Resources on Pornography. LDS & The Philippines Alliance Against Pornography, 2006.

http://mentalhealthlibrary.info/library/porn/pornlds/pornlds author/links/philippine/pornx.htm.

14. Maltz, Wendy. "Out of the Shadows." Psychotherapy Networker. 2009. http://www.psychotherapynetworker.org/magazine/currenti ssue/694-out-of-the-shadow.

15. Hart, Archibald D. *The Sexual Man.* Dallas: Word Pub., 1994, blz. 89.

16. Thomas, Gary L. "Slaying the Secret Sin." http://www.garythomas.com/slaying-the-secret-sin.

17. Patrick Carnes, Pine Grove Behavioral Health & Addiction Services.

18. Kennedy, John W. "Help for the Sexually Desperate," *ChristianityToday. com, Magazines, News, Church Leadership & Bible Study.* Christianity Today, 7 maart 2008. http://www.christianitytoday.com/ct/2008/march/18.28.htm l.

19. McDowell, Sean en Pamela Paul. "What's The Big Deal with Pornography?" *How Porn Became the Norm.* Planet Wisdom. http://www.planetwisdom.com/seanmcdowell/article/whats _the_big_deal_with_pornography/.

20. Onze bevindingen worden ook bevestigd door een onderzoek dat is gepubliceerd in *Sexual Addiction and Compulsivity*. Daaruit bleek dat bij 68 procent van de paren waarvan één persoon verslaafd was aan internetporno, één of beide partners de interesse in seks verloren. Na zijn dosis porno voelt iemand zich vaak nog gedeprimeerder en eenzamer omdat zijn enige intimiteit verkregen is met een tijdschrift of een film. Hij voelt zich leeg, pornografie wordt een kruk om op te leunen en ontneemt hem zijn zelfvertrouwen.

21. Wang, Laurie. "The Effects of Internet Pornography." *Power to Change.* Power To Change, 18 sept. 2009. http://powertochange.com/discover/sex-love/effectsofporn/.

22. Volgens de American Academy of Matrimonial Lawyers. "Behavior: The Porn Factor." *Time Magazine* 19 jan. 2004.

23. Zillmann, Dolf en Jennings Bryant. "Pornography and Sexual Callousness, and the Trivialization of Rape." *Journal of Communication* 32.4 (1982): 10-21.
24. Kennedy, John W. "Help for the Sexually Desperate," *ChristianityToday. com, Magazines, News, Church Leadership & Bible Study*. Christianity Today, 7 maart 2008. http://www.christianitytoday.com/ct/2008/march/18.28.html.
25. Aangezien er op dit terrein telkens nieuwe bronnen beschikbaar komen, is het goed om regelmatig onze site (www.thesolutionformarriages.com) te bezoeken voor de laatste aanbevelingen. Een van die bronnen is: http://www.settingcaptivesfree.com.

Hoofdstuk 16. Vrij worden van pornografie – vijf stappen naar overwinning

1. Kennedy, John W. "Help for the Sexually Desperate." *Christianity Today* 07 Mar. 2008. http://www.christianitytoday.com/ct/article_print.html?id=53974.
2. Deze nuttige aanpak is gebaseerd op het boek "Every Man's Battle" [In Nederland: Het gevecht van iedere man] en de gelijknamige workshop van Steve Arterburn van New Life Ministries.

Hoofdstuk 17. Seksueel overdraagbare aandoeningen

1. We zijn dankbaar dat dr. John Li en dr. Celeste Li bereid zijn geweest om dit hoofdstuk op medische fouten te controleren.
2. Crouse, Janice Shaw. *Gaining Ground, a Profile of American Women in the Twentieth Century: Trends in Selected Indicators of Women's Well-being*. Washington, D.C.: Beverly LaHaye Institute, 2001.
3. World Health Organization "Global Prevalence and Incidence of Selected Curable Sexually Transmitted Infections Overview and Estimates," 2001.

4. Crouse, Janice Shaw. *Gaining Ground, a Profile of American Women in the Twentieth Century: Trends in Selected Indicators of Women's Well-being.* Washington, D.C.: Beverly LaHaye Institute, 2001.

Hoofdstuk 18. Het gezin waaruit men afkomstig is

1. Voor dit hoofdstuk is met toestemming gebruik gemaakt van materiaal dat door Life Innovations is uitgegeven.
2. Olsen, Dr. David H. en Dr. Peter Larsen, *Couple Checkup*™. *Discussion Guide with Biblical References.* Minneapolis, MN: Life Innovations, 2010.
3. Uit een bijzondere uitgave van dr. Olsen, David H. "Journal of Family Therapy" *Circumplex Model of Marital & Family Systems.* University of Wyoming - Dept of Agriculture & Applied Economics, 1999. http://agecon.uwyo.edu/eruralfamilies/ERFLibrary/Reading s/CircumplexModelOfMaritalAndFamilySystems.pdf.
4. Aangepaste versie van Hendrix, Harville, en Helen LaKelly Hunt, "Imago Couples Therapy; Relationship Therapy; Education Worldwide." *Couples Therapy and Workshops from Imago Relationships Intnl.* Imago Relationships International. http://gettingtheloveyouwant.com/articles/an-introduction-to-imago.
5. Idem.
6. Aangepaste informatie uit Skomal, Lenore. "Two First Borns? Bad Match: Birth Order Can Indicate Whether Your Marriage Will Work Out - or Not." *Divorce360.com | Divorce Advice, News, Blogs and Community.* Divorce360.com, 24 juni 2008. http://www.divorce360.com/divorce-articles/news/trends/two-first-borns-bad-match.aspx?artid=586.
7. Idem.

Hoofdstuk 19. Grenzen en de kaart van echtpaar en familie

1. Dit hoofdstuk is grotendeels gebaseerd op materiaal van Life Innovations. Gebruikt met toestemming.

Hoofdstuk 20. Omgaan met cultuurverschillen

1. In dit hoofdstuk is 'cultuur' een breed begrip dat betrekking heeft op ras, geloof, land van oorsprong, etc.
2. Romano, Dugan. *Intercultural Marriage: Promise and Pitfalls*, 3e ed. Boston & London: Intercultural, a Division of Nicholas Brealy, 2008. 142.
3. In Numeri 12:1 staat: *'Mirjam en Aäron maakten aanmerkingen op Mozes vanwege zijn huwelijk met een Nubische vrouw: "Hij is met een Nubische getrouwd!'* God bestraft Mirjam voor deze discriminatie in vers 10 door haar huid sneeuwwit van de huidvraat (lepra) te maken. Nubiërs waren afkomstig van een gebied ten zuiden van Ethiopië en ze hadden een zwarte huid. In zijn boek From Every People and Nation: A Biblical Theology of Race (Downers Grove, Ill.: InterVarsity Press, 2003) schrijft J Daniel Hays dat in dit gebied ten zuiden van Egypte al meer dan tweeduizend jaar een bloeiende, zwarte beschaving bestond en dat het dus zo goed als zeker is dat Mozes met een zwarte, Afrikaanse vrouw was getrouwd (blz. 71).
4. Romano, Dugan. *Intercultural Marriage: Promise and Pitfalls*, 3e ed. Boston & London: Intercultural, a Division of Nicholas Brealy, 2008. 151.
5. Dit is een aangepaste oefening uit Crohn, Joel. *Mixed Matches: How to Create Successful Interracial, Interethnic, and Interfaith Relationships*. New York: Fawcett Columbine, 1995. 69-70.

Hoofdstuk 21. Uitdagingen van de bruiloftsvoorbereiding

1. Dit materiaal komt uit The First Dance (www.thefirstdance.com), een DVD voor verloofde stellen die we sterk aanbevelen, door Elizabeth Thomas en Bill Doherty, gebruikt met toestemming.

Hoofdstuk 23. Het beschermen van je relatie – het internet, sociale media en vrienden

1. www.myfoxaustin.com/.../Special-Report-Social-Media-and-Divorce-20110203-ktbcw.
2. "Divorce Facebook Study Shows Social Networking Often Leads to Breakups." *Facebook Is Blamed in a Growing Number of Divorce Cases, Study Shows*. PR News Channel, 5 maart 2011.
http://www.prnewschannel.com/absolutenm/templates/?a=3582&z=4.

Hoofdstuk 24. De Bijbelse rol van man en vrouw

1. Piper, John en Wayne A. Grudem. "Chapter 3, Male-Female Equality and Male Headship." *Recovering Biblical Manhood and Womanhood: A Response to Evangelical Feminism.* Wheaton, IL: Crossway, 1991. 99.
2. Piper, John en Wayne A. Grudem. "Chapter 1, Male-Female Equality and Male Headship." *Recovering Biblical Manhood and Womanhood: A Response to Evangelical Feminism.* Wheaton, IL: Crossway, 1991. 29.
3. Idem, blz. 36.
4. Idem, blz. 37.
5. Scott. "WoW - Love, Respect and Submission." *Journey to Surrender*. Journey to Surrender, 8 juni 2011.
http://www.surrenderedmarriage.org/2011/06/wow-love-respect-and-submission.html?utm_source=feedburner.
6. Piper, John en Wayne A. Grudem. "Chapter 1, Male-Female Equality and Male Headship." *Recovering Biblical Manhood and Womanhood: A Response to Evangelical Feminism.* Wheaton, IL: Crossway, 1991. 52.
7. Driscoll, Mark, Complimentarianism,
http://theresurgence.com/2009/03/29/complementarianism.
8. Köstenberger, Andreas J. en David W. Jones. *God, Marriage & Family: Rebuilding the Biblical Foundation.* Wheaton, IL: Crossway, 2004. 29.

Hoofdstuk 25. Besluitvorming in het huwelijk

1. Aangepast vanuit Apostolic Christian Counseling and Family Services. "Roles, Responsibilities, and Decision Making In Marriage." (2008)

2. Idem.

Hoofdstuk 26. Geloofsovertuigingen en gemeenschappelijke geestelijke ontwikkeling

1. Op deze website is in 150 verschillende talen een presentatie van het evangelie te vinden: *The Four Spiritual Laws – In Your Language!* http://www.4laws.com/laws/languages.html. Global Media Outreach, 2007-2008.

Hoofdstuk 27. Geestelijke intimiteit in het huwelijk

1. Moore, Beth. *To Live Is Christ: Embracing the Passion of Paul*. Waterville, Me.: Walker Large Print, 2008.
2. Stoop, Jan en David A. Stoop. *When Couples Pray Together: Creating Intimacy and Spiritual Wholeness*. Ann Arbor, MI: Vine, 2000. 9.
3. Price, Rev. Bill. "Bible Prayer Fellowship - About Us." *Bible Prayer Fellowship - Teaching United Prayer*. Bible Prayer Fellowship - Teaching United Prayer, 2011. http://www.praywithchrist.org/aboutus.php.
4. Burns, Jim. "Grow Towards Spiritual Intimacy in Your Marriage." *Grow Toward Spiritual Intimacy in Your Marriage*. Christianity.com. http://www.christianity.com/Home/Christian%20Living%20Features/1407864/.

Hoofdstuk 28. Verwachtingen van het huwelijk

1. Love, Patricia en Jo Robinson. Hot Monogamy: Essential Steps to More Passionate, Intimate Lovemaking. New York: Plume, 1995.

Hoofdstuk 30. Vertrouwen kweken

1. Shriver, Gary en Mona Shriver. *Unfaithful: Rebuilding Trust after Infidelity*. Colorado Springs, CO: Cook Communications Ministries, 2005. 189-202.

Hoofdstuk 32. Het stiefgezin

1. Dit hoofdstuk is een aanpassing van Deal, Ron L. *The Smart Stepfamily*. Minneapolis, MN: Bethany House, 2006. en van Einstein, Elizabeth and Linda Albert. *Strengthening Your Stepfamily*. Atascadero, CA: Impact, 2006.

Deel 8: Bijlagen voor mentors

Mentorbrief aan de ouders van nog ongetrouwde mentees

1. Aangepast vanuit Steve en Mary Prokopchak. *Called Together:* Shippensburg, PA: Destiny Image, 2009.

Evaluatie van het mentorprogramma

1. Aangepast formulier zoals dat door de Christ Fellowship Church, Palm Beach Gardens, FL. wordt gebruikt.

De invloed van (ongetrouwd) samenwonen op de relatie

1. Jason, Sharon. "Cohabiting Has Little Effect on Marriage Success." USA Today. USA Today, 14 okt. 2010. http://www.usatoday.com/news/health/2010-03-02-cohabiting02_N.htm.
2. Binstock, Georgina en Arland Thornton. "Separations, Reconciliations, and Living Apart in Cohabiting and Marital Unions." *Journal of Marriage and Family* 65.2 (2003): 432-43.
3. Hill, John R. en Sharon G. Evans, MA. "Effects of Cohabitation Length on Personal and Relational Well Being." Alabama Policy Institute, 3 aug. 2006. http://www.alabamapolicy.org/pdf/cohabitation.pdf.
4. Bennett, Neil G., Ann Klimas Blanc en David E. Bloom. "Commitment and the Modern Union: Assessing the Link between Premarital Cohabitation and Subsequent Marital Stability." *American Sociological Review* 53.1 (1988): 127-38. http://www.jstor.org/pss/2095738; T. K. Burch & A. K. Madan, Union Formation and Dissolution: Results from the 1984 Family History Survey (Ottawa: Statistics Canada, Catalogue No. 99-963) (1986); Catherine Cohan & Stacey

Kleinbaum, "Toward a greater understanding of the cohabitation effect: Premarital cohabitation and marital communication." *Journal of Marriage and the Family* 64 (2002): 180-192; D. M. Fergusson, L. J. Horwood, & F. T. Shannon, "A proportional hazards model of family breakdown." *Journal of Marriage and the Family* 46 (1984) 539-549; and Zheng Wu, "Premarital cohabitation and post marital cohabiting union formation." *Journal of Family Issues* 16 (1995) 212-232.

5. Susan L. Brown, "Union Transitions Among Cohabiters: The Significance of Relationship Assessment and Expectations." *Journal of Marriage and the Family* 62 (2000): 833-846.

6. McManus, Michael J. en Harriett McManus. Introduction. *Living Together: Myths, Risks & Answers*. New York: Howard, 2008. 60-61.

7. Hall, David R., and John Z. Zhoa. "Cohabitation and Divorce in Canada." *Journal of Marriage and the Family* May (1995): 421-27.

8. Stanley, Scott. *The Power of Commitment: a Guide to Active, Lifelong Love*. San Francisco: Jossey-Bass, 2005. 152.

9. Hill, John R. en Sharon G. Evans, MA. "Effects of Cohabitation Length on Personal and Relational Well Being." Alabama Policy Institute, 3 aug. 2006. 12.

10. All About Cohabitating Before Marriage, Psychological Reasons, http://members.aol.com/cohabiting/index.htm juli 1999.

11. Hill, John R. en Sharon G. Evans, MA. "Effects of Cohabitation Length on Personal and Relational Well Being." Alabama Policy Institute, 3 aug. 2006. 3.

12. McManus, Michael J. *Marriage Savers: Helping Your Friends and Family Stay Married*. Grand Rapids, MI: Zondervan Pub. House, 1993.

13. Gordon, Serena. ""Marriage" - Jim L. Wilson." *Sermons.Logos.com*. Fresh Ministry, jan. 2009. http://sermons.logos.com/submissions/80537-Marriage.

14. Catherine Cohan & Stacey Kleinbaum, "Toward a greater understanding of the cohabitation effect: Premarital

cohabitation and marital communication." *Journal of Marriage and the Family* 64 (2002): 180- 192.

15. DeMaris, A., and G. R. Leslie. "Cohabitation with Future Spouse: Its Influence upon Marital Satisfaction and Communication." Journal of Marriage and Family 46 (1984): 77-84.

16. Stafford, Laura, Susan L. Klein en Caroline T. Rankin. "Married Individuals, Cohabiters, and Cohabiters Who Marry: A Longitudinal Study of Relational and Individual Well-Being." *Journal of Social and Personal Relationships* 21 april (2004): 231-48.

17. Dush, Claire M. Kamp, Catherine L. Cohan en Paul R. Amato. "The Relationship Between Cohabitation and Marital Quality and Stability: Change Across Cohorts?" *Journal of Marriage and Family* 65.3 (2003): 539-49.

18. Stanley, S. M., S. W. Whitton en H. J. Markman. "Maybe I Do: Interpersonal Commitment and Premarital or Non-marital Cohabitation." *Journal of Family Issues* 25 (2004): 496-519.

19. Harley, Jr., William F. "Meet Dr. Harley." *Marriage Builders® - Successful Marriage Advice.* Marriage Builders®. 27 juni 2011. http://www.marriagebuilders.com/graphic/mbi2000_meet.h tml.

20. DeMaris, Alfred en William MacDonald. "Premarital Cohabitation and Marital Instability: A Test of the Unconventionality Hypothesis." *Journal of Marriage and the Family* 55 (1993): 399-407.

21. Downridge, Douglas A. en Silvia S. Halli. ""Living in Sin" and Sinful Living: Toward Filling a Gap in the Explanation of Violence against Women." *Aggression and Violent Behavior* november-december 5.6 (2000): 565-83. Science Direct. *Science Direct*, 16 nov. 2000. http://www.sciencedirect.com/science/article/pii/S1359178 999000038.

22. McManus, Mike. "Articles: Better Together? Only in Holy Matrimony, Not in Cohabitation." *Marriage Resources for Clergy @ Marriageresourcesforclergy.com.* Marriage Resources for Clergy, 13 maart 2008.

http://www.marriageresourcesforclergy.com/site/Articles/articles017.htm.

23. Brown, S. en A. Booth. "Cohabitation versus Marriage: A Comparison of Relationship Quality." *Journal of Marriage and Family* 58 (1996): 667-68.

24. Catherine Cohan & Stacey Kleinbaum, "Toward a greater understanding of the cohabitation effect: Premarital cohabitation and marital communication." *Journal of Marriage and the Family* 64 (2002): 180-192, 294.

25. VanGoethem, Jeff. *Living Together: a Guide to Counseling Unmarried Couples.* Grand Rapids, MI: Kregel Academic & Professional, 2005. 48- 49.

26. Wilcox, W. Bradford. "Why the Ring Matters." *New York Times* [New York] 20 dec. 2010. http://www.nytimes.com/roomfordebate/2010/12/19/why-remarry/why-the-ring-matters.

27. www.husbandsanddads.com.

28. VanGoethem, Jeff. *Living Together: a Guide to Counseling Unmarried Couples.* Grand Rapids, MI: Kregel Academic & Professional, 2005. 105.

29. Aangepaste versie uit RayFowler.org. Gebruikt met toestemming. http://www.rayfowler.org/2008/06/19/living-together-without-sex/.

Aanvullende informatie voor mentors over pornografie

1. Doidge, MD, Norman. "Cohabitation versus Marriage: A Comparison of Relationship Quality." (2008). *NoPornNorthHampton.* NoPornNorthHampton, 13 maart 2010. http://nopornnorthampton.org/2010/03/13/norman-doidge-acquiring-tastes-loves-neuroplasticity-sexual-attraction-love.aspx.

2. "Do You Use Porn? A Survey from the Kinsey Institute." *American Porn.* WBGH Foundation, Feb. 2002. http://www.pbs.org/wgbh/pages/frontline/shows/porn/etc/surveyres.html.

3. Struthers, William M. *Wired for Intimacy: How Pornography Hijacks the Male Brain.* Downers Grove, IL: IVP, 2009. 69.

4. Bodo, Cristian. "Does Sex Addiction Have Any Basis in Science?" *American Sexuality Magazine*. AlterNet.org, 18 dec. 2008. http://www.alternet.org/sex/114024/does_sex_addiction_ha ve_any_basis_in_science/?page=1.

5. Maltz, Wendy. "Out of the Shadows." *Psychotherapy Networker Magazine* 2009: 7. http://www.psychotherapynetworker.org/magazine/currenti ssue/694-out-of-the-shadow.

6. http://www.netnanny.com/learn_center/article/175

7. Singeal, Ryan. "Internet Porn: Worse Than Crack?" Wired.com. *Wired. com*, 19 nov. 2004. http://www.wired.com/science/discoveries/news/2004/11/6 5772.

8. Idem.

Over de schrijvers

Jeffrey Murphy koos op 17-jarige leeftijd voor een leven in navolging van Jezus Christus. Toen hij 23 was, trouwde hij met Glynis McKay, de vrouw waarvoor hij gebeden had. Na een aantal gelukkige jaren ging hun huwelijk bergafwaarts vanwege hun eigen egoïsme en onvolwassenheid, en omdat ze de vaardigheden misten om een huwelijk, een ontluikende carrière en de komst van twee kinderen met succes te combineren.

Het was deze wanhoop die Jeff en Glynis aanspoorde om uit te zoeken hoe je een goed huwelijk kon realiseren – een zoektocht die nu al 26 jaar voortduurt. Ze zijn heel dankbaar voor de *Weekend to Remember*-conferentie van FamilyLife® die ze een aantal jaren bezochten voordat ze het co-leiderschap van de conferentie in New Jersey op zich namen. Ze begonnen hun nieuw verworven huwelijksvaardigheden met andere echtparen te delen in kleine studiegroepen en investeerden hun tijd in huwelijksbediening in hun plaatselijke kerk. Door de jaren heen, waarin ze veel stellen hebben begeleid, bleven ze hun aanpak verfijnen en bleven ze kritisch op de door hen gebruikte bronnen, die ook in dit boek zijn verwerkt. Glynis heeft hoofdstuk 14 van dit boek geschreven.

Na dertig jaar bij Johnson & Johnson ging Jeff met pensioen en verhuisde hij met Glynis naar Florida, waar ze nog steeds betrokken zijn bij huwelijksmentoraat en genieten van hun dochter Laura, schoonzoon Chad en kleindochter Willow, en hun zoon Steven en zijn vrouw Allison die in Texas wonen. Ook plaatsen ze graag huwelijkstips op Twitter als @MarriageMentor.

Jeff heeft een bachelorsgraad techniek van het Stevens Institute of Technology en een mastersgraad in bedrijfskunde van de Seton Hall University. Hij is een door Life Innovations erkende PREPARE/ENRICH huwelijksmentor en leidt PREPARE/ENRICH-conferenties.

Chuck Dettman leerde Christus op 11-jarige leeftijd kennen. Hij leerde uit eigen ervaring wat het woord 'gehoorzaamheid' betekent toen hij als jongvolwassene een aantal jaren van Jezus afdwaalde. Hij wijdde zijn leven opnieuw aan Jezus toe nadat hij 'zijn verhaal' hoorde vertellen door een andere christenveteraan die door net zo'n dal was gegaan als hij. In Romeinen 6:21 wordt ons gevraagd: 'Wat hebt u daarmee geoogst? Dingen waarvoor u zich nu schaamt, want ze leiden tot de dood.'

Mae en Chuck ontmoetten elkaar in de brugklas, hadden op de middelbare school verkering en trouwden in 1969, net voordat Chuck naar Vietnam moest.

Ze begonnen hun mentorwerk in Bijbelstudiegroepen en zagen dat hun relatie – met Christus in het middelpunt – 'anders' was dan die van anderen. Hoewel hun huwelijk verre van volmaakt was, waren andere stellen geïntrigeerd door de vrede en het geluk die hun huwelijk en toewijding aan Christus kenmerkten. Dit gaf hun de gelegenheid andere koppels te begeleiden en hen te leren zich elke dag voor hun relatie in te zetten en hun liefde voor elkaar (in Christus) te laten groeien.

Chuck en Mae hebben twee volwassen kinderen, Glynn en Barbara, en zeven kleinkinderen.

Chuck is directeur en oprichter van Today's Promise en een geordineerd voorganger. Hij heeft meer dan twaalf jaar ervaring als relatie- en beroepscoach. Chuck wordt onder andere door de New York Times, CBS Evening News en de Harvard School of Business gezien als een van de belangrijkste huwelijks-, relatie-, financiële en carrièrecoaches in het land. Chuck is cum laude afgestudeerd in bedrijfskunde en bedrijfseconomie aan de Barry University. Hij heeft eerder bij plaatselijke banken van het Amerikaanse ministerie van financiën gewerkt als leningverstrekker, accountmanager en auditeur, wat hem een ongekend inzicht in de financiële wereld heeft gegeven.

Hij heeft allerlei diploma's, waaronder een middelbare onderwijs-bevoegdheid van de staat Florida als ergotherapeut, en is erkend coach/adviseur bij Crown Financial Ministries. Als erkend huwelijksmentor bij PREPARE/ENRICH begeleidt hij jonge koppels en mensen die al getrouwd zijn. Hij geeft leiding aan PREPARE/ENRICH-conferenties, waar kerkleiders en professionele therapeuten training ontvangen en echtparen worden begeleid. Voor het 15th Judicial Circuit Court zet hij zich trots in voor huwelijkscursussen, die stellen een korting op hun huwelijksvergunning oplevert. Hij is hoofdinstructeur bij START SMART, een huwelijks-voorbereidingscursus die mensen met serieuze verkering en verloofde stellen specifieke vaardigheden aanleert. En hij is leraar bij Pick-a-Partner, ook bekend als 'How to Avoid Marrying a Jerk(ette),' een cursus voor ongetrouwde mensen om zich op een serieuze relatie voor te bereiden.

De oplossing voor huwelijken bevat veel van hun laatste en meest succesvolle handreikingen om stellen te helpen een fundament te leggen voor een duurzaam en vervuld huwelijk.

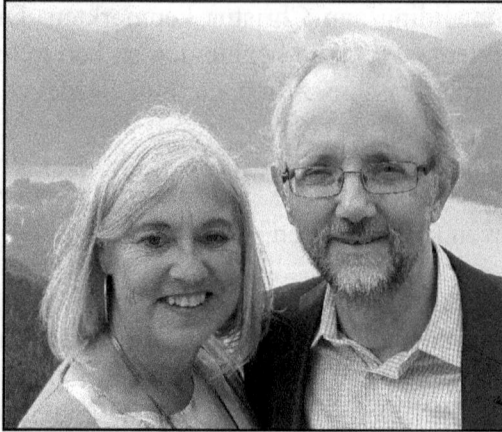

Johan Loeve, projectleider van de Nederlandse vertaling van *The Solution for Marriages* is geboren in Nederland en emigreerde in 1974 naar Vancouver, Canada. Hij leerde zijn toekomstige vrouw Freda kennen in zijnkerkgemeenschap in Vancouver, waar ze in hetzelfde jaar belijdenis deden van hun geloof. Na een verlovingstijd van anderhalf jaar zijn ze getrouwd. Ze hebben vier zoons en zeven kleinkinderen. Johan is als jeugdleider, ouderling en voorzitter van de kerkenraad actief geweest in zijn kerk. Johan staat in British Columbia geregistreerd als werktuigbouwkundig technoloog. Voor zijn beroep heeft hij met zijn gezin in Montreal, Quebec gewoond en later, samen met Freda, in Australië.

Na hun terugkeer naar Canada sloegen ze met hun geloof een nieuwe richting in. Johan en Freda maakten kennis met Rainer en Kerstin Knaack, die onder mentorschap van John en Helen Burns, co-pastors van Relate Church in Surrey, BC, trainingen en materiaal in huwelijksmentoraat ontwikkelden. Als een van de eerste kandidaten werden Johan en Freda uitgenodigd om de RelateWorks® cursus te volgen. Dit heeft hun huwelijksrelatie volledig veranderd. Tijdens een bezoek aan Rainer en Kerstin in Duitsland toonde Rainer hen een exemplaar van de Duitse vertaling van *The Solution for Marriages*: *Die Lösung für Ehen*.

Als gevolg daarvan besloot Johan een poging te doen om The Solution for Marriages in het Nederlands te vertalen. In hun exemplaar van *The Solution for Marriages* lezen we het volgende:

"Wij, Johan en Freda, weten ons door God geroepen om een bemoedigende, veilige en ongedwongen omgeving te creëren waarin mensen zich geliefd en niet veroordeeld voelen, waar naar hen geluisterd wordt en waar geestelijke en praktische zaken worden besproken die tot een fantastisch huwelijk leiden."

Johan en Freda zijn dankbaar voor de ervaringen die ze bij de begeleiding van jonge stellen hebben opgedaan. In hun huwelijk en leven staat hun vertrouwen op Gods voorziening centraal.